LISHI YANJIU DE
XIN TANSUO

历史研究

的

新 探 索

包茂红———著

浙江人民出版社

图书在版编目（CIP）数据

历史研究的新探索 / 包茂红著. -- 杭州 ：浙江人民出版社，2025. 5. -- ISBN 978-7-213-11944-6

Ⅰ．K061

中国国家版本馆CIP数据核字第2025517JZ2号

历史研究的新探索

包茂红　著

出版发行	浙江人民出版社（杭州市环城北路177号　邮编　310006）
	市场部电话:(0571)85061682　85176516
责任编辑	莫莹萍
责任校对	汪景芬　王欢燕
责任印务	程　琳
封面设计	厉　琳
电脑制版	杭州天一图文制作有限公司
印　　刷	杭州钱江彩色印务有限公司
开　　本	680毫米×980毫米　1/16
印　　张	24.75
字　　数	307千字
插　　页	2
版　　次	2025年5月第1版
印　　次	2025年5月第1次印刷
书　　号	ISBN 978-7-213-11944-6
定　　价	98.00元

如发现印装质量问题,影响阅读,请与市场部联系调换。

写在前面的话

收录在本书中的文章主要是我最近几年所写的短文和书评。这些短文中的思想绝大部分是在做现地考察时形成的，这些书评大都是愉快阅读时有感而发写就的。这两部分虽然格式体裁不同，但理气相通，在内容上相互补充。

从 1984 年进入北京大学历史学系学习算起，不知不觉已在历史学的大海中扑腾了 40 年。这 40 年是中国和世界发生巨大变化的时期，改革开放让我们有条件睁眼看世界，能够与国际学术界进行交流；冷战的结束给世界带来了更多不确定性，理解世界的过去、现在和未来比以往任何时候都更加需要不同学科的合作。正是在这样的大环境中，走出传统、开拓创新的冲动无法抑制。幸运的是，在自己学习的历史学系，就有两位才华横溢的历史学家做出了表率，他们是开拓现代化理论和世界现代化进程研究的罗荣渠教授和开拓亚太区域史研究的何芳川教授。两位先生都家学深厚，虽然遭遇曲折，但都不坠青云之志。他们当时都已是自己领域的顶尖学者，如果能在自己的一亩三分地上继续耕耘下去，很容易成为领军学者，但他们都敏锐感受到了时代变化，并对自己的研究领域和方向毅然做出调整。这种冲破框框、探求新知的英雄气概具有极强的感召力，对当时的青年学子产生了或显性或隐性但都极其重要的影响。

20世纪90年代中期，中国经济高速发展，与此同时北方的沙尘暴肆虐，淮河流域出现癌症村。巨大的反差促使人们思考发展的目的到底是什么，是要过有钱但去医院的生活还是健康快乐的生活？1995年10月底，在北京还经常下"泥雨"的季节，我去德国进修，那里干净、清新、"自然"的环境状况不但与北京形成强烈对比，也让我想起自己在燕山石化公司聚酯厂工作那一年的独特经历（工厂效益非常好，福利之丰富更是外界难以想象的，但车间和厂区的空气污染也很严重，自己还曾"享受"了一年的进山费和污染费）。这些都促使我思考到底应该学习什么。在非洲史和人类学的课堂以及研讨会上，发现了非洲史研究的新动向，那就是从寻找非洲人的历史能动性出发关注历史上人与环境的关系。显然，环境史研究不仅具有重要的学术价值，同时也具有强烈的现实意义，这不正是自己寻寻觅觅、终于找到并需要倾注精力研究的领域吗？德国是我发现环境史研究新领域的地方，非洲是我从事环境史研究的切入口。

环境史研究说起来容易做起来难，最难在于转变思维方式。现代人从幼儿园到大学接受的都是所谓科学思维训练，即人与环境二分，人研究、利用、改造环境，环境是祛魅的客体。在此基础上进行的环境保护其实就是为了人的利益而推动的功利性保护。这种思维根深蒂固，不但成为科学研究的基本思路，也是指导现代人生活的准则。然而，环境史是在环境整体中重新认识人与环境的关系，是整体论和有机论的思维。要从前者转变为后者殊为不易。通过大量阅读相关资料似乎能实现转变，但遇到现实问题又很容易出现反复，因为一方面在成本效益核算中前者似乎更划算，另一方面后者的理论缺乏坚实的体验支撑。受京都大学山岳会的启发，在极限运动中能够体会到与换位思考、以天参天不同的思路，而这种思路在生死一线之际体会得最为明显，也最为刻骨铭心。这种本质性的、生命体验式的思维大体上可以转换为一种基因式的、内在的新思维，以此思维建构环境史易于成为一种自觉的行动。本书中有关跑步史的文章可以视为探索这种新思路的辅助产物。

研究外国环境史不能仅仅纸上谈兵，现地考察是必不可少的。Fieldwork 不同于 Fieldtrip，前者是要真正融入当地环境，从作为环境有机组成部分的内部视角观察环境整体，后者是走马观花式的、查找资料的、从外部视角观察作为他者的环境的方法。采用这两种不同的方法自然会产生不同的结果。前者有助于形成符合实际的、受当地人认可的，但又具有研究者特点的结论，后者形成的是异质化的、自说自话的结论。本书中的实例研究和非洲专题的主要思想与基本观点都是文献研究和现地考察相结合的产物，其中有些在成文时写入了现地的感受，有些没有写入，在电子媒体上发表时有些还插入了现场拍摄的照片和视频，但在成书时舍去了这些鲜活的资料。其实，无论是照片还是感受，都带有强烈的个人主观色彩。换言之，外国环境史的建构，即使是身临其境，也是作者、当地人和环境交互作用的产物，是不可复制的文化建构。

在大学里教授环境史课程、培养环境史方向的专业人才就需要开出不同层次的课程，从时间规模上要兼顾通史和断代史，从空间规模上要平衡全球史、区域史和民族国家史，在专题上涉及环境史研究的四个不同面相，同时还要开设史学史和史料选读课程，在教会学生读书的同时，学会选题和分析，最终写出合格的学位论文。这无疑是项艰难的工作，因为在传统历史学中，经过长期的建设形成了比较合理的教师队伍和课程结构，而在环境史建设的初期，所有这些工作都得一个教师来完成。要想在课程中讲出新意，非得自己在某些重要方面做出研究不可，非得时时留意最新研究成果不可，非得兼顾环境史的所有面相不可。本书中的大部分内容都是为了教学而有意探索的成果，尤其是经济史与经济环境史部分，既是自己弥补知识结构缺陷的努力，也是完善教学内容的举措。

说到读书，约定俗成的做法是先博后约、先泛后精，其实，这两种类型不完全是先后关系，也可以是平行并进、相互交织的关系，尤其是阅读专题著作。没有博览群书，就不能掌握该领域的全貌，也不能了解最新的动态，就不能找到值得思考和研究的问题；没有专深的阅读和研究就不能深化对整体的认识，也不能形成论题上的推进和更新。对作为多学科研究领域的环境史研究而言，读书绝不能局限于历史学范围内，与环境史相关的其他领域或学科也不能忽视。然而，要理解其他学科的知识，需要付出比理解历史学专著更多的努力，自然也能获得更多独特的收获。评价这些著作，既需要历史学的眼光，更需要相关专业的知识积累。在这个意义上，跨学科研究也是说起来容易做起来难的事情，本书中的书评导读部分在很大程度上也是一种有意而为的尝试。

本书是作者从事环境史教学和研究的部分记录，是行走和思考的结果，是体验和条理化的产物。这是一本从全球视角探索历史研究新领域和历史写作新风格的书，通过理论探索、实例研究和书评导读，既评述已有研究成果，又探索和实践环境史研究的新思路和新方法，最终希望达成建构不同于传统历史的新型历史的目标。这本书的写作风格不同于书斋问学式的论文格式，而是具有较强的个人生命体验特色的新风格，展示的是活生生的历史。在写法上，风格并不统一，收入本书时也没有刻意去改写，而是保留了原貌。这既是对过往的尊重，也是保留探索历程的尝试。之所以命名为新探索，就是在保有其锋芒的同时，也隐含着继续完善的意图。本书中的想法不一定成熟、老道，但鲜活、有趣、独特。

记得一位才情纵横的成功商界师兄曾给我写下这样的话："用脚步丈量河山，用手机记录自然，用知识普惠学子，用开放包容一切！"应该说，这是对环境史学者理想状态的文学化表述，我虽不能至，但心向往之，亦努力之。

2024年猛暑于大阪大学

目录

篇一

—— 理论探索 ——

中国的环境史研究话语体系构建刍议

构建中国的环境史研究话语体系既是史学研究深化和时代的需要，也是人才培养和现实的要求。就史学研究的深化而言，经过多年的引介和研究，到了该考虑构建中国的环境史话语体系的时候了。在已有研究基础上，需要思考如何构建中国的环境史话语的路径和方法。更何况一切历史都是当代史。时代正在发生巨变，历史学家的立场、位置性、认识技术等都在变化。这就要求历史学家必须更新历史认识，建构符合时代需要的新型历史。就人才培养而言，仅仅停留在全盘学习外国学者的环境史研究成果肯定不能满足在经济高速增长时期成长起来的学生的需要，至少应该引导和培养学生构建中国的环境史话语体系的意识，鼓励他们进行坚持不懈的探索。就现实需要而言，在中国的国民生产总值于2010年超过日本之后，中国的国际地位和责任都与以前有了很大不同。这种变化需要相应的历史观来解释和支撑。其实，在世界历史上，任何国家的崛起都需要历史观的配合。英国、德国、日本、美国、俄国（苏联）都不例外，只是有些配合是正向的，有些是负向的。正向的可以助力国家的崛起，负向的会加速崩溃。显然，构建中国的环境史话语体系已然如箭在弦上，不得不发了。

一、外国学者的中国环境史研究的特点

在国际环境史研究中，中国环境史研究是后来者。相对于美国环境史、印度环境史、非洲环境史等研究，中国环境史研究不仅起步晚，而且成果少。然而，中国历史悠久、史料丰富，而且具有独特的人与环境关系的认识与实践，是环境史研究中令人艳羡的富矿。自伊懋可和刘翠溶在 1998 年编辑出版的 *Sediments of Time: Environment and Society in Chinese History*（繁体中文版《积渐所至：中国环境史论文集》先于 1995 年在台湾出版）以来，外国学者陆续出版了一些研究中国环境史的著作，尤其是进入 21 世纪后，青年学者成为研究中国环境史的生力军，出版的论著和通过的博士论文越来越多。一些具有代表性的著作也被迅速翻译成中文出版，在国内学术界产生了一定影响。

孟一衡的《杉木与帝国：早期近代中国的森林革命》研究了1100—1600 年之间中国为应对森林危机而形成的从天然混交林向人工针叶林的景观转变，分析了转变背后的市场和国家驱动力，修正了前辈学者对中国一直处于毁林和环境退化的趋势的判断，对中国在这一时期的森林转型在世界环境史上进行了新的定位。毫无疑问，这是一部视野广阔、推陈出新的优秀学术著作。结合其他几部翻译过来的中国环境史著作，如伊懋可的《大象的退却》、马立博的《中国环境史》、彭慕兰的《大分流》、穆盛博的《洪水与饥荒》和谢健的《帝国之裘》等，大致可以总结出如下的共同特点：

第一，外国学者研究中国环境史的问题意识是从他们的学术谱系中梳理出来的。换句话说，中国环境史研究是被置于西方学术发展脉络中来认识的，中国环境史或者成为一个独特的案例，或者成为深化认识的一个助推器。例如，《杉木与帝国》就是从加州学派

的问题意识出发，探讨森林问题在中西分流中的地位和作用，进而深化了关于环境主义起源的认识，反过来又拓展和强化了对大分流的认识，同时还构建了中国环境史（森林史）演进的新序列、新体系。

第二，分析问题的基本思路和框架来自他们学科的基础理论。例如，《杉木与帝国》来自强市场与弱国家的市场经济理论，《洪水与饥荒》来自环境史的能量流动理论，《帝国之裘》来自新清史中的民族、帝国与民族国家的理论。其中，《杉木与帝国》中关于政府、社会与市场的关系，与万志英的《剑桥中国经济史》的叙述是基本一致的。《大象的退却》中关于三千年中国不可持续的基本观点，与《中国过去的模式》中对帝制时期中国经济特点的总结是一脉相承的。这说明，中国环境史的建构实际上是建基于已有的相关研究基础上的，理解外国学者的中国环境史研究应该置于其宏观理论背景和方法论中来认识。

第三，结合前瞻性方法和回溯性方法，采用相互比较来展现历史的复杂性和偶然性。传统的历史研究思路是从事件往前推，在过去中寻找历史发展的动力和原因，这样易于形成事件是历史发展的必然结果的模式和体系，问题在于它剔除了当时历史发展的多种可能性，进而在必然性的迷思中把历史简单化和同质化。这就是福柯所揭示的历史知识生成机制。加州学派从王国斌开始一直探索将回溯性方法与前瞻性方法结合，通过展示在过去某个时刻出现的多种历史发展可能性来体现历史的复杂性，通过把这两种方法结合揭示出从多种可能性走向历史发展的现实过程中偶然性因素的关键作用。相互比较就是一方面以西北欧为参照的与中国江南比较，另一方面是以江南为参照的与西北欧比较。这种相互比较毫无疑问有利于突破欧洲中心论，但也不会走向中国中心论。在结合两种方法和相互比较方法的运用上，彭慕兰的《大分流》是个范例。《杉木与帝国》中经常会出现"本来应该这样但最终却那样""如果不是"等表述。这实际上就是把这两种方法结合运用在研究中的体现。

第四,研究结论的理论化。历史研究毫无疑问是具体的,但过于具体就比较容易琐碎化,甚至出现只见树木、不见森林的片面化。外国学者的中国环境史研究,由于其问题意识、基本思路等都来自更大的学术关怀,因而其结论都是既具体又具有一定程度的普遍性,对推动本领域的学术研究效果明显,还能辐射到其他领域。例如《杉木与帝国》除了修正中国森林史和环境史的已有研究结论,还对现代性、帝制时期的政治经济学等产生积极影响。虽然这是一份具体研究,但对重新认识唐宋变革之后的中国历史发展具有重要意义,对理解历史大转变时期的中外历史地位的变化富有启发性。

总之,外国学者的中国环境史研究是从他们的学术背景出发的,具有鲜明的、自己的学术关怀和理论思考。这样的研究无疑对我们是有启发性的,但我们不可能全盘接受。如果刻意去模仿,可能会出现画虎不成反类犬的滑稽结果。

二、中国的环境史研究的特点

自20世纪90年代以来,中国的环境史研究发展较快,取得了一系列成绩,甚至因为与中国建设生态文明的要求契合而掀起了环境史热。在经历了初期的融合转型之后,在专题研究、学科建设、人才培养体系建设、通史编撰等方面取得了显著成绩。同时,中国的环境史研究也展露出自己的特点。

第一,中国的环境史研究具有雄厚的先行研究基础。从现有的从事中国环境史研究的人员构成和学术渊源来看,先行研究主要集中在三个领域,分别是历史地理学中的人地关系史研究、经济社会史中的农史(包括林史)研究、灾荒史研究。这些成果丰硕的研究

领域中的部分学者或因应时代需要或适应学科内在发展需要或受到
国际环境史研究的影响，纷纷转向环境史研究。在转向的过程中，
或者借鉴吸收国外的环境史研究成果（主要是中国环境史研究成
果），或通过与国外研究机构的合作，显现出既立足中国学术传统
又融入国际环境史研究潮流的追求和倾向。

第二，中国的外国环境史研究和中国环境史研究有待进一步、
真正的融会贯通。外国环境史研究按照研究的对象国或国际学术界
的潮流走，试图在这个学术谱系中发出自己的弱小声音，争得立足
之地。中国环境史研究依然坚守中国传统的历史研究范式，在守正
中创新，产出了引人瞩目的学术成果。例如，外国环境史研究主要
以国别史和专题史的方式进行，而中国环境史研究主要采用以朝代
划分的断代史范式。这两者各有所长，并无优劣之分，但也各有所
短。尽管中国的环境史从业者已经开始进行有意识地互鉴融合，但
还需要进一步扩展，进而汇聚出共同的讨论主题。

第三，即使是研究同一个主题，中国环境史和外国环境史研究
的问题意识、概念方法与理论关怀也大不相同。例如，森林史研
究，研究外国的森林史更多关注森林变化与经济社会和国家的关系
问题，特别是林产品商业化之后的森林滥伐及其经济、社会、政治
和环境影响等；中国的森林史研究重在整理史料和梳理不同朝代的
森林变化、森林培育与利用、林业科技与文化、林业政策与管理等
方面的演变。这两者之间虽有沟通和对话，但仍然处于初级阶段，
难以对已有相关理论形成补充和修正。

第四，进而言之，中国的中国环境史和外国环境史研究缺乏一
个自己的整体世界史的理论体系作为支撑。新中国成立后，中国的
世界史体系建设经历了从学习苏联到学习西方的过程。僵化的五种
生产方式演进以及现代化理论或全球史，"你方唱罢我登场"，20世
纪90年代之后更是进入了一个只研究具体问题而不进行理论建构

的奇特阶段。这也导致中国的环境史研究虽然很活跃，但理论基础至少可以说不明确。这有点类似于美国历史学界，各种新领域、新观点层出不穷，但一谈到根本都不得不说法国人福柯。换言之，中国的环境史研究需要创新的历史哲学和历史理论为支撑。在史学界，有一个影响深远的"约定俗成的常识"，即案例研究和断代研究是通史研究的基础。该说法甚至变形为先进行断代的具体研究，然后才能考虑通史研究。这个说法确实有一定道理，但把它绝对化肯定是不利于学术发展的。通史或体系研究与断代专题研究的问题意识、研究方法、史料来源和运用、结论指向等都不尽相同，两者完全可以平行并进，也可以相互促进。从这个意义上说，构建一个真正世界史的理论体系对中国的环境史研究具有重要意义。

总之，中国的环境史研究发展迅速，具有自己的特点。在快速发展过程中，对比反思一下发展历程，不但是必要的，还能为未来发展提供有益启示。不同领域需要进一步沟通和融合，假以时日，才能形成中国的环境史研究的主导型主题、独特方法和代表性观点或理论范式。

三、如何构建中国的环境史研究话语体系

构建中国的环境史研究话语体系，需要天时地利人和的耦合。只有当各方面的条件具备并形成正向的相互作用，构建才能顺利进行。毫无疑问，构建将是一个长期的过程，不是一朝一夕就能完成的。不但需要其他学科的配合和整体进步，还须在开放的状态下才能进行。建构中国的环境史研究话语体系不是闭门造车，而是要形成既具有中国特点又具有普适性和影响力的体系。

第一，根据中国对世界和中国局势的判断和追求设定研究的主题。在和平与发展是时代潮流、改革开放是基本国策的年代，中国

的世界史和中国史研究主题自然围绕这个判断展开，尽管有人可能没有明确意识到。在对时代潮流的基本判断已经发生变化之后，历史研究的主题随之会发生变化。在百年未有之大变局中推进人类命运共同体建设，不仅仅是调整人与人、国家与国家、文明与文明之间的关系，更应该是在一个地球的背景中调整人与环境的关系。在这个框架中，对中国历史和中华文明的独特地位与作用做出合理解释是不可缺少的重要组成部分，进而对中华民族的伟大复兴在人类命运共同体中以合理定位。

第二，主要采用中国概念构建具有渗透力和穿透性的体系。概念是建构体系的基础。先前的体系都采用从欧美历史中提炼出来的概念，并在此基础上形成了把欧美经验普世化的、带有欧美中心论色彩的各种体系。现在建构中国的环境史研究话语体系不是要走向中国中心论，因为如果是这样，实际上并不能跳出欧美中心论形成的逻辑。而是要从中国对世界的认识出发，建立以包含了世界不同民族和国家以及环境的世界为本的话语体系。这样的中国概念，既有中国特色，又有普适性。在这方面，日本学者探索的经验教训值得借鉴。既有杉原薰、川胜平太、滨下武志等打破欧洲中心论、启迪加州学派的成功经验，也有安田喜宪等走向日本中心论的教训。中国概念的发掘和总结需要回到中国历史，与此同时，要用这样的概念来解释和重构外国和世界的环境史。

第三，在不同学科协同配合中构建话语体系。狭义来说，历史学科内的理论研究和实证研究要相互配合；广义来说，人文科学、社会科学需要打破画地为牢的格局。就环境史而言，还需要与自然科学和工程科学进行深度融合。不同学科的协同不是通过计划学术能够达成的，而是要自觉通过跨学科或交叉学科研究来完成的，更是在营造自由探索氛围基础上的学术竞争达成的。不同学科的从业者要意识到自己学科的优势和弱点，只有认识到局限性才能开放和包容，才能在整体研究和体系建构上实现突破。

第四，构建中国的环境史话语体系需要重视语言的作用。语言不仅是话语的载体，也是话语本身，还是传播和交流的工具。欧美话语体系的霸权建立与英语作为一种世界通用语言的功能是分不开的，而英语成为世界语言又与欧美的扩张（包括殖民主义、帝国主义和后来的全球化）密不可分。确实，不同的民族语言表述的是不同文化，但不能绝对化，互译是沟通不同语言和文化的不二法门。因此，重视汉语表达，也不能忽略世界上其他语言的表达。中国的话语体系不仅要建构，用适当的载体进行传播和理解也不能忽视。

第五，构建话语体系也要配套具有时代特点的传播方式。仅仅依靠书籍文本的方式已经远远不够了，数字技术的应用是值得重视和发掘的选择之一。在信息逐渐数字化的时代，不但要利用数字技术研究历史，其实我们每天创造的历史也以海量数据的方式被记录下来。从这个意义上说，话语体系的建构和传播就是在某种程度上对历史大数据的处理和扩散。这样的处理和扩散无疑能够适应现在和未来不同文化背景的人群的需要。

总之，通过比较中外的环境史研究，既能发现其各具特点和优势，也能看到它们都有自己的局限性。中国的环境史研究话语体系建构是需要正视和立即开始做的事情，但它是一项系统工程，不是一朝一夕就能完成的。构建中国的环境史研究话语体系既需要夯实基础建设，也需要无畏开创的勇气和魄力。

（本文发表于2023年4月22日的《澎湃新闻·私家历史》）

环境史中的人

环境史研究历史上人与环境的其他部分的相互关系，这是在环境整体中探讨作为环境一部分的人与环境的其他部分的关系。在这个定义中，人不同于传统历史学中作为环境的对立面的人，也不同于深度生态学中等同于一般生物体的人，而是以生物性为基础的、具有社会性的人。

在科学革命之前，人大体上还是一个以有机体为主的人。200多万年前，由于环境变化，人从猿中分离出来，但人与猿仍然具有大约98%的相同基因，因此，戴蒙德称人为第三种猩猩。[①]离开了猿的群体之后，人不但生理上发生变化，而且逐渐发展出语言和学习能力，并在学会利用火和使用工具的基础上形成了自己的生产方式。不过，在狩猎采集这个占到人类进化史99%以上时间的阶段，人与动物一样，都是从环境中获取自己需要的资源，其社会性与其他动物群体的社会性虽有差别，但并无本质区别。[②]在距今1.2万年

---

① ［美］杰拉德·戴蒙德著，王道环译：《第三种猩猩：人类的身世与未来》，海南出版社，2004年，第2页。

② 参看［美］珍·古道尔著，秦薇、卢伟译：《和黑猩猩在一起》，科学出版社，2000年。

前，人类在野生祖本密集的核心区或稀少的边缘区逐渐驯化了动植物，发展出流动农业和游牧业，进而从食物获取者变成了生产者。也有学者认为，与其说是人驯化了动植物，不如说是动植物驯化了人，使人成为它们的服务者。①人类对环境和未知世界的认识逐渐从自然宗教（万物有灵论）转向人为宗教（从图腾崇拜到祖先崇拜），居住方式从流动营地转向定居村落。大约5000年至7000年前，流动农业逐渐转向定居农耕，形成以城市为基地、以文字为纽带、以分工为基础、以王权神授为核心的城邦。以此为起点，逐渐发展出王国和帝国。尽管人利用环境的能力和实践有了较大发展，但大地依然是人的命根子，是须臾不可分离的母亲，人主要通过消耗自己的体力来利用环境，并在与环境的能量输入与输出中维持自己的生存和发展。

在最能体现传统农业时代人的地位的宗教中，犹太教、基督教和伊斯兰教大体上都认为上帝或安拉创造万物和人，万物为人所用。换言之，人与万物同源，但人得到授权可以利用万物。在佛教和儒家思想中，佛陀或天与人和万物合一。佛教主张万物无情有性，人无我向佛。儒家思想具象化为天地人三才相合。显然，无论是什么文化，都强调神的作用，人和万物都存在于与神相关的世界中，但在佛教和儒家思想中，人只是整体中的一维，并未对万物拥有高出一等的权力。因此，那时的人无论从生产实践还是从精神世界来看，都是与环境相互联系、相互支撑、相互界定的存在，甚至在很大程度上都受制于神。

文艺复兴、科学革命从思想上改变了对人以及人与环境关系的认识。文艺复兴把人从神的束缚下解放出来。欧洲对希腊传统的发

---

① ［美］詹姆斯·C.斯科特著，田雷译：《作茧自缚：人类早期国家的深层历史》，中国政法大学出版社，2022年。

现在很大程度上是通过利用阿拉伯世界翻译的希腊典籍完成的，于是，对人的发现就不仅仅是复兴希腊传统中的人文主义思想的结果，也是对伊斯兰教中利用自然需要按照"迹象"来进行的朴素科学思想的再发现的成果。科学革命首先把自然变成一个完全祛魅、需要研究的客体，然后由人通过实验等方式理解、征服、利用、改造自然，最后还把人变成了一个与自然一样的、由不同因素按照某种可以用数学公式表达的规律组成的机械体。科学思想的变化不但把人与环境二分，而且把人变成征服环境的机械体，显然，这与前一个时代的人和人与环境关系相比，发生了革命性的变化，这种变化还导致了生产方式和人与环境关系的实践发生了根本性变化。尽管在19世纪后期形成了生态学，强调生态系统的整体性，但它完全处于边缘状态，无法撼动科技的主导地位。

科技创新改变了生产和经济，确立了人的绝对统治地位。二元论和机械论的科学观迅速渗透到生产中，生成了一系列新的管理和技术创新，最突出的就是数字化管理、标准化生产和超前消费，其追求的最高目标是效率。数字管理从形式上经历了从簿记制度到经济统计的演化，其核心是成本效益核算。资源环境效益被约化为各种产出，甚至将处理生产造成的环境灾难的花费也计入效益，而资源环境的稀缺性却几乎未被反映，甚至被认为是无价的。这种数字化管理显然把复杂的生产过程简化为忽视了生产、流通和消费过程及其实际效果的二元结构。标准化生产经历了从泰勒主义到福特主义的转变，核心是在充分利用时间的基础上降低成本。生产工序的简单化和标准化彻底把人变成了生产线上的螺丝钉或机器人，失去了作为活生生人的乐趣和活力，甚至形成了上班时拼命工作、下班后肆意放松消费的畸形文化。超前消费经历了从通过广告制造消费预期到提供循环贷款和信用卡刺激消费的转变，这些创新一方面解决了追求效率导致的消费不彰问题，但另一方面也造成了过度消费造成的人的异化和浪费问题。与农业社会的人相比，工业化时代的人不仅成为机器人，还被进一步异化，成为完全脱离了环境的孤立存在，甚或成为环境的对立面。

在科学刺激和总结实践基础上形成的经济学中，人从一个复杂的人被简化为经济人，成为一个在理性指导下精于进行成本效益核算的人。科学赋予人掌握精确性的能力，从而使一切都成为在时空和价值尺度上可以计算的事物。在以分工为基础、以交换为目的的市场中，一切商品的价值在供求平衡的原则（在某种程度上，这就是牛顿定律在经济领域的反映）下以价格的方式得以体现，从而促进以获利为目标的投资和生产的实现。在这个过程中，不仅自然而且部分人及其劳动都成为廉价商品。①然而，即使人精于算计，市场的调节是按现有的价格和供求关系来核准的，具有后见性和短视性，人既不能从长远利益出发，也不能从后代角度考虑并合理设定人的角色和作用。更有甚者，环境几乎被设定为无穷无尽、任人获取的免费资源。理性人和经济人实际上就是在无节制浪费资源环境基础上，一方面满足了效率和进步追求的现代人，另一方面造成巨大的环境破坏和人的异化的麻烦制造者，导致人和地球环境都难以为继。这直接冲击了进化论发明以来确立的自然和社会线性进步的法则。

如果说前一阶段的人在某种程度上与神和环境紧密联系在一起的话，那么，这一阶段的人则完全摆脱了神和环境的束缚。从心智上，人成为唯我独尊的环境主宰，通过不断进化形成了人类中心主义的意识形态；在实践中，人类被简化成作为环境对立面的、可以利用自然法则和经济原理剥削环境的机器人与经济人。毫无疑问，

---

① Raj Patel and Jason W. Moore, *A History of the World in Seven Cheap Things: A Guide to Capitalism, Nature and the Future of the Planet*, Verso, 2018.

这样的转变确实带来了人类前所未有的进步和繁荣，但是物极必反，人的过度自负不但造成成就人的环境发生危机，而且开始反噬自己。人类已经到了不得不改弦更张的时刻。这促使人在理论上重新思考人的定位，在实践中重建已经走入歧途的经济和社会发展体系。

与上一次转型一样，这次转型也是从科学的突破开始的。这次突破并不是突然发生的，而是在19世纪末期孕育的。如果说牛顿定律表达了宇宙通过各种力的作用达致平衡的原理，那么热力学定律则表达了在时间流动中能量的守恒和从有序走向无序的原理。热力学定律发明后，对其他学科产生了广泛影响。物理学家发明了熵的概念，用来界定被消耗之后几乎不能再利用的能量，对瞬时平衡和运动的本质的新认识在一定程度上颠覆了还原论，确立了对作为本质的过程和变化的重新发现。化学家展示出能量流动和损耗的过程。生物学家发现，生物体的存活其实体现了它吸收地球环境的能量并使熵值增加的过程。生态学的发展和普及给改变对人的认识提供了一个整体论的框架。在地球生态系统中，人本身也是一个微型但复杂的生态系统，前一阶段强调的人的自主性遭到质疑。无论是从物理学、化学，还是从生物学和生态学来看，人都是由不断生生死死的细胞组成，人的意识不但受到生物钟的影响，还受制于电磁场，人的生老病死不但取决于遗传基因，还受到周围环境的影响。因此，人不再是一个脱离了环境的、稳定的社会人，而是一个无论从肉体还是意识都处于变化过程中的存在，是一个须臾不能离开环境的人。①

与此相关的是，在经济理论和经济实践中正在形成基于复杂适应社会生态系统建模的新范式。在生态系统中，除了现代工业造成

---

① 参看［美］杰里米·里夫金著，郑挺颖、阮南捷译：《韧性时代：重新思考人类的发展和进化》，中信出版社，2022年。

的破坏和崩溃之外，还有生态本身的恢复力和自净力，更有建立在多样性和复杂性基础上随着系统变化而不断升级的、开放的韧性。另外，人还创造出智能机器人，形成与作为生物体的人互惠的系统。与生态系统和人机互惠系统相匹配的是经济社会的韧性，是与人类中心主义时代不同的、建立在数字集成基础上的灵活性和适应性。疫情期间，数字经济、数字管理等超速发展。就消费者来说，数字平台提供的是共享空间；在这个平台上，流量甚至能够创造财富，即时配送让消费者能够超越时空进行随意消费。显然，这种新进展正在改变先前形成的经济社会模式，正在形成与新形态的人和环境相适应的新模式。把人和社会生态体系联系在一起的不再是处于主导地位的人对环境的利用，而是人的共情能力、学习能力和适应能力。①

综上所述，无论就人本身而言，还是就与环境关系中的人而言，人都不是一成不变的静止物，也不是脱离环境的孤勇者。从文化角度看，人经历了从受制于自然和神的人，到摆脱神和自然束缚的人，再到复杂社会生态系统中的生态人的转变；从生产和经济实践来看，人经历了从生计维持者，到创造财富者，再到社会生态适应者的转变。这种转变看似是历史的回归，但实际上是人在环境史中经历风雨之后的升华。这种升华中既蕴含着前两个时代的智慧和教训，更预示着未来人与环境、人与人、人与自身的相处之道。

（本文以《人在环境史中的回归与升华》为题
发表于 2023 年 4 月 13 日的《社会科学报》）

---

① ［以色列］尤瓦尔·赫拉利著，林俊宏译：《未来简史：从智人到智神》，中信出版社，2021 年。

极限运动与历史新思维

相对于我们熟悉的传统史学而言，环境史是一种新史学。它的新不仅在于为忽略环境内容的传统史学添加一个环境维度，从而形成整合了环境的相对比较完整的历史，更在于提供了一种历史新思维，把历史由有意识的人类活动变成了人与环境的其他部分相互作用，进而结构出一种新型历史。前者是在人与环境两分，人为主体、环境为客体的二元论基础上探讨人与环境的关系史，是人类中心主义的环境史，是容易与传统史学接榫的环境史形态。后者是在环境整体中的人及其社会与环境的其他部分相互作用的历史。与传统史学相比，这里的主体不仅仅是具有社会性的人，还是具有生物性的人，更是与人作用的环境的其他部分。因此，通过扩展历史的主体，改变环境史的思维，环境史将会塑造出新型历史。

人类中心主义思维的形成经历了一个过程。自从人猿揖别以来，人类的自我意识不断觉醒和强化，经历了从万物有灵，到膜拜人为神灵，再到挣脱神的束缚重新发现人的过程。在前一阶段，由于人对自然界的认识能力有限，不得不在恐惧和无奈中敬拜神灵（包括自然的和人为的），祈求保佑，消灾纳福。在后一阶段，经过文艺复兴、科学革命、工业革命和政治革命，人逐渐取代神，成为无处不在、无所不能的地球主宰。环境成为外在于人类并被人类开发和利用的资源，甚至走向另一个极端，即如果环境不能为人所感知就不存在，如果环境不能为人所用，就没有价值。这是建立在二元论和机械论基础上的人类中心主义环境观。

人类中心主义环境观在塑造现代世界和现代文明方面发挥了重要的、基础性作用，但也造成了一系列问题（例如严重的环境危机），危及文明的持续发展。严峻的现实促使对占主导地位的人类中心主义环境观进行反思，进而重构历史。通常情况下，反思人与环境的关系有两种路径，分别是换位思考和交感体验。换位思考就是主客易位，从环境的角度思考人，以及人与环境的关系。"像山一样思考"就是这种思路的体现，但它会遭到"像熊一样思考"的讥讽，也不易回答"山是否具有思考能力"的疑问。因此，换位思考一般要借助于虚拟环境和拟人化手法才能完成。尤瓦尔·赫拉利在《人类简史》中指出，不是智人驯化了小麦，发明了定居农耕，而是小麦操纵了智人，为其所用，使人类告别杂食和愉快的狩采生活，掉入素食为主、风险增大、劳作繁重的陷阱。显然，这样一种换位思考不仅颠覆了先前形成的、主导性的、线性目的论思维，而且隐约赋予了动植物一种能动性。

如果说换位思考是用文学手法完成的，那么交感体验需要哲学的玄思冥想。无论是儒家思想还是超验论哲学，都强调身临其境、融入环境，按自然的节律感知自然，从而获得超越自然和人类已有思维的、贯通人的社会性和自然性的、完整而又独特的新思维。然而，这种思维在传统的哲学家看来是非哲学的，在文学家看来是想象力受到束缚的。进而言之，并不是所有的现代人都能舍弃人为环境的舒适去荒野寻求这转瞬即逝的感受，也并非所有知识人都能接受并正视这种非传统理性的感知。但它确实是存在的，不是"我思故我在"式的存在。

其实，在极限运动中很容易反思人类中心主义进而形成深入骨髓的新思维。无论是马拉松比赛、长距离越野还是高海拔雪山攀登，都是人与自然的交流和互动，只是这种互动更能暴露人的短处和脆弱，更能彰显自然的威力和伟大。这些运动起初都是让人望而生畏的，都是挑战普通人的运动极限的。不过，极限运动一旦开始便让人释放出大量的内啡肽和多巴胺，甚至产生运动快感，使人沉醉上瘾，欲罢不能。但人容易得意忘形，贪欲膨胀，在肆意追求速度、高度和知名度的过程中忘记身体局限和环境制约，导致猝死、山难等悲剧发生。尽管都进行了科学训练和精心安排，但仍然有部分人倒在了自然和环境中。在这一刻到来之前，选手往往都进行了意志力和体力之间的激烈较量，认同体力和环境的警示可能留住一条性命，坚信意志力的强大就可能导致悲剧发生，真可谓生死存乎一念之间。生死之间昭示了人类中心主义者过分夸大意志力作用的局限性和过分蔑视自然的灾难性。

在惨痛教训面前，在经历了莽撞疯狂或辉煌胜利之后，人不得不从哲学上思考从事极限运动的目的以及人与环境的关系。安全完成自然登顶地球上 14 座 8000 米以上雪山的美国登山家艾德·韦斯特说，山是一个美丽的舞台，在这里通过面对身体和心理上的挑战来获得不容易获得的东西。如果说这是最初激励他挑战雪山的动力的话，那么经过多次艰难攀登，他对山和登山活动的认识发生了深刻变化。在高海拔地区首先体会到或遭到当头棒喝的是环境的超强制约力。一般情况下，进入超过海拔 4000 米的高海拔地区都会产生高原反应，海拔 8000 米以上区域被称为死亡地带。如果不能适应高原，行动起来不仅艰难，而且危险，慢节奏的高海拔地区文化也与快节奏的低地地区文化迥异。登山需要窗口期，在百无聊赖中长期等待窗口期不但考验攀登者的意志力和冷静度，而且让人感受到环境的变幻莫测。在高角度和危险地带，每呼吸 15 次走一步的跋涉几乎要彻底击垮人的自信心。登顶时空气极度稀薄和缺氧导致的无意识睡眠更是致命的危险。所有这一切都彻底粉碎了人征服自然的狂妄，凸显了人的渺小和脆弱。不管你去不去登山，山都在那里；不管你多么自负，山允许你登才能登。

韦斯特把自己的攀登体验升华为登山哲学。他说，"我在登山过程中学到了你不能'征服'任何东西。山峰是不能被征服的，它们应该受到尊重并被以谦卑的心来对待。如果我们接受山所给予的，怀着耐心和渴望，并做好准备，那么山峰将允许登上它的顶峰。""无论你有多牛，在山上，当你认为自己可以掌握一切时，其实你并没有。""你喜欢山并不意味着山喜欢你。""山允许你登，你才能登。"①这说明，山是自主自立的存在，不以人的好恶和意愿而改变。只有当人尊重并顺应环境的自主性和个性，人与环境才能相互成全。显然，韦斯特的哲学从满足自己的成功欲望变成了尊重山并与山和谐共处。极限运动中的人与环境不但是环境整体中两个对等的存在，也是彼此尊重和相互成就的存在。与换位思考和交感体验相比，极限运动带来的震撼刻骨铭心。这种新认识不再是通过理性思维及其支撑的虚拟技术获得的，也不是通过"灵魂出窍"式的冥想建构的，而是在生死关头实实在在触摸到的，是融入血液的、镌刻在灵魂上的、基因式的思维和气质。

其实，通过登山改变思维、创新学术是有先例的。达尔文在环球考察，尤其是在观察了岛屿生态系统之后创立了进化论。此后，进化论迅速成为主导的生态学范式，其影响波及社会领域，产生了巨大反响。然而，京都大学山岳协会的师生在登山过程中发现，生长在不同海拔上的有机物之间并不像达尔文所说的那样发生激烈竞

---

① ［美］艾德·韦斯特、［美］大卫·罗伯茨著，杨婕、善瑜译：《攀登者：站在雪峰之巅》，江苏人民出版社，2021年。

争，相反却同在一个太阳下，和平共处。这就是"分栖共生"的生态学。把这种生态学应用到人类历史发展，自然就会得出不同生境上会产生不同文化，各种文化不是相互竞争或模仿而是各自共同发展的结论。在此基础上，日本学者提出了"文明的生态史观""文明的海洋史观""文明的环境史观"等理论。这些无疑都契合了日本两次崛起时需要重新定义自己的发展道路及其在世界历史中的地位的需求。

依据从极限运动中形成的新思维，可以构建出新型历史。在这种新型历史中，环境可以大到地球系统，也可以小到具体的生境。不论其规模大小，都包含着人与环境的其他部分。其中的人首先通过能量交换和物质循环与环境保持须臾不能中断的关系。在此基础上，不同人群形成利用资源环境的不同权属和方式，进而形成经济和社会、政治以及文化意义上的人。归属于不同文化、阶层、性别、种族、社会和国家的人，尽管具有不同的与环境相互作用的能力和条件，但总体上都不能超越环境，都只能在环境许可的范围内行事。换言之，不同群体的人在环境范围内进行着激烈的博弈，进一步调整或强化其社会差异，革命和战争不过是利用权力和能力调整环境的极端形式而已。作为环境有机组成部分的环境的其他部分是创造历史的一个能动因素，或者说具有历史创造力。它不但在变化中塑造了人，还按自己的规律运行，更为人类活动提供了多种可能性，同时规定了人类行动的范围和高度。显然，这不是环境决定论，因为无论是人还是环境的其他部分都在环境整体中相互作用，而不是作为客体的环境以单一因素对人及其社会进行单向度的决定。换言之，这里的环境的其他部分既有塑造人类的一面，也有作为人类产物的一面，并不完全是一个先于人的、非人的存在。在与人作用的过程中，环境的其他部分不仅仅会衰败崩溃（极端的曾经引起文明中断），还会适应和自行修复。在这个过程中，生发出新的适应社会环境的能力和特性。另外，当环境恶化到威胁人类福利和环境系统稳定时，人不得不调整自己的系统并进行环境保护。显然，以环境整体为基础的新型历史既是复杂的，又是有机联系的，还是系统的，是超越了传统历史和人类中心主义环境史的新型历史。

总之，极限运动不但有助于重新认识环境的能动性，还能帮助形成不同于换位思考和交感体验的新思维。这种在环境整体中培育和塑造出的思维和气质，通过极限运动终将形成既可以感受到又融化在血液中的基因。只有具有了这样的基因，才能构建出真正的、整体的、有温度的新型历史。

（本文以《极限运动助力构建历史新思维》为题
发表于2022年11月10日的《社会科学报》）

国际森林史研究的新趋势

在森林史研究中，大体上已经形成了两个基本定势，分别是现代化范式（Modernization paradigm）和衰败论范式（Declensionist paradigm）。主张现代化范式的学者认为，森林得到人们的有效利用，为工业化和现代化做出了积极贡献。其思想基础是森林如果不能被人有效利用就没有价值，需要用现代林学知识克服落后的土著森林知识。森林滥伐是错误利用或过分利用的结果，其后果可以通过植树造林来弥补。主张衰败论的学者认为，森林覆盖率的大幅度下降是由森林滥伐造成的，而人为的滥伐是在市场推动下用现代林学知识武装起来的，是不可逆的，虽然可以通过保护尚未遭到破坏的原始森林和植树造林增加森林覆盖率，但这种次生林已经不是原始森林了。需要重新给土著森林知识赋权，从而制造出符合当地风土的森林。这两种范式在价值判断上虽然呈现相反的取向，但都把森林看成是被动的客体，都把森林史变成了以人为中心的单线演进的历史。显然，这样的森林史编撰实践既与森林史的定义不相符，也与森林史的实际有很大差距。随着森林史研究的深入，这种简单化的、以人为中心的森林史编撰逐渐得以改观，呈现出新趋势。

第一个趋势是森林具有历史能动性，森林与人类的相互作用塑造了森林史。无论是现代化论还是衰败论，都把人类看成是外在于森林的主动施动者，把森林看成是被动的受动者。实际上，森林不但催生了人类，也在与人类的相互作用过程中参与创造了森林史。在从猿到人的转化过程中，最为关键的一步是猿从树栖动物变成了四足着地、在地面行走的动物，这对猿的身体结构变化、发声器官进化、交流方式升级、脱毛等产生了积极推动作用。而这一切发生的前提条件是森林面积的缩小。从这个意义上说，森林的变化催生了人类。森林和人类都是环境的有机组成部分，两者在环境中的相互作用创造了森林史。因而，不能说森林史就是人类作用于森林的历史，这里应该强调森林的历史能动性。历史能动性通常是指人具有有意识创造历史的能力。根据这个定义，传统历史学研究的历史都是人有意识创造的结果，人的无意识行为都不能成为历史的内容。以此类推，森林因为没有意识就不具有历史能动性。其实，最新的历史研究已经承认了人的无意识作为在历史上的作用，表现就是增添了集体无意识和偶然性的历史内容。从森林的角度来看，森林的生长具有自己的规律，这是一个自主的过程。同时，森林在与人的作用过程中并不完全是被动的，它的构成、生长条件、与当地环境的关系等等都会对人产生作用，而且这种作用是不断变化的。退而言之，类似含羞草这样的植物能够和人交流感应。在这个过程中，人也会被含羞草感染。所以，树木有情有识，不再只是佛教的想象。当然，这一方面的植物学和林学研究还在继续推进，今后或许会像动物学一样揭示出植物社会或森林社会。到那时，森林的历史能动性就更加明显，但这还是用人的标准比附森林。根本的变化是突破二元论的思维模式，在相互作用的框架下认识森林的历史能动性。

第二个趋势是森林史是非线性的（unilinear）、复杂的历史。无论是现代化论还是衰败论，都把森林史建构成单线演进的历史，区别在于前者是乐观的，后者是悲观的。但前者的乐观中隐藏着执迷不悟，可能带来崩溃性的最终后果，后者的悲观中隐藏着觉醒和警惕，可能通过采取弥补性措施而延缓危机或转危为安。森林史绝不是这么简单。首先，我们现在遇到的大部分森林是一个复合体，是混杂森林，是生物意义上的森林和文化意义上的森林的结合体。混杂森林显然不能仅仅按自然科学意义上的林学来认识，同时它还应该是一个文化建构，带动它演化的显然是复数的规律和动力。其次，森林和人的相互作用是复杂、多维的。由于森林是复杂的、多变的、具体的，人也是历史的、多元文化的、地方性的，这两者的相互作用自然是异常复杂多变的，用一种模式、一种思路来概括显然会造成过度普遍化（overgeneralization）或过度简单化（oversimplification）的后果。过度简单化是林学和现代专门化学科的特点，包括两个方面：一是把复杂的问题通过设立条件简单化；二是在分析和解决问题时从学科视角出发往往得出只见树木、不见森林的片面深刻的认识。依据简单化的思路编撰出来的森林史肯定不是复杂的历史。再次，在以现代科学为基础编撰森林史时，现代科学背后隐含的进化或进步思想取向自然会主导森林史编撰。从对史料的取舍到对史料的解释，再到形成森林史的叙事，所有这些都必须符合进化或进步的逻辑，若不符合进步逻辑的，尽管它是历史现实，也要被排除在森林史编撰之外。这种线性森林史显然是一种具有严重主观价值判断的人为操作，与生态学、林学等科学的最新研究和发现相去甚远。如果认可了分析复杂事物的混沌理论、网络理论等更接近于历史事实，那么新的森林史就应该是非线性的历史。最后，当我们把衡量森林史的标准从进步转化成持续可能性之后，森林史就变成了一个并行演进的多元立体历史。在这种森林史中，不同种类的森林和不同文化的人群相互作用，共同创造多元的森林史。这些不同种类的森林史之间的关系是并列的，不是有高下之分、高级的最终必然取代低级的、具有很强目的性的线性历史。换句话说，这样的森林史才能体现它本该具有的多样性（multiplicity）。

第三个趋势是森林史编撰的时间、空间、思路和视角都多元化了。历史认识发生变化后，需要采用一些新的概念工具和视角来分析和建构历史。在森林史编撰中，首先发生变化的是时间尺度。从断代或短时段来研究森林史是传统的、比较成熟易行的做法，但如果需要了解森林自身的历史，就必须把时段向前延伸到地球上出现植物和森林的时代，而那时人类尚未形成。只有这样，才能体现森林作为一个具有自变化规律的历史能动者的独特性和深刻性。当然，时段的选择是根据分析主题的需要而变化的，或长或短或中，但都必须合适。第二个发生变化的是空间规模。森林是生长在一定地域的生物群落，但它的成长变化受气候、地形、水分、养分、市场等因素的影响，传统的森林史比较重视人为的制度安排、市场需求、思想认识等对森林覆盖率变化的影响，而忽略了更大范围的自然因素的影响。如果重视自然因素的作用，就要看到其中的有机联系，因为气候的变化不仅仅与地球转动相关，还与海洋的变化遥相关。于是，森林史的空间就不能仅仅局限在一个看得见的狭小地域。当然，空间范围的扩大也不能无限度，必须适度。第三个变化是视角。从什么角度切入是能否合理分析问题的关键之一。通常情况下，要么从一个角度切入寻求片面的深刻，要么从多个角度切入追求宽泛的全面。这两种视角都是有缺陷的，需要在这两者之间寻求平衡，需要寻找一个在不同时间和空间尺度上能够有所发现的、能够把不同因素有机联系起来的一个突破口或结点（nexus）。例如，传统森林史注重森林覆盖率的变化，但现代林学给森林史的启示是，作为一种可再生的环境，森林的自我恢复能力是森林在受到外力干预情况下应该关注的关键。自我恢复能力如果没有遭到破坏，森林覆盖率下降之后还会恢复，而森林一旦失去自我恢复能力，森林覆盖率的下降就成为不可逆的现实。这种视角变化带来的是历史编撰重点内容的变化，从而建构出新的森林史。第四个变化是思路。有了合适的视角之后，还需要一个分析思路或框架去解构新的森林史。网络是一个不错的选择。与传统的二元结构或三元结构相比，网络是一个复杂的、相互联系的、去中心或中心流动的系统。在这个体系中，各因素的作用会因时因地因事而不同。用它去解构森林史，会呈现出森林史的多面向、多层次和整体统一性。但是，需要反复强调的是：无论是时间、空间尺度的变化，还是视角和思路的变化，都必须和研究主题相关、相适应，否则可能适得其反。

总之，随着森林史研究的深入发展，原来行之有效的森林史编撰范式暴露出致命的局限性。一种承认森林的历史创造性、用新的概念和思路结构的新森林史呼之欲出。这种新森林史不但能够呈现出森林史的复杂性、多样性，更能给未来人类如何对待森林提供新指导。

（本文以《国际森林史研究呈现新样貌》为题
发表于2020年6月4日的《社会科学报》）

从环境史到新全球史

　　环境史和全球史都是国际史学界新兴的研究领域。在学科分野、壁垒森严同时又不断交叉融合的时代，环境史和全球史一方面努力明确自己的学科定位、不断强化自己的学术性和学科性，另一方面也在不断使自己的疆界模糊化，相互或与其他新兴的研究领域继续"杂交"，力求产生更新的研究项目和研究领域。

　　环境史学的兴起是历史学专业视野拓展和对现实环境问题关注相结合的产物。强烈的现实性使之在兴起阶段具有"倡议史学"的突出特点，但随着环境史学在美国进入成熟阶段（从边缘进入主流，从"主要为治理环境污染服务"转为制度化和专业化研究，从多学科研究即没有自己独特的研究方法到形成自己独特的、交叉学科的方法论等），它更多地具有了传统史学的一些特点，例如，研究选题在时间跨度上更小、在地域范围上更集中，仿佛题目越小越有学问，研究也越深入。当然，这种变化无疑可以促使环境史的研究选题和研究方法多元化，但是也不可避免造成对环境史发展大趋势的忽视。其实，第一代环境史学家在开拓环境史研究时，他们的初衷是对传统的历史编撰发出挑战，要改变历史编撰忽略环境因素的片面性以及由此而产生的历史思维的排他性。现在，西方环境史学界的有识之士开始重新思考环境史学的走向问题，希望能在克罗斯比等前辈学者开创的全球环境史宏观研究的基础上再出发。

这种宏观的、长时段的研究与专题研究和个案研究并不完全冲突，宏观研究甚至可以以专题研究的形式来进行。例如：如果从农业史来看环境史，那么环境史上就发生了三次引人注目的革命或出现三个转折点，分别是1500—1750年的农业革命（包括英国的农业革命和英属殖民地的种植园革命，主要特点是使用畜力、圈地），19世纪中到二战的第二次农业革命（主要特点是制度化应用农业科学知识，用现代交通运输体系支撑满足世界市场需求的农业生产），二战以后到现在的第三次农业革命（主要特点是在第二次农业革命的基础上，利用现代生物工程技术使农业生产更加迅速、全面地工业化）。如果从能源史来看环境史，那么环境史可以分为木材时代（1580年前）、煤炭时代（16世纪到20世纪初）和石油时代（20世纪到现在），与之相对应的是传统社会的多中心霸权、英帝国霸权（"日不落"帝国，荷兰建立的近代海上殖民帝国可以看作是通过使用泥炭而形成的军事—工业复合体）和美帝国霸权（美国主导的"无形世界帝国"）。显然，这样的历史分期与传统的政治史、经济史、文化史的分期大不相同，与一般的环境史分期也有不小差别，从中观察到的历史大趋势也很不相同，但是，其中隐含的分期标准即人与环境的互动无疑是值得关注的历史新思维。概言之，就是把人和环境都看成是历史的创造者，从而把历史的边疆从纯粹局限在人类及其社会的历史扩展到人与环境的关系史，其中包括：人类作为一个生物的演变史和人类生存环境的变迁史，人通过劳动与自然进行的能量转化史（物质环境史），人通过使用权力与自然相互作用而形成的政治环境史以及人类感知和表达自然的文化环境史。这样的环境史从狭义来说可以把先前历史编撰中忽略的人与环境关系部分补上来，从广义来说提供了指导历史编撰的新思维。

在此基础上，少数学者把关注范围从某个专题扩大到全球环境史，出版了引人注目的研究成果，例如约阿西姆·拉德卡的《自然与权力：全球环境史》和约翰·麦克尼尔的《阳光下的新事物：20世纪世界环境史》。前者从全球环境领域的"热点"问题进行回溯，探讨了从史前到现在、世界范围内的人与自然环境相互作用的历史，认为人和自然关系的变化是理解全球史的关键，因为人类活动在环境上的不可持续性是影响历史断裂和延续的决定性因素，人对自然作用的范围从最初的聚落扩展到村庄、城市、国家甚至全球，这个过程实际上就是全球环境史的形成史。后者从地球的岩石圈、土壤圈、大气圈、水圈和生物圈分析了以化石燃料为基础的现代文明给全球环境带来的破坏，展示了这种破坏的彻底性和广泛性。但在分析造成环境破坏的原因时，作者并没有对人类文明表现出悲观主义情绪，相反却认为，环境破坏作为人类活动的无意识的副产品并不能导致人与环境关系走向不可调和，越来越得到文化塑造的人类总是在适应不断变化的环境，总是在寻找环境变迁中形成的、可以更好依靠的新生境。显然，这样的分析已经摆脱了早期环境史叙述中经常出现的生态狂热、环境千年至福等特点，显得异常客观和冷静超然。全球环境史研究实践了自然的历史创造性，同时更新了历史叙述的基本单位，改变了环境史研究中经常出现的"衰退论"和"退化论"的取向，正在开启历史叙述的新模式。

把环境史新思维应用于全球史、建构新的全球史叙述模式尽管极其困难但也初露端倪。麦克尼尔父子都是卓有成就的世界史学家，父亲注重文明交往，儿子重视环境史；父亲并不忽视环境在历史上的作用，儿子也重视从世界范围探讨历史交流。他们合著的《人类之网：鸟瞰世界历史》尽管从传统世界史的视角来看有不少创新，但从环境史的角度看尚不到位。菲利普·费尔南德兹-阿迈斯托在《世界：一部历史》中指出，世界史就是探讨世界如何呈现现在的面貌，是对世界的整体叙述，有两大主题，一是人类社会自身的故事，另一个就是环境史，研究人类与人类之外的自然界——其他物种、不稳定的自然环境和动态的地球——的交互作用。正是人与环境之间的相互作用从根本上构成了世界史，因为我们无法脱离环境来理解我们自身的历史。但是，通观全书，怎么看都像是把两大内容摆在一起，环境史和人类史并没有真正融合起来。这只能是我所说的狭义环境史。

根据我有限的阅读，真正用环境史的思维构造全球史比较到位的是"大历史"，其代表作有：大卫·克里斯蒂安的《时间地图——大历史导论》和弗雷德·斯皮尔的《大历史的结构》等。大历史撰写的是自137亿年前发生的"大爆炸"（The Big Bang）以来的历史，实际上是真正意义上的全球史。它最符合环境史的两个基本思维：第一，它改变了传统的"人类中心主义"的历史编撰原则，把人和自然都还原到他们应有的位置上。按大历史思维，如果假定宇宙的历史开始于13年前，那么人类的存在不过只有53分钟，农业社会仅存在了5分钟，现代工业社会的历史只有6秒钟。在这样的历史中，人类还能目无一切，唯我独尊吗？自然还能被视为可有可无或无足轻重吗？第二，它把人类史置回它发生的宇宙或地球史中，有效地把自然规律和社会规律统一起来，其共同点是复杂性不断增强（无论是自然界还是人类社会），能量流动和消耗越来越密集。显然，这是我所说的广义环境史。不过，这样的探索和著述还太少，这样的知识尚未融入全球史的教科书。

在中国，世界史已经从先前的历史学下的八个二级学科之一变成了与历史学（实际上就是中国史）并列的一级学科，这自然有利于世界史研究和教学在中国的发展。如前所述，在环境史研究中，对民族国家的重视曾经是研究深化的一个手段和表现，但也是一个需要超越的目标。中国的全球史研究和环境史研究一样处于起步阶段，但这两者之间似乎具有天然的亲缘关系。如果能有意识地贴近国际环境史研究的前沿、顺着最新的潮流探索，那么中国的环境史和全球史研究都会少走很多弯路，会像改革开放以后中国的快速发展一样绽放出绚烂光华。

（本文发表于2011年12月1日的《光明日报》）

构建广义环境史

如何构建广义环境史？回答这个问题需要述及必要条件和可行路径两方面。

就必要条件而言，首先需要转换基本思维。没有切实的整体论和有机论的思维，就不能跳出人类中心主义的窠臼，就不能突破传统的历史编撰模式和样态，更不会去尝试结构新型历史。其次，必须具备多元和整合的知识结构。学科的分野既促进了科学的发展，培育了很多专才，也制造了人为的鸿沟，无法培育通才，导致微观认识越来越深刻，但宏观认识越来越缺乏的尴尬局面。把人与环境的其他部分在环境整体中结合起来的广义环境史需要既懂人文社会科学又了解自然科学的通才。换言之，不但要具备多学科的知识，还要能把不同学科的知识整合在一起，形成新的知识体系。这种知识体系的形成需要把理论探讨和实地体验结合起来，需要把知识生产与知识应用结合起来，需要把普遍原理和个人经验结合起来，形成多样性与统一性结合的体系，避免过度简化和过度具体化的痼疾。

构建新型历史还需要勇气和氛围。无论何种理论文本，都是历史学家的创造。如果借用库恩的范式转换理论，那么新型环境史的构建就是新范式的创立过程。但新范式不是凭空建造的，而是在超越旧范式的基础上形成突破。换言之，就是要敢于走出旧范式，敢于尝试石破天惊甚至异想天开的想法。这样的尝试毫无疑问会触碰到已有的学科规训和权力，会与现有学术机构的考核机制发生冲突。这就需要或改革现有机制，使其模糊化，或创立新机制，使其适应创新的需要。不过，可行的做法是研究者把自己的整体想法拆分为一个又一个小的思想单元，逐步在改革的体制中脱颖而出，最后等时机和体制成熟时整合出新的范式。

新范式的形成需要进行足够多的既有理论探索意义又能提供具体事实支撑的类型学和案例研究。没有广义环境史关怀的案例研究是具象的、零碎的，没有具体研究支撑的宏观研究是空洞的、抽象的。但是人的精力和研究能力毕竟有限，这就需要对各种各样的环境进行分类，在不同类型中挑选出具有代表性的进行深入研究。或者对全球环境史学史进行较为深入研究，从而获得关于全球主要环境类型的历史的最新知识。只有对大部分类型的环境史进行了比较深入的研究或了解，才能进行比较全面和合理的整合，才不会出现以偏概全、自以为是的倾向。

从路径或路线图来看，构建广义环境史需要把研究和实践结合起来。研究从选题和问题意识开始。选题无非从五个方面入手，分别是：批评性梳理学术史，现实提出新需要，实地考察中发现，反思常识，其他学科的启示。梳理学术史既可以从小到大，也可以从具体到抽象。前者指范围，从地方到国家、区域和全球，从短时段到中时段再到长时段，通过范围的扩大能够发现选题的真正内涵和价值；后者指主题，从案例到论断，从概念到原理等，通过主题广度和深度的变化提升研究的学术含量和可能产生的影响。现实需要契合的是所有历史都是当代史的理路。现实发展对历史学提出很多新问题，要求历史学用现代思维做出新的回答。这既可以是全新的问题，也可以是对老问题的新解释。环境史研究需要深入环境本身，在考察和体验中形成不同于传统历史学的研究主题和问题意识。既可能发现环境演变的蛛丝马迹，也可以在感受与文字记载的不同中发现需要探究的线索，更能在不同类型的环境对比中丰富和修正先前约化的结论。反思常识就是从不疑处着疑，对已被广泛接受的或约定俗成的结论进行分析，从而形成具有颠覆性的问题意识。其他学科的发展会提出新的问题，有些需要历史学的参与才能解决，有些不直接需要历史学的参与，但会对历史学的选题产生启发。就广义环境史研究而言，来自地球环境系统、海洋学、大气科学、地质学、环境科学和生态学等自然科学和工程学科、医学等学科的启示尤其值得重视，因为它们涉及的是环境演变和人的进化，其问题意识和最新成果甚至会对我们的思维惯习产生革命性影响，给环境史研究提出具有重大学术价值的基础性问题。需要特别指出的是，环境史的选题不同于一般历史学的选题，必须具有环境内容和特色。

构建广义环境史需要明确的分析视角和思路。简单地说，视角就是切入点，思路就是依据的逻辑或理论。面对复杂的学术问题，需要找到一个能够直达问题核心的入口。在传统历史研究中，通常需要找到一个能够把纷繁的历史串起来的线索，在广义环境史研究中，需要找到一个进行分析的通道，既能把具体问题串起来，也能深入各个问题的内部，就像照亮黑暗的那一束光，顺着光就能洞悉黑夜。在环境史研究中，这个视角或切入点或者是鲸、海獭、杂草等物种，或者是污染、疾病、核泄漏等事件。找到这个视角之后，还需要分析思路。分析思路就是在切入问题后，用核心概念和逻辑建构出的分析框架。这种思路或者来自自然科学的研究成果（横向联系），或者来自历史的普遍逻辑（纵向演化），其中的核心概念或者从其他学科借鉴而来，或者由自己过滤总结出来。这里需要强调的是，视角和分析思路不能替代历史本身，也不能简化历史分析。相反，在视角和思路基础上，需要突出历史的复杂性和歧义性，需要通过具体历史的研究修正先前形成的"普世"结论。主题和视角形成主标题和副标题，分析思路形成章节安排。

广义环境史研究是建立在扎实的史料和对史料的正确理解基础上的。史料大体上可以分为四类，分别是档案资料、考古遗存，口述资料和自然科学的发现。在传统历史学中，利用前三者的三重证据法是常用的证史方法，但在环境史研究中，除了在这三者中各自发掘出具有环境意义的证据之外，还需要利用地质学、历史生态学、海洋生态学等研究成果，进而梳理出没有文字记载的环境变迁史。有了充足的证据并不意味着就能编撰出完整合理的环境史，关键在于对史料能否做出正确的解读。无论是哪种史料，都要采取既信又怀疑的态度。信其反映了客观历史，疑其由于人和语言等的介入而做出了选择性取舍和导向。这就需要把史料置于文本形成的谱系中来解析，或者转换视角来认识。对考古遗存的认识从传播主义向环境主义的转变就带来了新的解读，给历史研究提供了新的史料。这里还有一个影响深远的常识需要重新认识，即一手和二手、原始和一般史料之分。通常情况下，官方档案、当事人的回忆、考古遗存等被当成原始或一手史料，口述资料、笔记、研究成果等被当成二手或一般史料，前者比后者更权威，更可靠。但实际上，这些史料都是经过取舍的（或主动，或被动），都是相对于利用时间的远近而言的，不能认为这两者在可靠性上具有本质区别。还有一个需要注意的问题是建构整体的环境史在很多情况下并不使用原始史料，而是利用已有研究成果进行综合和概括，这经常会遭到诟病或挑剔。其实，宏观研究和微观研究并无本质上的不同，只是关注点和规模不同而已，因此而使用的史料类型相应地有所差异，但并无本质上的不同。更何况对不同类型的研究成果，衡量或评价标准也应该有所区别，各有侧重。

广义环境史的构建是以文本或视讯等形式体现出来的。这涉及语言表达和文字风格问题。通常情况下，历史学文字表述追求平实和准确，但会显得缺乏文采，也有点无趣，环境史编撰中这个问题尤显突出。其实，历史撰写中包括两个判断，一个是事实判断，另一个是价值判断。前者依据历史的客观性，后者在很大程度上依据道德伦理。但这都不妨碍使用有温度的文字进行表达，尤其是后者更给采用优美文字留下空间。关键在于能否把作者融入环境，并对环境充满感情。如果还是从环境的对立面或第三方看环境史，肯定不会对环境产生感情，没有感情，就不会产生有感情的动人文字。如果作者成为环境一部分并从内部理解环境变化，就会对它的生死存亡感同身受，流出笔端的文字就会富有感染力，就能使读者产生身临其境的感受。当然，史学中的优美文字并不等同于文学作品中的文字，因为史学是以事实为依据的，是非虚构的文字。

另外，在数字革命的时代，采用视讯和数字技术记录和表达历史已经成为一个可行的路径。视频都是通过摄影来完成的，有些历史学家认为，研究历史就像摄影。历史学家所做的工作就是照相，把客观存在的历史如实记录下来，然后以文字或视频的方式表现出来。其实，在摄影过程中，无论是面对五彩缤纷的自然景观还是鲜活多姿的人间百态，摄影师都是在自己的审美观指导下、在客观条件许可的范围内进行构图取景。换言之，摄影作品不仅反映了作为客体的拍摄内容，还融入了摄影师自己的审美和感情，摄影作品是主体与客体相互作用的结果。照片中体现的自然是注入了人的感情的自然，但也不是完全人造的自然。对云彩的抓拍体现了另一种美的塑造。面对转瞬即逝的云彩，即使使用连拍和录像技术，也难以准确记录它的变化莫测和奇妙，于是照片中的云彩只能是一个又一个美丽的断面，把这些断面连为一体的联系和动力既蕴藏在这些断面中，又不完整体现在这些断面中。即使是摄影师本人要想构建一幅云彩的连续和完整的画面，也需要想象力和逻辑能力。更何况欣赏摄影作品的观众，他们的想象力建立在自己的经验和知识基础上，未必与摄影师的想象力吻合。于是，摄影从取景到欣赏的全过程中充满了不确定性和歧义性，而主要用文字或视频记录和表达的历史也不可能例外！

上述各项原则说起来容易，做起来难，需要在反复实践中去体验、总结和提高。"宝剑锋从磨砺出，梅花香自苦寒来"，不下一番苦功夫，不但无法练成研究环境史的本领，构建新型历史更是无从谈起。当然，下功夫不是笨功夫，而是要不断总结，站在前人和巨人的肩膀上，在更高的平台上实现飞跃。

总之，环境史既是一种新史学思维，也是一种新史学形态。构建真正的广义环境史，既需要在融合多元知识基础上形成的新思维，还需要超越传统的研究路径，当然更为重要的是无畏的创新勇气和反复的实践提高。

篇二

—— 实例研究 ——

英国的空气污染及其治理

在 2012 年伦敦奥运会开幕式表演中，象征工业革命的巨大烟囱拔地而起，这既让人感受到工业化带给英国的荣耀，也让人想起曾经发生在英国的严重雾霾和污染，伦敦因此而被冠以"雾都"之别称。去过英国的人都对它黑乎乎的建筑留下深刻印象，也对它清洁的空气和绿草如茵的公园式景观记忆犹新。前者仿佛诉说着当年煤烟和酸雨肆虐的故事，后者彰显的是英国治理污染的成就。作为世界历史上第一个工业化国家，英国经历了怎样的城市污染？用什么办法治理了污染？它能给现在正在遭受生态破坏和环境污染的广大发展中国家提供什么经验？

早在古典时代，人类就经历了小范围的空气污染，城市居民的身体健康受到一定程度的威胁。到了近代早期，随着煤的广泛使用，空气污染呈现出持续加重和不断扩大的趋势。16 世纪，伦敦附近薪材和木炭短缺，而人口却连续增加，煤炭迅速应用于室内取暖和室外工业生产。低效率的壁炉和啤酒厂、石灰窑等工厂密集排放的烟尘不但危及人体健康，还损害了城市建筑和绿色空间，引起市民不满和抗议。爱德华一世国王和伊丽莎白女王都曾发布皇室公告，要求石灰窑和啤酒厂不再使用或减少使用烟煤。工业革命开始后，英国迅速进入"煤烟时代"。燃煤蒸汽机的大量使用虽然迅速提高了生产效率，但也排放了大量煤烟和烟尘。"谢菲尔德有很多低烟囱的锻造工厂，街道本身也坐落在丘陵的斜面，因而烟尘顺着道路飘浮。孩子们满身都是灰尘和煤烟子，每天晚上睡觉前必须洗澡。来这里的人没有任何选择地吸食着煤尘，煤尘吸附在肺部侵蚀着身体。"除了煤烟之外，随着公共运输系统的发展和轿车进入家庭，城市的流动污染越来越严重。大量聚集的污染气体在寒冷的冬季极易形成雾霾，有些城市因为污染严重简直就成了暗无天日的人间地狱。1952 年 12 月，伦敦发生严重雾霾，空气中的污染物质含量达到每立方米 3800 微克，是平常的 10 倍，二氧化硫浓度高达 1.34ppm，导致 4000 人死亡。（这是官方公布的数字。根据最新研究成果，死亡人数大概是 1.2 万人。）到了 20 世纪 70 年代，无形污染气体和跨界空气污染成为英国面临的严重问题。随着石油逐渐替代煤成为主要燃料，含硫量更高的石油燃烧会释放出更高的硫氧化物。加上二氧化碳、氟氯烃（CFCs）和甲烷等温室气体的排放，不但使英国成为飘向斯堪的纳维亚国家的酸雨之重要来源地，也是影响全球气候变暖的一个重要因素。

虽然在不同时代，空气污染的表现形式、主导因素、形成机制等有所不同，但其造成的危害都是严重的。无论是煤烟还是酸雨都会造成树木枯萎、花草死亡，绿色乡村景观不再。浓雾和雾霾出现后，城市里的能见度很低，不仅严重影响交通，而且会造成酗酒和犯罪行为增多、主妇不再勤于打扫卫生、道德水平下降等社会问题。更为严重的是空气污染会直接危害人体健康，患呼吸系统和循环系统疾病的人数大幅度增加。支气管炎、肺病、肺结核成为污染工业城市的常见病。为了防止雾霾，人们喜欢关闭门窗，但时间长了容易导致心理疾病，如注意力不集中，自控能力减弱等。浓雾遮蔽阳光，导致城市居民因为光照不足而患上软骨症和佝偻病。从这个意义上说，英国的空气污染绝不仅仅是个环境问题，它同时也是技术问题、经济问题和社会问题。

对愈演愈烈的空气污染问题，整个社会包括学术界的认识都经历了一个发展过程。起初，人们对空气污染不仅不太介意，反而认为烟尘有益身体健康，工厂的高炉与烟囱是工业化和进步的标志。当身体健康受到严重损害后，有人还在一个相互矛盾的困境中纠结："是选择在晴朗天空下吃饭团的生活，还是选择烟雾下的富裕生活?!"有学者承认城市环境问题是随工业化和城市化而来的副产品，但不承认工业化和城市化本身有问题，而是认为在快速的工业化和城市化进程中，旧的机制尚未完全根除，新的城市规划也未完全做好，因此解决城市环境问题只能通过放慢城市化进程来达成，尤其是要限制人口大量涌入城市，在规划好之后开始有序发展。但是，在英国的上升时期，限制城市化进程是行不通的，也是违背人口自由流动的基本权利的。于是科学家就把重点放在能源的更新换代上，尤其是鼓励在室内使用无烟煤，替代高硫煤。但是，这一设想的实现需要以丰富的无烟煤供应和相对低廉的价格为前提条件，而这两个条件在当时的英国几乎都有问题。在第二次世界大战之后，石油和天然气大量投入使用，恰好这时英国在北海发现油田和天然气田，虽然英国存在着严重的、对煤的路径依赖，但焦炭生产最终在1975年停产。石油和天然气这种相对于煤还算比较清洁的能源的使用，为治理英国的大气污染提供了契机。通过加高烟囱来降低本地区污染程度的做法扩大了污染传播的范围，形成跨界空气污染和酸雨问题，也增加了全球温室气体浓度。其实科学家早已开始探索全球变暖问题，只是到了1987年以后它才成为大众关注的话题，引起政治家的注意。长距离的污染转移和全球环境问题，需要国际社会的广泛合作才能有效遏制和治理。

严重的空气污染对不同社会阶层都形成威胁，在下层发起抗议的同时，在中产阶级推动下，上层也不得不采取对策，有所行动。在工业污染开始的时候，由于污染源容易辨认，民间团体和相关机构采取的对策主要是要求污染企业搬出城市核心区，或禁止使用某种容易引发污染的燃料。但是，这种简单的做法对关系到每个家庭日常生活的室内取暖和煮饭是不起作用的。于是，英国科学家和政治家就倡导企业家使用"最可行的方法"防止污染气体的排放，其实就是通过安装在技术和经济上都可行的设备来去除污染物质。但是，在科学的减排方法尚未建立之前，"最可行的方法"往往成为企业家不作为或小作为的托词，因为企业家经常以生产可以创造就业机会、促进经济繁荣，而加装减排设施会影响经济效益等来为自己辩护。后来，随着技术的改进和批量化生产，减排设施的成本大大降低，但又遇到传统文化的影响。英式壁炉不仅浪费能源，而且污染严重，中央供暖系统无疑是可替代的良好选择，但是，因为壁炉和英国人的宗教文化传统等有机结合，如果"英国人发现他们突然没有了拨火的炉子，便会倍感失落"。因此即使壁炉问题多多，但英国人宁愿付出更多金钱和健康代价也要顽固维持自己的传统。不过，这种状况在第二次世界大战后得到改变，因为随着新居住区的建设和能源由煤向石油和天然气的转化，传统的壁炉逐渐被更为清洁便宜的集中供暖所取代。

与此同时，英国发扬自己法制的传统，制定了一系列遏制空气污染和净化空气的法律。当然，治理大气污染法制化的进程与人们对大气污染认识的进步几乎是同步的。1821年颁布了《烟尘防止法》，鼓励在合理条件下对烟尘造成的公害进行起诉，但其涉及范围很小，不包括燃煤机车和锅炉等。后来颁布的《制碱业管制法》等扩大了需要治理的污染源的范围。但是，到了普通法法院，法官会根据自己对普通法的实用主义解释，按"社会—成本平衡"的原则优先考虑可以创造就业机会和促进经济繁荣的工业界的利益，削弱公害受害者要求保护环境的权利。尽管此法规定比较宽松、执行也不严格，但它毕竟迈出了英国用法制治理环境污染的第一步。1866年制定《环境卫生法》，1875年制定《公共健康法》，1926年通过了《公共健康——烟尘污染防治法》。这些法律或者赋予地方政府必要时整治工业烟尘危害的权力，或者确定了空气污染和身体损害之间的科学关系，并在一定程度上规定了健康损害的赔偿和惩罚原则。从这些法律的名称就可以清楚地看出，空气污染在当时主要被看成是一个危害人体健康的问题，显然这还是从保障人身安全的角度来治理空气污染的。1952年的伦敦雾霾之后，立法者开始从环境是一个整体的角度考虑空气污染问题，制定了《清洁空气法》，改变了在英国重视水污染治理忽视空气污染治理的情况，体现了恢复良好空气质量的成本比继续污染要低得多的认识。通过实施这个法案，辅之以能源换代和技术升级，英国的工业烟尘排放大大减少。进入全球环境问题时代，英国加入了各种世界环境组织，签署多种国际环保公约和议定书，在国际环境治理合作中解决英国和全人类面临的共同环境问题。

经过持续不懈的治理，英国的环境变得宜人舒适。这说明：第一，空气污染的发生是经济社会发展到一定阶段和程度的衍生物，发生雾霾并不可怕，人类完全有能力治理好。后发国家应该发挥"后发优势"，通过汲取历史教训和借鉴历史经验，提前预防，在尽量避免重复走先发国家历史老路的同时，创造出新的发展原则和模式。第二，环境问题是一个技术、经济、社会和政治问题，是一个复杂的综合体，环境治理同样需要各方面的配合协同。在环境治理中，广大群众认识的提高和负责任的行动是基础，技术进步和能源更新是必要条件，政策的制定和执行是关键，这三方面相辅相成，缺一不可。第三，中产阶级作为社会的中坚力量，在环境治理中发挥着核心作用。比起社会底层，他们具有专业知识和经济上的优势，与社会上层相比，他们处在面对环境问题的最前线；同时由于其能上能下的独特地位，他们在推动环境治理方面处于最有力的位置。

（本文以《英国如何治理空气污染》为题
发表于2014年12月15日的《学习时报》）

从"公害岛国"到"公害治理先进国"

    1964年，东京举办了第十八届奥运会。日本原本想以举办奥运会的形式展示自己第二次崛起所取得的巨大成就，但是日本留给世界运动员的形象却附加了一个"毒岛"的注脚。如果说英国是内源性工业化和现代化的代表的话，那么日本就是外源性工业化和现代化的代表。与英国不同，日本的工业化是在受到强烈的外部冲击条件下开启的追赶型工业化。在快速工业化的同时，环境问题呈现出压缩式、复合式、高密度等特点。经过40多年的治理，日本已从"公害岛国"变成了"公害治理先进国"。就大气污染而言，日本是如何治理的？有什么可以借鉴的经验？

    日本经历了两次工业化和现代化，其大气污染在这两个不同时期也有不同的表现。在第二次世界大战前，大气污染主要表现为采矿和钢铁工业排放的毒烟，战后主要表现为重化工业和汽车排放造成的污染。明治维新启动的"殖产兴业"计划，在重工业领域主要包括两个方面，分别是矿山开采业和钢铁业。足尾、别子、日立和小坂四大矿山在开采过程中都产生了严重的矿毒和烟害问题，大量随意排放的亚硫酸气体不但毁掉了矿山周围的树木，也造成附近农田农作物减产和人口出生率下降。受害农民掀起多次反矿毒烟害的斗争，当地议员也利用议会这个合法舞台进行抗争。但在明治政府举国一致追求快速工业化的大背景下，反抗斗争被认为是"对国家的背叛甚至敌对行为"。1901年投产的八幡制铁所曾经被称为"钢铁工业支柱，军事工业基础"，但是制铁所排放的烟尘使北九州市出现七色空气，北九州市被称为日本污染最严重的城市之一。但这是保证国家强盛的产业，即使污染也必须忍受。就像中断了日本的第一次现代化一样，第二次世界大战战败也在一定程度上暂停了日本的工业城市大气污染。

在战后经济高速恢复和增长期，日本对全国国土进行重新规划、综合开发，形成了以石油为主的能源结构和一系列以重化工业为龙头产业的经济开发带和超大型城市。1955年，煤炭占日本能源供应总量的50%以上，到1973年石油占一次能源的比重达75.5%。与此相关的是，大气污染物由先前的以煤烟为主变成了以硫氧化物为主。三重县四日市在短时间内建立了三个石油联合企业群，实现了经济高速增长，但四日市终年黄烟弥漫，大气中二氧化硫和有害金属粉尘的含量远远超过标准，导致居民最先出现头疼、咽喉疼、眼睛疼、咳嗽和呕吐等不适症状，后来发展到呼吸器官受损，支气管炎、哮喘、肺气肿、肺癌等患者增多。大气污染造成的这些症状被统称为"四日市哮喘病"，有患者因此而失去生命，有的因为难以忍受病痛折磨而自杀。与工业的迅速成长相伴的是城市规模无节制地扩大，东京成为超大型城市。在20世纪50年代，东京都已产生由钢铁、石化等企业（固定污染发生源）排放的废气造成的大气污染问题。进入20世纪60年代后，随着轿车迅速进入家庭，由汽车尾气（移动污染发生源）造成的大气污染问题日益严重。钢铁、石化等企业排放的主要是二氧化硫、碳氢化合物、悬浮煤尘等污染物质，汽车排放的主要是氮氧化物和悬浮颗粒物等。汽车尾气污染真正引起社会关注的契机是20世纪70年代在东京都发生了两起严重的居民健康受损事件。1970年5月，新宿区牛込柳町的大久保大街和外苑东大街交叉点发生了居民铅中毒事件，在被调查的居民中有多人血液和尿液中的铅含量远远超过职业病标准。同年7月18日，杉并区立正高中学生在体育课后出现眼睛疼、不停咳嗽、呼吸困难等症状，当天东京都内出现类似症状的有6101人。通过对这两起事件的调查，发现汽车尾气和健康损害之间存在因果关系。

面对愈演愈烈的大气污染和健康损害事件，日本形成了不同的解决问题模式。北九州市几乎每一个家庭的男子中都有人在八幡制铁所工作，家庭的生计与八幡制铁所的生产和效益密切相关，因此以家庭主妇和大中小学教师为先导的抗议浪潮迫使政府、企业和市民和解，通过切实改进技术来消除污染，达致多方共赢。北九州市后来被评为日本环境模范城市，并在1990年成为日本第一个荣获联合国环境规划署颁发的"全球500佳环境奖"的城市。现如今的北九州市是日本向发展中国家进行环境技术输出、环境政策咨询和环保人员培训的基地。

三重县政府和厚生省以及通商产业省组成大气污染特别调查团，对四日市石油化学企业群是否违反《煤烟限制法》展开调查，并在1964年提交报告，认定城市开发规划不合理，建议对受害者进行治疗并给予补助。但是企业以"排放废气是没有办法的事"，"在进行招商之前就应该知道石油工厂是要排放废气的"等借口拒不改变现状，市政府也以缺乏充足法律依据为由，没有及时采取措施禁止企业排放废气。于是矶津地区的公害病患者在1967年9月将第一石油联合企业群中的6家公司告上法庭，要求赔偿损失。1972年7月，矶津地方法院确认作为被告的各个公司的共同不法行为，判决原告胜诉。这个判决确定了一系列原则，在日本大气污染治理史上产生了非常重要的影响。作为被告的联合企业群中的企业（复数的固定污染源）都被判"共同违法"，如果忽视或没有预测到污染物对居民健康会产生危害就会被法庭以过失行为判定必须进行损害赔偿，当时的中央政府和地方自治体在制定地区开发政策时因为存在重大过失而被要求进行赔偿。四日市公害病受害者从全国企业界的公积金、中央和地方政府、企业等多方面获得医疗费和损失补偿金，企业和政府通过改进开发规划和投资公害防治设备改善了四日市的空气质量。与北九州市的和解模式不同，四日市是通过诉讼来解决公害问题的。

东京是世界性大都市，其污染状况不但损害市民的身体健康，还影响了日本的国际形象，因此东京都政府在大气污染治理中不得不承担责任，发挥决定性作用。在20世纪70年代中期以前，东京都主要执行两项政策，一是新车的一氧化碳排放必须低于3%，二是实现汽油无铅化。这些政策的实施取得了良好效果，东京都的空气质量迅速改善。但是在石油危机之后，日本的货车和部分轿车改用比较经济的柴油和直喷式发动机，同时政府也为了迁就汽车制造商而放宽环境标准，导致东京都的空气质量总体没有改善甚至有些恶化。1998年石原慎太郎知事提出了"向柴油车说NO的行动计划"。2000年推出了《确保都民健康和安全的环境条例》，规定柴油车要么使用低硫轻油，要么加装过滤微型颗粒物的后处理装置，要么更换符合环境标准的新车。到21世纪初，东京都的可吸入颗粒物排放基本达标，二氧化氮的排放大有改善，东京都空气污染治理取得明显成效。

不论是北九州市模式、四日市模式还是东京都模式，日本大气污染治理之所以能在相对短的时间内取得突出成效，关键在于日本建立了比较完善的法律体系，并严格执行。1964年，公害问题成为政治选举中争论的焦点问题，佐藤荣作以"实现产业公害对策，营运适于居住的日本"为口号，赢得自民党总裁选举。1967年国会通过《公害对策基本法》，确定了应对公害的基本理念和政策方向，为日后出台各种具体法律奠定了基础。1970年日本召开第64次临时国会，修订了8个应对公害的法律，制定了6个新的公害法律，形成了比较完善的法律体系，实现了公害防治从偏向与经济协调到环境保护优先的原则性转变。这次国会也因此而被称为"公害国会"。此后无论是针对政府的环境行政诉讼还是针对企业的环境刑事诉讼，甚至非诉讼处理，都有法可依，从而使政、官、财和民众都能在法治的轨道上面对和处理公害问题。政府须严格依法行政，企业须守法经营，公民须依法保护自己的权益。

另外，日本的国家体制使地方革新自治体在处理公害问题时走在中央政府的前面。地方公共团体有管理其财产、处理事务及执行行政之权限，其首长、议会议员及法律所定之其他官吏，由住民直接选举。这样的体制安排使地方政治人物直接面对住民的诉求，并在第一时间做出反应。因此，面对当地出现的公害问题，东京都、大阪府、神奈川县等地方自治体都迅速出台了自己的工场公害防止条例，然后推动中央政府制定法律和环境标准。

最后，日本国民的环境意识和法治意识不断提高，从某种程度上说形成了举国一致治理环境问题的氛围和体制。污染企业尽管从当时的成本考虑，不愿意投入资金进行污染治理，但在住民和当地政府的双重压力下，以及治理比赔偿更合算的诱惑下，企业也不得不加快治理步伐，有些甚至开发出新的减排或环境治理新技术，形成新的经济增长点。当然，日本环境改善也与能源结构变化、污染出口、技术升级等具体因素有关。

总之，环境污染是工业经济发展到一定程度的产物，污染治理也需要在发展过程中来进行。日本的经验表明，环境治理和经济发展并不是非此即彼的两难关系，而是可以实现双赢的开放关系。

（本文以《日本："公害治理"先进国的养成》为题发表于2014年12月22日的《学习时报》）

痛痛病的发生与治理

在第二次世界大战后日本发生的四大公害事件中，发生在富山县神通川的痛痛病是第一个通过法庭审判认定受害者胜诉的公害病。痛痛病因患者疼痛难忍、不断呼喊"痛死了"而得名。尽管此病让患者非常痛苦，但认定其发生原因、进行赔偿和环境治理经历了一个漫长的过程，企业、地方和中央政府、当地居民、知识界都卷入其中，相互博弈，上演了一出从环境破坏到环境修复的悲喜剧。在经济高速增长的过程中，几乎所有国家都会出现环境急剧恶化的现象，此后就要付出更大代价来进行环境治理。先发国家的经验教训需要认真总结，只有汲取教训并化作自觉行动，后发国家才能发挥出"后发优势"，少付代价，少走弯路。

痛痛病不是突发的

神通川流过富山平原，向北汇入日本海。河水不但给沿岸居民提供了生活用水，还是当地进行农业生产的主要水源。河流上游的山地蕴藏着丰富的金属矿，有金、银、铜、铅、锌等。16世纪末发现了茂住银矿和佐保银矿，银矿开采逐渐兴盛，"矿害"一词开始出现在文献记载中。18世纪后，随着铜矿开采范围扩大和强度增加，"恶水"一词在文献记载中出现的频率大增。1873年，三井组购得神冈矿山部分经营权，1889年在时任外务大臣井上馨的帮助下，获得全部矿山经营权，同时引进西欧先进技术，产量激增。1890年，大量排放的烟害激起当地居民的愤慨，这是当地居民反对矿害运动的开端。三井组不得不在1893年安装粉尘回收设备。1897年日本实施金本位导致银价大跌，1904年日俄战争导致对铅和锌的需求大增，这两个因素造成神冈矿山的开采重点由银转向铅和锌。铅、锌矿开采中产生大量有毒粉尘，矿坑中溢出的废水以及运送中的泄漏都随着铅产量的激增而大幅度增多。尽管在1904年修建了废渣沉淀池，但一遇到狂风暴雨，就会矿毒四散，毒水下泄。矿毒危害最大的妇负郡南部农业歉收，1910年首次出现和后来认定的痛痛病症状相似的患者。

第一次世界大战爆发后，对锌的需求大增，神冈矿山迅速变成日本最大的产锌基地。森林、农作物和家畜的受害范围也随之扩大，当地住民要求矿山停止开发。三井不得不引进先进技术，提高精炼效率并减少污染。1931年日本发动侵华战争后，神冈矿山被指定为海军军需工厂，1944年的产量比1935年增长了四倍。在产量大幅度提高的同时，排放的含镉烟尘、矿渣和废水也大幅度增加。从1931年开始，神通川流域矿害扩大化，居民反抗运动从上游蔓延到下游，受害者纷纷向富山县和中央政府请愿，要求调查矿山排水和当地土壤的有毒物质含量。富山县政府组织调查，证实了受害地的土壤和水中锌等含量很高，要求神冈矿山增设沉淀池。但在战时体制下，矿毒除害设备经常得不到启动，沉淀池经常决堤，最严重的是1945年10月的决堤，造成40万立方米废渣废水流出。受害农地面积进一步扩大，受害者人数增多，范围扩大。

在战后经济恢复和高速增长时期，神冈矿业生产了全国锌矿石产量的 59%，炼制锌的 62%。与 1950 年相比，神冈矿业 1975 年的产量提高了大约 10 倍，利润增长了 7.3 倍。促使产量和利润提高的一个因素是生产设备大型化、自动化和高速化，但这种变化也带来了矿渣和粉尘更加细化、排放密度更大的问题。尽管神冈矿业增添了集尘回收设备，但受害面积和强度仍在扩大。1952 年，五十多年一遇的狂风暴雨导致矿毒泛滥，受害农田面积达 1900 公顷，减产严重，神通川里鱼的数量剧减，渔业生产受到严重影响。受害民众要求得到补偿，双方经过艰苦谈判，初步达成了矿害补偿协议。

在日本的两次工业化进程中，矿山开采和炼制都是重要产业，尤其是当生产的矿产品主要用于军事目的时，这样的产业就会得到国家保护，其排放的有毒废物就会有意或无意被忽略，造成的受害状况就会越来越严重，范围会越来越广。忍无可忍的受害者就会展开抗议运动，从而逆转只重国家"大利"、忽略个人"小利"的局面，逐渐走上"大利"与"小利"相互统一的道路。

痛痛病致病原因认定和判决

虽然早在 1910 年人们就发现了后来认定的痛痛病患者，但由医生从医学专业上注意到痛痛病是 1935 年。当时，坐落在神通川左岸的萩野医院医生萩野茂次郎就已经注意到这种怪病，但并不知道是由镉中毒引起的。1946 年，其子萩野昇发现七八成的患者都出现神经痛的病症，就按神经系统疾病进行治疗。1955 年 8 月 4 日，他在当地报纸《富山新闻》发表文章，把痛痛病公之于众。他的诊断描述是：痛痛病主要发生在神通川干流、妇负郡中部和从富山市南部到上新川郡的地域，患者主要是从 35 岁到更年期的女性，症状在前期是腰、肩、膝等部位出现疼痛，随后是大腿和上肢出现神经痛，最后是少许运动都会产生骨折和剧烈疼痛。

痛痛病公布之后引起了医学界的广泛关注，关于病因的各种猜测和假设纷至沓来。细菌学专家细谷省吾提出"细菌说"，认为致病原因是细菌，该病是发生在日本的怪病。萩野昇和河野稔提出"营养不良和过劳说"，认为痛痛病是由营养不良和过度劳累导致的新型骨科疾病。1957年12月，萩野昇在富山县医学会发表论文，正式提出"矿毒说"，认为痛痛病是由神通川中的铅、锌等重金属造成的。1959年，已经连续在神通川流域进行矿毒调查多年的、来自冈山大学的小林纯从患者的骨头、内脏以及神冈矿业的废水、患者所在地域的河水中都检测出了铅、锌和镉等。1961年，萩野昇和吉冈金市联名在日本整形外科学会的学术会议上提出"镉致病说"，认为这种公害病就是由镉慢性中毒引起的。

与此同时，官方也展开相关调查研究。1961年富山县成立地方特殊病对策委员会，吸收了许多反对"矿毒说"的人士参加。1963年，厚生省成立痛痛病医疗研究委员会，文部省也成立了机关痛痛病研究班。1966年，这三个官方机构联合召开会议，对仅仅由镉中毒导致痛痛病的单独原因说表示怀疑，认为不应忽略营养障碍等原因，提出"镉+α说"。这种观点在病理学上可能比较符合事实，但受害者不能接受，因为这种多因素综合说让赔偿变得复杂，在实际操作中并不可行。为了追究痛痛病加害者的责任，为了揭露痛痛病的真相，受害者成立了自己的"痛痛病对策协议会"。

从1967年5月到8月，痛痛病对策协议会与三井金属矿业展开交涉，三井一方不但冷漠而且傲慢无礼。小松义久会长与妇中町出身的岛林树律师商议后，决定提起诉讼。1968年1月，来自全国各地的20位律师组成以正力喜之助为团长的痛痛病辩护团。3月3日，9名患者和20位死者家属把三井金属矿业告上法庭，要求获得6100

万日元赔偿金。同时，厚生省委托的、日本公众卫生协会痛痛病研究班也发表最新研究成果，认为痛痛病是由神冈矿业排出的含镉污水造成的。这是萩野昇在 11 年前发表"矿毒说"后首次得到官方肯定。其致病原理是：人长期食用含镉的大米和水后，镉会蓄积在肾脏，损坏尿道小管功能，抑制维生素 D 的活性，妨碍钙在人体骨质中的沉着，最终造成骨质软化和自发性骨折以及全身疼痛。5 月，法庭首次就痛痛病裁决开庭，此后经过 36 次口头辩论和 4 次现场调查，1971 年 6 月富山地方法院根据矿业法第 109 条关于无过失赔偿责任的规定做出患者和死者家属胜诉的判决。这是四大公害诉讼中第一个做出受害者胜诉的判决，具有标志性意义。但三井金属矿业不服判决，向名古屋高等法院金泽分院提出上诉，经过 12 次确证和多次口头辩护，1972 年 8 月 9 日法庭再次判定受害者胜诉。

科学研究是一个复杂严密的过程，其成果是进行判决和解决问题的一个基础。但是，科学家出于什么目的、从什么立场出发进行研究，都会影响科学研究的结果。另外，即使是同样的研究成果，在不同的社会氛围和时代精神条件下，也会产生不同效果。关于痛痛病的病因，来自不同阵营的科学研究结果并不一致，但在反公害运动已经成为社会潮流的时代，科学研究发挥了积极作用。随着科研的进一步深入，受害赔偿等依然具有不确定性。

痛痛病患者救济和环境恢复

判决后的第二天，受害者与三井签订了两个誓约书和一个协定书，双方在法庭判决的基础上达成和解。两个誓约书分别是关于受害者救济和土壤恢复的，协定书是关于公害防止的。在受害者救济誓约书中，三井承认是自己排放的污水导致了痛痛病，并保证今后不再与受害者在病因上争论，同意按法院判决一次性支付患者1000万日元的赔偿金。诉讼费用由被告三井全部承担，对原告之外的其他受害者需要在认定之后按同样标准赔偿，痛痛病患者和留待观察者所需治疗费、住院费、温泉疗养费、看护费等全部由三井负担。在土壤污染誓约书中，三井承认是自己排放的污水造成痛痛病发生地的土壤污染和农业受害，同意对受害农民的损失进行赔偿，并根据农用地土壤污染相关法律提供土壤恢复所需费用。在公害防止协定书中，三井同意受害者指定的专家可以进厂检查废水处理设施和废渣堆积场，独立收集各种资料，三井有义务为居民提供设备变更、公害情况的资料，并负担居民检查的费用。

然而，誓约书和协定书的执行并不是一帆风顺的。就受害者救济而言，首先需要认定。由患者向县知事提出申请，知事向公害健康被害认定审查会咨询，等它提交审查意见书后，知事最终独立做出行政决定。做出认定的条件有四个：一是居住在镉污染严重的地区，有食用含镉食物和水的经历。二是确认尿道小管功能受到损害。三是经X射线检查确认骨质疏松和软化。四是第二条和第三条的症状不是先天性的而是发生在成年后。从1967年开始认定到2015年，总共认定痛痛病患者200人，在世仅5人，认定尚需观察的潜在患者341人。在救济过程中，主要存在两方面问题：一是虽然有判决，但三井把这种救济在很大程度上视作一种人道主义行为，具有不确定性，也不真诚；二是患者的认定程序烦琐，依据的标准争论不休，加之很多患者已去世，难以做出科学判断。面对这些实际问题，受害者与三井保持了具有紧张感的信任关系，经过12轮谈判终于在2013年达成全面和解协议，规定三井将向1975年前居住在受害地区20年以上并符合部分健康受损标准的居民一次性支付60万日元，同时三井要向所有受害者正式道歉。尽管这个赔偿金额比较低，但能让三井这样一个经济动物做出道歉总算是对历史问题给出了一个双方都能接受的交代，在很大程度上满足了社会各界的需要。

就受害区域的土壤恢复而言，科学家1975年向日本政府提出了"换土"建议，就是在受到污染的土壤上覆盖25厘米厚的、没有受到污染的客土，在客土和受到污染的土壤之间放置一层坚硬隔离物质，以防相互影响。工作流程是：划定受污染需要复原的区域，制定针对性的复原对策方案，实施"换土"工程，连续三年检测产出大米中的镉含量，达标后宣布土壤复原完成。经过调查，富山县有1686公顷土地需要修复，但到2013年，在付出了420亿日元的巨额费用后仅修复了856公顷农地。因为，在土壤污染誓约书中仅规定对农地进行修复，三井就利用这个规定改变了其余土地的用途，同时也以换土过程中需要修建公用设施等为由要求国家和地方政府分担费用，实际上三井只付出了全部修复费用的39.39%。复原土地上产出的大米中镉的含量是0.08 mg/kg，远远低于复原前的0.99 mg/kg和国家标准值0.4 mg/kg。

关于公害防止协定书的执行，刚开始时三井并不主动配合，只是随着日本国民环境意识的提高和企业环保品牌塑造的需要，三井逐渐主动公开自己调查的排放和治理结果，为居民调查团入厂提供方便。居民调查团以当地居民为主，同时向全国有意参加的科研人员、律师、环境非政府组织成员等开放。入厂全面调查每年一次，入厂专业调查每年6—7次。从1972年首次入厂调查到2011年，大约6000人参与了调查。经过40多年的监督，神冈矿业排水口排出水的镉含量从1972年的0.0092mg/L降到2010年的0.0012mg/L，远低于岐阜县0.03mg/L的标准。神通川水中的镉含量也从1968年的0.0015mg/L降到2010年的0.00007mg/L，远低于国家法律规定的标准。可以说，神通川水质已经基本恢复如初，昔日公害肆虐的有毒之地变成了风景秀美适宜人居的人间乐园。

痛痛病治理的经验教训

痛痛病的发生是伴随工业化进程而来的，在技术水平有限和预见能力不足的早期工业化进程中似乎是不可避免的，但是当痛痛病被发现后却没有及时得到重视和治理则是需要反思的。明治以来日本实行的片面富国强兵政策和增长第一战略忽视了农村和农民的利益，致使受害者迟迟得不到救治。

公害发生并不是不可治理的，但是，在公害治理中，事前预防无论是从经济上看还是从社会效益来看都比事后治理要合算。在痛痛病事件中，如果进行公害防治，其投资大约只需120亿日元，而实际判决后的各种赔偿和治理费用竟然高达570多亿日元，是前者的近5倍。因此，无论是政府还是企业都不能为眼前利益所迷惑，前期的小投入至少能避免后期的大损失，更何况能保全不该逝去的生命。

痛痛病的治理是多方势力相互斗争和妥协的结果。法治是加害者和受害者博弈的制度框架，在此框架内进行的协商其实是保持社会和谐的成本最低且有效的办法。科学研究会不断深入和精确化，这意味着痛痛病问题的解决是一个长期过程。但是，信息公开能够为双方平心静气进行协商创造一个前提条件。在共同的信息面前，无论是加害者还是受害者都只能直面问题，共同寻找解决之道，否则，问题不但得不到及时解决，而且各方损失还会扩大，对各方都不利。

（本文以《"痛痛病"：少走环境治理的弯路》为题
发表于2017年1月27日的《社会科学报》）

水俣病的治理及其经验教训

　　日本在世界历史上是一个独特的存在。它两次快速崛起，创造了奇迹，但也给世界带来灾难，不只是残酷的战争，还有骇人的公害病。在世界八大公害事件中，日本发生了四个，其中两个分别是发生在熊本县和新潟县的水俣病。1956年5月1日，位于熊本县水俣市的新日本氮肥股份公司附属医院的院长向水俣保健所正式报告，发现了水俣病患者。到2006年，被认定患者达2265人（其中1582人已死亡），虽未得到认定但出现不同症状的患者达4万多人。1965年6月12日，新潟在昭和电工鹿濑工厂排放污水的阿贺野川流域发现了水俣病患者，史称第二水俣病。水俣病是因不知火海周边居民食用了受新日本氮肥股份公司排放的有机汞污染的鱼贝类海产品,进而引发的生理和精神疾病，其典型症状是行动、知觉、语言、听力和智力出现障碍，视野狭窄，肾脏和脑神经受损，精神崩溃等。更为可怕的是，水俣病还会通过生育传给下一代，形成胎儿性水俣病。在《水俣病裁判》（乙书）中，熊本水俣病被认为，"从其受害之广及受害情形之悲惨而言，是世界史上仅次于广岛、长崎原子弹爆炸的人为灾害，是人类史上最恐怖的公害病"。

　　水俣病的应对和治理经历了一个曲折复杂的过程。早在水俣病未被正式认定的1926年，水俣湾的渔民组织就因为污水导致鱼虾死亡影响捕获量而投诉水俣氮肥厂，1927年双方达成协议，氮肥厂同意一次性补偿渔民1500日元，但前提条件是渔民组织不再提出赔偿要求。随着水俣氮肥厂生产规模的扩大和产量的提高，水俣湾的生态环境进一步恶化，渔民生计陷入困境。于是在1943年提出增加赔偿的要求，氮肥厂同意在不再提出赔偿要求的前提下一次性支付赔偿金152500日元。这说明，战前已经发生了由氮肥厂污水排放导致的环境污染，影响了渔民的生计，只是尚未对渔民的身体造成明显损害而已。在战后经济恢复时期，新日本氮肥股份公司的生产能力持续扩大，排往不知火海的废水（包括来自乙醛生产厂的含有有机汞的废水）随之持续增加。先是水俣的猫发狂跳海、乌鸦在飞行过程中突然坠落而亡，后是水俣民众出现行动障碍，痛苦不堪。当地医生以为是一种怪病或流行病而对患者及其住处采取隔离措施，后来通过流行病学调查和各种实验，由熊本大学水俣病研究组在1963年2月16日宣布直接致病原因是新日本氮肥股份公司排放的废水中的有机汞。1968年9月，日本政府正式承认这个结论，从正式发现水俣病到究明致病原因用了12年时间。在此期间，代表公司和患者的医学专家分别提出了各种不同解释，展开了激烈的争论。

在熊本各方势力为致病原因争执不下时，新潟患者及其支持者迅速行动，在1967年6月12日率先针对昭和电工提起诉讼，采用法治途径维护自己的权益。新潟患者的行动启发和鼓励了熊本的患者，他们在1969年6月14日正式向熊本地方法院提起诉讼，要求赔偿642390444日元。水俣病问题的解决走上了法治的轨道。经过3年9个月的激烈辩论、调查取证和鉴定，熊本地方法院在1972年做出判决，认定新日本氮肥股份公司的水俣氮肥厂存在过错责任，因此应对死亡者人均赔偿1800万日元，对患者按损害程度赔偿人均1600万至1800万日元，承担原告的律师费用，总共合计为9.3亿日元。与此同时，熊本县的检察院等相关机构和部门、中央政府的通产省、厚生省、环境厅等机构和部门由于没有及时执法、偏袒新日本氮肥股份公司等行为也被告上法庭，经过第三次诉讼、关西诉讼、东京诉讼等民事诉讼，判定国家和熊本县政府负有扩大损害的行政责任，依据《国家赔偿法》向患者支付6.7亿日元赔偿金。导致水俣病的各个加害主体都受到了法律的惩处，没有例外。

除了通过法治手段救治患者之外，水俣被污染的环境也得到修复。1974年在水俣湾设置隔离网，防止受污染的鱼贝类扩散，直到1997年鱼贝类体内含汞量达标才撤离，因此而收益受损的渔民获得了大约9亿日元的经济赔偿。对海底含汞量超标的污泥从1976年开始进行疏浚，埋入指定地点，上层覆盖防渗漏复合膜和干净土壤。该工程历时14年，耗资485亿日元，主要由新日本氮肥股份公司承担，其余由国家和熊本县分担。在此基础上，水俣市在1996年推出建设环境模范城市规划，1999年获得ISO14001认证，同时推行本地化的家庭版和学校版ISO制度。2008年，水俣市被授予"日本环境模范市"称号，一个曾经的"人间地狱"奇迹般变成了环境友好的"爱之圣地"和宜居之地。

水俣病诉讼昭示出，虽然导致不知火海污染和水俣病的加害者是新日本氮肥股份公司，日本中央和地方政府的相关机构负有扩大的责任，但导致政府和企业犯下如此罪行的是日本实行的片面发展战略。明治维新后，日本奉行"殖产兴业、富国强兵"的发展战略。众所周知，这个具有内在缺陷的发展战略急速军国主义化和法西斯主义化，既给日本带来了快速工业化，也导致了日本第一次工业化的惨烈中断。以水俣氮肥厂为代表的化肥工业虽然比较弱小，但却是解决国内粮食短缺和农业发展不足的希望所在。因此，即使它对当地渔民的生计造成了损害，但无论是地方政府还是企业都认为这是赶超型国家发展过程中需要付出的、不可避免的代价，"小我"（自己利益）必须服从于"大我"（国家利益），即使是受害者，也不免受到这种思想的影响。战后，为了迅速恢复经济，在美国支持下，重化工业被确定为支柱产业，得到国家大力扶植。通产省制定了"碳化物及焦油工业促成对策"和"石油化学育成计划"，保护石化工业的发展。这是中央政府推行的"国土综合开发计划"和"国民收入倍增计划"的一个有机组成部分。通过实施这些以"产业优先、促进增长"为目标的政策，日本经济在1955年基本恢复到战前水平，1968年超过联邦德国成为世界第二大经济体。为了达到这个宏伟目标，企业为了节约成本，对生产过程中出现的污染物质不加处理随意排放。地方政府和中央政府不但没有负起监管责任，甚至在查明致病原因和提起诉讼时依然推诿塞责，包庇肇事企业。直到20世纪60年代末，随着反公害运动的发展，自民党的支持率由1960年的58%下降到1969年的48%，佐藤荣作首相的支持率一度下降到20%，反对党候选人的当选率大幅上涨，自民党控制的政府才不得不在1970年召开"公害国会"，颁布系列法律，形成比较完善的法治体系。公害问题逐步得到解决，日本也由"公害岛国"变成了"公害治理先进国"。

水俣病治理昭示出，水俣病发生在日本，但它的影响是世界的。在探寻水俣病致病原因的关键时刻，来自英国的神经学者道格拉斯·麦卡尔平走访水俣，把水俣病症状与英国已经发生的、汞中毒的亨-拉综合征进行对比，并于1958年9月在《柳叶刀》杂志上发表论文，首次公开提出有机汞可能就是致病物质的观点。他的研究对水俣病研究产生了重要启示。在水俣病审判中，日本法官借用源于法国的"忍受限度论"来判定被告企业的违法性和过失责任，进而使"无过失责任化"。在1972年召开的世界环境会议上，原本日本官方代表团不想把水俣病公之于众，但水俣病患者和学者坚持参会，要把在日本发生的悲剧告诉世界，从而让世界不再有公害苦难。此后，日本水俣病患者和学者相继走访了发生类似公害病的加拿大、泰国、中国、印度等地，用日本的经验教训帮助这些地区的政府、企业和受害者共同处理环境破坏和公害问题。1993年还在水俣市建立了水俣病资料馆，供全世界关注环境问题的人参观、研究。2013年1月19日，在由联合国环境规划署主持召开的关于汞问题政府间谈判委员会上通过了日本政府代表团提出的《关于汞的水俣公约》，实施公约的议定书也于同年10月在熊本县召开的《关于汞的水俣公约》外交全权代表大会上全票通过，并于2017年8月16日生效。水俣公约的签署和实施为消除汞对人体健康和自然环境的危害指明了方向和光明前景。这是水俣病由日本的负资产变成全人类的正资产的具体表现。

水俣病治理昭示，发生环境污染并不可怕，人类有能力治理好。但即便如此，也不能走"先污染、后治理"的老路。根据日本环境省的官员和学者1991年公布的数据，水俣湾周边地区由于水俣病造成的损害达每年126.31亿日元，而如果进行污染防治，费用只是每年1.23亿日元。由此可见，事前防治比事后治理更为经济，更何况还会减少付出不必要的人命代价以及精神损失。这个道理似乎已经家喻户晓，但执行起来并不容易，因为对短期经济利益的追求会使人一叶障目，忽视了长期利益和后代的利益，忽视了我们须臾不能离开的环境利益。而要突破这个瓶颈，需要把环境问题看成是一个环境、技术、经济、政治和社会问题，看成是一个复杂的综合体，进而形成切实可行的政策导向和制度安排，最终实现经济发展和环境保护的双赢。于是，对水俣病的研究就应该持续推进，深入发展。

尽管水俣病问题在很大程度上已经成为历史问题，但是，对水俣病发生和治理的历史进行研究又是一个具有很强现实意义的问题。在日本已经形成了主要面向现实和未来的、在国际学术界颇有影响的水俣学。最早倡导进行水俣学研究的原田正纯曾设想，水俣学是从医学、伦理学、人类学、社会学、经济学、法学、历史学等学科对水俣病问题进行综合和整体性研究的新学术研究领域。随着水俣学的发展，学者们已经将研究视角扩展到环境风险论、传媒论、社会福利论、企业和国家责任论、性别意识论等新领域，采用的研究方法也不再局限于文献探讨和对受害者进行访谈，而是更多地走向水俣，与当地人进行交流，以期达到把当地人的感受与外部人的看法融合、把历史与现实结合从而彰显出水俣学的普遍意义的目标，研究成果的发布形式也更加多样化，除了定期举办市民讲座、出版研究著作和刊物之外，还利用互联网等数字传媒技术向全世界散播。可以预见，随着现实需要和学术创新的进化，对水俣病问题的研究还会继续深化，从中还能得出更多惠及人类和地球环境的启示。从这个意义上说，水俣人付出的代价是不会白费的。

（本文以《水俣人付出的代价不会白费》为题
发表于2020年11月26日的《社会科学报》）

富士山的文化环境史

乞力马扎罗山以坐落在赤道地区却白雪皑皑而闻名于世，诺贝尔文学奖获得者海明威的名作《乞力马扎罗的雪》更加强化了这种反差极大的意象。富士山是一座活火山，上部熔岩和灰石堆砌，光秃裸露。富士山以日本的象征和葛饰北斋的《神奈川冲浪里》和《凯风快晴》而闻名遐迩。从这个意义上说，富士山不仅仅是一个自然环境的存在，更是一种精神的、灵性的存在。这两种存在并不完全统一，却相互强化，共同完成了富士山的形象塑造，并将继续赋予富士山新的内涵。

作为自然环境的富士山是一座复式活火山。日本处在西太平洋火山地震带上，发生地震是家常便饭，火山爆发也屡见不鲜，富士山就是火山多次爆发堆积的产物。大约10万年前，富士山开始喷发，逐渐形成小御岳火山。大约从1.1万年前开始，富士山火山重新活跃，形成古富士山。进入历史时期后，富士山火山更为活跃，尤其是在奈良和平安时代，不但顶部的火山口喷发，山腰也频繁喷火和喷烟，逐渐形成了覆盖前两者的、今日可见的新富士山。最近一次大规模喷发就是发生在江户时代的宝永大喷发（1707年），在火山口周围形成了富士八峰，即剑峰（3776米，富士山和日本最高峰）、白山岳（释迦岳）、伊豆岳（阿弥陀岳）、朝日岳（大日岳）、势至岳（大成岳）、三岛岳（文殊岳）、久须志岳（药师岳）、驹岳（浅间岳）。此后虽然没有大规模喷发，但山顶的火山口经常会发生小规模的喷烟现象，逐渐形成了今日所见火山口的大内院和小内院之分。富士山主体旁边还有作为寄生火山的长尾山和宝永山，后者近年来还曾发生喷火现象。由于地质作用，在富士山脚下逐渐形成了富士五湖，即河口湖、山中湖、西湖、本栖湖、精进湖。富士山山形呈圆锥形，山脚下种植了大片涵养林，上升到 2000 多米后，几乎没有植被，只有火山灰，顶部全是巨石和熔岩。每年 9 月下旬，富士山顶部开始下雪，给富士山披上雪白的盛装，翌年春天雪开始消融，富士山露出本来面目。作为自然环境的富士山既有自己的生命节律（根据有记载的 17 次喷发的时间计算，富士山大约 120 年喷发一次），也会随着气候和周围环境的变化而呈现出不同面貌。

然而，富士山之所以闻名世界，并不完全是因为它的自然特性，而主要是因为它的文化特性。1998 年，富士山所在的静冈县和山梨县联合制定了《富士山宪章》，致力于将富士山作为公共文化遗产或具有人类普遍价值的遗产进行保护；2013 年，富士山被成功列入世界文化遗产名录，成为日本的第十三个世界文化遗产和第十七个世界遗产。文化环境史研究人对环境的感知以及这种感知对人利用环境的指导作用，在人与环境的互动中体现文化的本质。文化的载体有实物、语言，也有口述等形式，但其中都蕴含了人对环境的认识。富士山的文化环境史包括不同时期的人（日本人和外国人）对富士山环境的感知，以及这种感知如何影响了人对富士山的利用，进而影响了人与人的关系等。由于富士山是活火山，因而富士山的文化环境史也是变化着的，在不同时代、不同人眼中具有不同的特点。

富士山是日本人心灵的栖息地。传统时代的日本人信奉万物有灵，富士山以其神秘莫测而成为崇拜对象。富士山喷发时带给周围民众灾难，是恶灵；静息时带给周围民众水源和生计，是善灵。这种变幻不定的性质促使人们通过祭拜的方式达到趋利避害的目的，富士山信仰肇始。佛教传入日本后，逐渐与富士山信仰结合，形成具有性别特点的、有组织的宗教信仰。在山上修建神社，祭祀浅间大菩萨和大日如来，这显然是男神。与此同时，尤其是与筑波的男体山相对，富士山被认为是木之花开耶姬在世间的居所，火山喷发就像大地子宫释放出强大能量，显然，这样的富士山神是女神。前者代表冷峻、坚毅、雄伟等特点，后者代表柔美、纯洁和典雅等特点。不管人们崇拜的是男神还是女神，他或她都要有助于人解决在现实生活中遇到的物质或精神问题，有助于人为来世求得好报应。能否达致这些目的在某种程度上取决于得道高僧对教义和崇拜形式的再创造。江户时代的长谷川角行（1541—1646）创立了"富士讲"，传播富士山信仰教义，扩大富士山信仰的影响范围。食行身禄（1671—1733）把咒术式修行规范改为人人都需要遵守的日常生活道德规范，从而让信众在勤劳生产和努力生活中体验富士山神的恩泽，接受富士山神对不法者的惩罚。然而，在江户时代，并非人人都可以来到富士山参拜，于是在全国各地修建了若干"富士冢"，既方便信众参拜，又让富士山形象深入人心。富士山信仰由富士山周边的局域性信仰变成了全国性信仰，由修行者的信仰变成普通大众的信仰，从修道者的玄妙追求变成百姓的伦理修养。然而，在德川幕府看来，这是一个影响范围不断扩大的"异端"，对政权造成潜在威胁，于是下令禁止和取缔"富士讲"。明治维新之后，日本建立了近代天皇制国家，毫无疑问，天皇是明治国家的代表，日本是皇国。虽然天皇万世一系，但既不能永恒，也不能聚合不同阶层的人们，而富士山以其最高峰和神秘性内涵而成为凝聚日本人的象征。具体做法就是在国定各层级的教科书中向日本人灌输富士山认同。在军国主义和法西斯主义时期，富士山成为统治者鼓噪极端民族主义的基础，为富士山而战、为富士山获得荣光等让日本民众迸发出超人的战斗力。然而，盟国和美国军队也利用日本的富士山信仰进行心理战，在投入日军阵地的传单、向日军广播的节目中都以富士山唤起日军将士的怀旧和思乡感情，从而消磨甚至粉碎日军斗志。二战结束后，天皇变成了人，富士山信仰和富士山作为日本的象征虽然依然存在，但已经成为个人的、和平的象征，甚至具有了一定的商业品牌价值。富士山信仰的内涵随着时代精神的变化而发生了深刻的、扬弃式的变化。富士山信仰变成了符号，是与樱花、新干线等一样的，被日本民族认同的媒介。

外国人也借助富士山来理解日本，或者从自己的视角出发或者把它变成他者。据说，第一个登上富士山的外国人是英国驻日大使阿礼国。其实，早在1543年，漂流到种子岛的西方人第一次踏上日本本土，此后，沙勿略等传教士开始在日本传教。江户时代虽然实行了锁国政策，但在长崎出岛与日本人进行合法贸易的荷兰人必须执行江户参府活动。在此途中，受到严格监视的西方人第一次看见富士山，得到心灵慰藉。在他们留下的文字记录中，富士山是世界上最美的山，云雾缭绕，白雪覆盖，直冲霄汉。佩里叩关后，到江户的美国人增多。他们看到的富士山庄严壮丽，威震四方。1860年9月，阿礼国登上了富士山，他感受到富士山的美丽，但在下山途中遭受暴风雨的袭击，也感受到了富士山的愤怒和惩罚。可以说，富士山给阿礼国留下了复杂印象，这不同于先前的外国人从远处眺望富士山的单纯感受。明治维新之后，来到日本的外国人越来越多，他们看到了富士山孤高的一面，并从基督教的视角出发进行理解。如曾经担任明治政府法律顾问的法国人乔治·布斯凯对富士山形成崇敬之情，因为"火山遮住了圆圆的太阳，就像是教会巨大的圣人一样，身着紫色外套，头部周围散发着光芒，强有力地伫立在那里"。显然，这时外国人不再是因为在现实中不自由，甚至为了讨好幕府而歌颂富士山，而是在自由中从自己的文化本位出发来理解富士山的神圣性。这在很大程度上与传教士采取的用日本惯习来理解基督教的思路正好相对。此后，在许多西方人的眼中，"富士山和艺伎"成为日本的象征，于是富士山就既具有优美与庄严的自然美，还具有阴柔与虚幻的人为之美，似乎是需要改善和优化的建构。战后美国占领时期，富士山与天皇、艺伎一样被祛魅化，变成了与新干线、樱花一样的客观存在，这与把日本人变成"经济动物"的趋势是一致的。

最早留下富士山观感的中国人据说是清朝的漂流民高山辉。在他从江户被遣返长崎的途中，他看到的富士山六合无双，恐怖异常。甲午战争之前，到过日本的中国文人用有关泰山、昆仑山等的传说比照富士山，把富士山作为日本国的象征，既肯定其灵性，又赞颂其自然美。甲午战争之后，富士山的形象在中国文人的心目中发生了很大变化。富士山不再是单纯的日本风物，也不再是东亚文化在日本列岛的标志，而是日本民族精神的象征，是侵略者的代名词，于是，发出了"攻占富士山"的号召。与作为强者的西方人眼中的富士山形象不同，作为被侵略者的中国人心中的富士山就是扩张之源，是必欲战而胜之的存在。由此可见，富士山的环境基础在历史时期并未发生剧烈变化，但它的文化形象在不同人群和不同时期却发生了剧烈变化，甚至变成了截然相反的存在。富士山环境文化不但是自然的客观反映，更是一种受制于时代和民族属性的文化建构。

富士山以其独特的环境和文化成为保护区和文化遗产，形成了独特的保护文化。这种保护文化既包括自然环境保护，也包括对文化的传承和传播。对富士山的自然环境保护不是二战后才有的，其实早在平安时期就产生了为了保持富士山的清洁而禁止女性登山的规定，因为当时人们认为，女性登山会污染富士山，进而招致气候变坏，既影响富士山的环境，又对山脚的民众生活造成危害。然而，禁止女性登山并未把富士山变成纯净的山，相反富士山因登山者随地大小便而逐渐污秽不堪，导致了附近村民对登山者的厌恶和排斥。这催生了不能把自己生产的垃圾留在富士山上的习惯的产生。在绘画和文学作品中，富士山永远以明亮、柔美的形象示人，但当照相机发明和摄影技术发展后，富士山阴暗、丑陋的一面被展示出来。摄影颠覆了富士山的片面甚至想象的形象，平衡和恢复了富士山的真实形象。这就产生了是仅仅保护富士山美好的一面（根据人的需要）还是原原本本保护（从环境的整体性出发）的争议，当然，这还只是保护思想的萌芽，并未形成完整的理论体系。1936年，日本设立了富士山箱根伊豆国家公园，保护火山和海岛环境，但是，在当时的时代氛围中，这个国立公园主要变成了旅游观光之地，是经济发展优先的环境保护。在战后日本经济高速发展时期，在富士山脚下随意进行建立工厂、修建高速公路、开设高尔夫球场等经济开发活动，造成严重空气和土壤污染，植被枯死和水源枯竭，垃圾乱扔和粪便臭气熏天，导致富士山处于"濒死"状态。即使想远眺富士山，也成了不易实现的奢望。据统计，在明治十年（1877），一年中约有100天可以从东京眺望富士山，到了昭和四十年（1965），只有20天。虽然那时日本以迅速走出战后和实现高速增长而自豪，但看不到富士山对具有富士山崇拜信仰的日本人来说不啻是一种嘲讽和巨大打击。

与日本的环境保护整体进程相一致，富士山保护也经历了从反对公害到保护环境的过程。日本在1967年通过了《公害对策基本法》，反对公害就是解决对人体造成的伤害问题，形成有利于人生存的健康环境。1972年，日本通过了《自然环境保全法》，保护原生态自然和奇特地质景观等，但在主要关注人体健康的时代，富士山的自然环境保护并没有得到落实。只是到了20世纪90年代后，作为精神寄托的富士山环境保护才全面被提上日程（1993年日本通过了《环境基本法》）。平成十年（1998）11月18日，山梨县和静冈县联合制定了《富士山宪章》，号召保护富士山自然环境。宪章认为富士山是日本人心灵安放之地，具有多样和丰富的自然元素，养育着富有特色的地域社会和文化。其人与自然共生的景观、历史和文化本应世代传承，但为了发展经济，富士山被过度利用，自然环境遭到破坏，而且很难在短时期内得到恢复，因此，宪章倡议，学习自然，亲近自然，感恩自然；守护美丽自然，养育丰沛文化；减轻自然环境的负荷，寻求人与自然共生；保护富士山自然环境，人人都要积极行动起来；把富士山的自然、景观、历史、文化传之后世，永续利用。但是，2003年，当两县准备申请富士山为世界自然遗产而邀请联合国教科文组织评议时，却遭到挫折，原因之一是富士山垃圾太多，"白川"恶臭不雅。在登山道两旁丢弃的大量垃圾，未经处理的便溺和卫生纸顺坡下流，形成白色臭水沟；在山脚树林和道旁乱堆建筑垃圾、废弃家电等不易降解的垃圾。为了解决这些问题，当地政府和公民社会合作，推出了一系列行之有效的措施。例如，成立了非政府组织富士山俱乐部，带领志愿者定期上山清理垃圾，为山小屋安装可自然降解的厕所，加装多种语言指示牌等。这一切都有效改善了富士山的环境质量和形象。

2013年，富士山申遗成功后，为了应对联合国教科文组织的后续检查，两县还成立了一系列官方机构和非政府组织，继续推进富士山环境的改善和保全。在落实《富士山宪章》方面，成立"富士山宪章推进会议"，发动了"富士山一亿人运动"，扩大对富士山自然环境的理解和保护；在具体保护措施方面，设立垃圾监督员，巡视和纠正游客乱扔垃圾的行为，设立富士山环境学习支援计划，用举办讲座等形式提升相关人员的环境知识水平，建立富士山环境信息发布机制，及时把环境信息传递给所有人，设立富士山麓环境美化网络，负责保护山脚环境；在具体环保项目方面，保护青木原树海的原始森林，保护富士五湖的水质和安静，继续清理和处理各种垃圾，改善上山道路及其沿途环境等。需要特别指出的是，为了进一步挖掘富士山的生态和文化意义，为了进一步推广富士山文化，山梨县和静冈县都成立了由著名专家领衔的机构。静冈县建立了富士之国静冈地球环境史博物馆，邀请著名环境考古学家安田喜宪担任馆长，从地球环境的视角向观众宣传富士山的环境知识及其独特地位；山梨县设立了富士山研究所，邀请著名民族生态学家、原综合地球环境学研究所副所长秋道智弥担任所长。显然，这两个机构并非仅仅关注富士山本身，而是要从世界环境和文化遗产角度重新理解和定位富士山，进而使之成为真正的世界文化遗产。

另外，富士山环境保护需要财力支持。与世界其他国家公园和世界文化遗产一样，富士山也存在着保护和利用的博弈。环境保护需要资金支持和限制游客数量，当地政府期望发展旅游经济，这两者虽有矛盾但不是不可调和。从2016年开始，富士山鼓励游客捐助，2023年静冈县获得捐助61306454日元，山梨县获得103672726日元捐助。这些捐助主要用于三个方面，即自然环境保护（改善山小屋生态厕所、设立临时公共厕所），预防火山爆发的准备（准备安全帽和护目镜、五合目安全指导中心建设），其他设施建设（建立救护站、外国人口译援助、及时发布富士山相关信息）。从2024年登山季开始，对吉田口登山线路实行限流，每天游客不超过2000人，另外每人收费2000日元。通过采取这样的措施，一方面减轻对富士山环境的人为压力，另一方面为改善富士山环境筹集资金，最重要的是提高游客的环境保护意识和行动能力。

富士山虽然是日本的象征，但它的环境文化也是随着人们认识和时代精神的变化而变化的。其中的核心是环境与经济发展的关系问题，是环境保护优先还是经济发展优先抑或二者取得平衡？这取决于人怎么认识环境的价值。当人从传统宗教角度认识富士山自然环境时，一切都是在冥冥之中注定的；当人从经济理性角度认识富士山自然环境的工具性价值时，环境保护即使已提上日程但事实上还得为经济发展让路；只有当人类进入丰裕社会并从环境的整体性和有机性角度认识富士山自然环境的内在价值时，偏重于环境保护的经济发展才能落实。

富士山环境文化中还有一项重要内容，那就是登山运动文化。在古代，富士山是神灵居住的地方，人只能"遥拜"。当富士山成为修行者的圣地后，登山就成为修炼修验道的有机组成部分。因此，最早登富士山实际上是一种宗教行为，是修行之道。传说中的役行者在山上通过苦修来体会教义，约束自己的欲望，纯洁心灵，获得神力为人治病，但普通百姓并不需要通过登山来修行。直到佛教、道教传入日本并与神道教结合形成修验道之后，由于寺院都建在山里，于是在信教者中逐渐形成了攀登名山以修道的风尚。平安时代后期，末代上人攀登富士山数百次，带动了普通人的登山活动。在室町幕府时期，富士山的各大登山口逐渐开辟出来，山小屋逐渐建立，登山设施渐趋完善。行者长谷川角行登上富士山126次，在半山腰巡游33次，获得神力帮助民众祛病消灾。他的行为带动了攀登富士山的热潮。在明治时期，不但日本男人热衷于攀登富士山，外国人和日本女性也冲破阻力，逐渐加入攀登者的行列。攀登富士山说起来容易，但实际上还比较艰难，尤其是御殿场口线路。1889年8月下旬，英国人小泉八云登上富士山，他记录的登山过程相当跌宕起伏。"富士山从远处看十分令人憧憬，但实际攀登时，苦不堪言。黑色山坡上还有残雪，让人联想起被烧剩下的女性头盖骨上只剩下雪白的牙齿还十分显眼的情景，致使精神状态达到崩溃的边缘。但是，在拖着脚步登上山顶后，精神重新恢复到轻松的状态，随即四处观察起来。"他如实记录了攀登富士山过程中生理和心理上的变化，展现了攀登富士山的魅力，即痛并快乐着。与修行者一样，在登山过程中，普通人的身体和灵魂也都得到了升华。

其实，从纯粹体育运动的角度来说，登富士山的训练和竞技价值并不高。相对于世界上著名的八大峰，富士山的高度有限，地形、气候等也不复杂，挑战性不够；相对于乞力马扎罗山，富士山在登山季几乎看不到雪，周围也没有野趣，年轻人甚至可以完成日归的行程；相对于西雅图的雷尼尔山，富士山的登山线路比较成熟和人工化，训练价值有限。就登山运动本身而言，日本真正的登山家向往的是外面的世界，登富士山只是熟悉和适应的垫脚石；对科考人员而言，登富士山是实践调查手段的试验和进行比较研究的资料积累。既然如此，为什么每年还有30多万普通人争先恐后要登富士山呢？关键在于它的文化，富士山是日本文化的象征，通过攀登富士山可以更好理解日本文化及其变迁。对游客而言，登富士山是体验日本文化象征的过程；对普通日本人来说，登富士山或者是亲自体验富士山的独特魅力，或者是证实作为日本人不虚此生的机会，或者是在登山过程中寻求解脱和升华的努力，或者是认同岛国仙山的日本形象的契机……

具体而言，日本是一个70%土地是山地和森林的国家，处在季风亚洲气候带上，动植物类型并不丰富。然而，在登富士山的过程中，不但能够感受到沙石环境，还能看到不毛之地，这种奇特性让熟悉日本环境的人们产生好奇。登顶之后看到的人为景观与自然景观浑然一体，仿佛让人有效融入自然，成为自然的有机组成部分。处在巨大火山口的人显得渺小和无助，人类中心主义的狂妄自大荡然无存。近在眼前的鸟居和神社把人带入神或精神的世界。处于天地之间的人、自然与神融为一体，有机统一。这种体验和感受与在远离城市的喜马拉雅山和乞力马扎罗山上获得的很不一样。在活火山上行走自然会产生对生命无常的担忧（富士山已经休眠300多年，已经超过惯常的120年爆发周期很多）使人产生人生虽短但值得更绚烂的理念，而这正是日本文化的精髓之一之所在。如果是夜晚攀登，感受和体验自然不同于白天。穹顶之上繁星点点，星河灿烂，穹顶之下，霓虹闪烁，城市不夜天，攀登者宛如发光的游龙，盘桓在荒凉的沙石山脊上。人在天地间、在仙俗两界间漂泊的感觉是在世俗世界体会不到的。日出东方，从若隐若现到冉冉升起，不禁让人想起日本自谓"日出之地"的说法。与此同时，翻滚的云海和瞬时出现的御来光给人以梦幻感，神奇的自然现象被融入日本文化，成就了日本文化不同于其他文化的特点。文化以环境为基础，但文化又是人的创造和对环境的再创造，登山有助于体会环境文化的独特性。

在工业化高歌猛进的时代，奥尔多·利奥泼德发出了"像山一样思考"的呼唤。如今，在全球环境恶化已经影响到人类生存的关头，在日本这个已经进入丰裕社会的国度，富士山的文化环境史给出的启示就是：像富士山一样思考，从富士山出发救赎人和地球环境。

（本文发表于2024年9月21日的《澎湃新闻·私家历史》）

从行政命令式保护到参与式保护

潘文石教授的自然保护探索

潘文石是北京大学生命科学学院的教授。在20世纪90年代，他在中国是家喻户晓的熊猫"保护神"；之后，他在广西崇左从事白头叶猴的保护事业。从保护大熊猫到保护白头叶猴既反映了潘文石教授的濒危动物研究和保护之轨迹，也反映了中国社会参与环保的曲折历程。

一、行政命令式保护大熊猫

1956年，中国成立了第一个自然保护区。此后，自然保护事业虽有所发展，但因为"文化大革命"的影响而比较缓慢。1980年，外国科学家在世界自然基金会的资助下，来到早在1963年就已经建立起来的大熊猫保护区，参与研究和保护濒危动物大熊猫。①潘文石教授重拾自己青年时期的梦想，放弃了已经取得成果的病毒研究，加入研究和保护大熊猫的行列中来。但在合作研究的过程中，

---

① ［美］夏勒著，张定绮译：《最后的熊猫》，光明日报出版社，1998年，第2页。

潘文石教授找到了自己的、与国外学者和国内其他学者不同的对大熊猫的关注点，并在1984年秋天走进了秦岭，开始自己独具一格的大熊猫研究和保护事业。

经过10多年的野外跟踪研究，潘教授提出了大熊猫是当地生物群落的旗舰物种的论断，认为"秦岭的大熊猫并没有走到进化的死胡同，它们的生存并不完全取决于自然力，而在更大程度上取决于我们的爱护和管理"[①]。这些研究成果为他应对关于大熊猫保护中的各种争论并提出自己的主张奠定了科学基础。在因竹子开花而引发的"拯救大熊猫"的讨论中，部分学术权威提出了使用克隆方法增加大熊猫数量或在大熊猫分布核心区建立大熊猫饲养场的方案。潘教授坚决反对把野生大熊猫关起来饲养，主张"要拯救一个物种的最好办法就是保护其所在群落的整体性、稳定性和物种内在的遗传多样性。在保护大熊猫上今天我们必须固守的最后一块阵地就是保全那些充满野性的自由生活的种群"[②]。负责秦岭地区森林的机构是长青林业局。它虽然是森林工业企业，但在20世纪80年代执行的是"采伐与培育"并举的政策，大体上还能保护熊猫所需的森林并恢复生物多样性。因此，在1988年，潘文石等提出的保护措施是：如果控制长青林业的年采伐量小于森林的生长量，并推行"采育择伐"的生产方式，就既能为该局2400名正式职工和600名临时工提供就业机会，还能为大熊猫保留一个相对安全的生存空间。[③]那时，他与长青林业局的关系是融洽的，他的工作得到了林业局干部和职工的理解与帮助。但是，在1992年后，长青林业局

---

① 潘文石、吕植等：《继续生存的机会》，北京大学出版社，2001年，第4页。

② 潘文石、吕植等：《继续生存的机会》，北京大学出版社，2001年，第16页。

③ 北京大学陕西长青林业局联合大熊猫研究小组：《秦岭大熊猫的自然庇护所》，北京大学出版社，1988年，第245页。

改变了生产方式，不断加速采伐，并在伐后种植速生丰产树种，大熊猫处境急剧恶化。这种变化与当时中国出现的致富热密切相联。潘教授自己无力改变当地人的致富冲动，但也不能坐视熊猫栖息地消失，于是，潘教授研究小组联合多名中外科学家给国务院领导写信，提交了《秦岭正在发生的生态危机和建议解除的办法》的建议案，受到了高层领导的重视。1994 年 7 月 1 日，与潘教授合作多年的长青林业局转产，其管辖林区全面停止采伐，变成长青自然保护区。但是，当时的职工非常不理解，他们对潘教授简直"恨之入骨"，他的科研装备遭抢，其团队也不得不撤离多年工作的基地。潘教授发出了"我到底是为老百姓做了好事还是坏事"之问。

从潘教授在秦岭的大熊猫研究和保护实践来看，他的保护是建立在自己多年研究的科学基础上的，但是他采取的措施基本上还是通过自己的关系动员国家采用行政命令的办法来实施保护，这样的保护因为在当时没有虑及当地职工的切身利益而形成了专家和当地人的对立。尽管这样的对立在五年之后因为当地人逐渐从保护区获利而得到缓解，但其中的教训无疑是值得记取的。

二、参与式保护白头叶猴

1996 年 11 月，离开了秦岭的潘文石教授率领自己的研究团队来到了广西崇左，开始对中国特有的灵长类珍稀濒危动物白头叶猴展开研究和保护。虽然早在 20 世纪 70 年代末，白头叶猴就已被列为国家一级保护动物，建立了保护区，但其栖息地面积大幅度下降，现在只有 20 世纪 80 年代的 8.3%，90 年代的 15.9%，其生存状态处于濒危。①潘教授在吸取秦岭保护大熊猫的经验教训基础上，深入考察当地社会经济发展状况，提出了新的保护思路。

改革开放以来，当地群众在迅速致富欲望的驱动之下，不断扩大农垦面积，持续过度向自然索取。在比较平缓的谷地上种植甘蔗和经济林，在比较陡峭的山间洼地种植玉米、花生，在难以种植的山地上挖药砍柴。这些经济活动严重阻碍了白头叶猴对当地植物的利用。农业向山区的深入，村庄和公路也随之而来，频繁的放炮声和人为的隔离把白头叶猴聚居区变成了一个又一个的孤岛。另外，白头叶猴还是深受欢迎的观赏动物，其骨、肉、肝脏具有祛风湿、促消化、滋补（常被制成药酒和糕点等）之功效，其毛烧成灰还可治烂疮。②因此，当地一度偷猎成风。不合理的经济活动和对人与自然关系的错误认识把白头叶猴逼到濒临灭绝的境地。

针对这种情况，潘教授没有沿用向中央领导建言的老办法，而是切实把当地人纳入保护计划之中，在解决他们的现实生存致富问题中潜移默化地改变他们的生态伦理观，使之变成保护白头叶猴的自觉力量，走出了"仅仅从纯科学研究出发的保护"到"从根本上解决生态危机"的转型之路。1998年，促请崇左县政府拨款帮助位于白头叶猴分布区内的雷寨村建设清洁饮水系统。2000年，利用一位美籍华人的捐款为岜旦村小学新建一座600平方米的教学楼。2000年9月，开始在位于保护区内或附近的村寨全面推广沼气池。2003年，在推行新农村建设中注意发挥妇女的积极作用，免费为她们检查妇科病。2005年10月，在保护区附近建设小型乡村医院。

① 冉文忠：《野生白头叶猴的现状：分布、数量、栖息地利用和种群生存力分析》，北京大学生命科学学院博士学位论文，2003年。

② 申兰田、李汉华：《广西的白头叶猴》，《广西师范大学学报（自然科学版）》，1982年第4期，第31页。

潘教授还制定了把生态保护和提高周边社区群众生活质量结合起来的生态旅游规划，建立了崇左生态公园。

这些为当地百姓着想的做法换来了他们的真心回报。他们不但自己停止偷猎，还积极举报继续偷猎的人；他们不但自己主动退耕，还积极动员其他人为子孙后代保留生态财富。经过16年的努力，当地老百姓的生活水平有比较快的提高，崇左基地的白头叶猴数量也从1997年不足100只发展到现在的700多只，初步实现了生物多样性保护和经济发展的双赢，初步实现了自然保护与社会和谐的协调统一。

潘教授在崇左的实践表明，保护生物学并不是一个纯粹自然科学的研究领域，它还是一个结合了历史学、社会学、经济学等人文和社会科学的交叉研究和实践领域。科学家必须与当地人结合，只有当地人心甘情愿地进行参与性保护，白头叶猴和当地人才能赢得可持续发展的未来。

潘文石教授的自然保护经历了从依靠行政命令到动员当地人参与的转变，这在一定程度上反映了中国社会发生的转变。政府是自然保护的主要力量，但政府不是万能的，只有把草根群体和当地百姓的积极性调动起来，中国的自然保护才能真正走上可持续发展的道路，和谐社会才能从美好的理想变成现实。中国的自然保护需要借鉴国外的先进理念和做法，但是，中国的自然保护只能立足于中国大地和民众。潘文石教授的探索无疑契合了国际环境保护的新潮流，但它无疑也是中国的，是靠不畏寒暑、观察熊猫和猴子得来的。从这个意义上说，越是中国的，也越是世界的。

（本文的日文版原载『行政命令型保護から参加型保護へ——潘文石教授による中国の自然保護の模索』，「*Ajiken World Trend*」（日本），No.214， 2013年7月号）

菲律宾的土壤调查、土壤侵蚀和土壤保护

土壤是人类生产和生存的基础，也是人类文化的造物。早在公元前1500年的吠陀经典中，就有描述土壤与人的关系的格言："我们依赖这一捧土生存。善待土壤，它就能给我们长出食物、薪材、居所和美景；滥用土壤，它就会带着我们一起崩溃和死亡。"为了更好地利用土壤，人类发明了一系列认识土壤特性的方法。在这一方面，中国取得了丰硕成果。在《禹贡》中，中国人已辨认出9种土壤。在《管子·地员篇》中，中国人已辨认出90种土壤。但是，采用现代科学方法对土壤进行调查是在19世纪后期从美国开始的。1899年，美国国内开展"全国合作土壤调查"项目，这是现代土壤调查的开端。同年，美国从西班牙殖民者手里夺占了菲律宾，美国在菲律宾建立的军政府在菲律宾开始进行土壤调查，随后的自治政府和民族主义政府积极面对菲律宾的土壤侵蚀状况，实施土壤保护工程。但是，研究历史上土壤与人类关系的土壤环境史却是一个正在兴起的研究领域。菲律宾土壤环境史以其独特的热带自然和人文环境成为值得探讨的新课题。

菲律宾的土壤调查

土壤调查是用实地观察和科学分析等方法，依据土壤的自然和化学特性进行分类和功能区分的过程。现代土壤调查制度是美国科学家在德国土壤科学研究成果基础上发展出来的。为了把菲律宾变成美国需要的"模范殖民地"，美国殖民政府希望改变菲律宾农业的落后状态，通过移植美国先进科学的农业方法来开发菲律宾肥沃的土地。1901 年，美国在菲律宾成立了农业局，负责土壤调查。菲律宾的土壤调查过程大致可以分为三个阶段。

第一阶段从 1903 年到 1941 年。最早在菲律宾进行土壤调查的是美国科学家克拉伦斯·多尔西。他受雇于农业局，1903 年在八打雁省开展土壤调查。他进行土壤调查有两个目的：一是摸清菲律宾的土壤资源状况，为美国推行自己的农业方法服务；二是为美国正在开展的土壤调查研究和实践提供异域资料和实例。后来，调查报告以《菲律宾土壤状况》为题发表在农业局的公报上，这是第一份关于菲律宾土壤的文献。到第二次世界大战爆发前，菲律宾总共在24 个省进行了土壤调查，其中 8 个省的调查报告公开出版。在这一时期，主要采用野外勘查的调查方法，对土壤侵蚀的描述大都是比较模糊的、定性式的。

第二阶段从 1945 年到 1973 年。经过二战的短暂中断之后，菲律宾土壤调查进入第二阶段。本时期的土壤调查主要是在美国培养的菲律宾土壤专家、土壤保护调查局局长马科斯·阿里坎特领导下进行的。1951 年，根据菲律宾共和国第 622 号法案成立了土壤保护局，负责土壤调查。这意味着菲律宾土壤调查的重点由调查土壤侵蚀转向土壤保护。1964 年在各省设立了土壤保护局的办公室，划分了省级土壤调查区。在这一时期，共完成了 75 个省的土壤调查，识别出总共 348 个土壤系列，绘制出了土壤分布图，指出了相应的土地利用类型，对土壤侵蚀严重地区提出了修建水利工程的建议。

第三阶段从 1973 年到 1986 年。1973 年，受到美国国际开发署推广的"土壤管理支持服务"项目影响，菲律宾土壤调查采用美国农业部推出的新分类法，重在依据土壤类型提出农业技术转移的对策和建议，进而达到粮食自给自足的目标。因此，本时期的调查重点在于冲积平原，包括四大水利工程所在地，据此又甄别出 59 个土壤系列。1986 年，打拉省的土壤调查完成，这意味着菲律宾土壤调查正式结束。

土壤调查为科学生产和进行合理的基础设施建设提供了基础资料，任何一块土地的利用都要与土壤的类型和特性相适应。土壤调查是认识土壤侵蚀和进行土壤保护的前提，土壤保护方案的设计需要建立在对土壤状况的清楚了解基础上。

菲律宾的土壤侵蚀

土壤侵蚀指土壤在风力或径流作用下被剥蚀、搬离地表的过程。在菲律宾，土壤侵蚀主要是由径流引起的，包括三种类型，分别是片蚀、沟蚀和岸蚀。片蚀是在山坡上发生的大面积侵蚀，沟蚀是水流切入地面形成的侵蚀，岸蚀是水流对河岸土壤冲刷形成的侵蚀。这三种侵蚀中，第一种受害面积大，但是渐变的；第二种对土地伤害最大，土壤报废情况严重；第三种对堤岸压力最大。

菲律宾的土壤侵蚀状况可以从全国和地方两个层面以及单位面积土壤侵蚀率来认识。1946 年，全国土地的 29.9%、耕地的 76.5% 遭到侵蚀。到了 1984 年，全国可转让和支配土地的 69% 遭到侵蚀，公地和林地的 24% 遭到严重侵蚀。虽然统计标准不一致，加之

1946年的数据是估算，但基本上能看出耕地侵蚀面积在扩大的趋势。相对来说，各省土壤调查报告中的数据比较准确和具体。1946年，一半以上土地遭到侵蚀的有13个省，其中宿务省和八打雁省最严重。到1984年，八打雁和宿务的土壤侵蚀率竟然达到80%—85%，马林杜克省达到75%—80%，南伊洛克省和联合省达60%—70%。从单位面积上的土壤侵蚀率来看，菲律宾的情况非常严重。萨凡纳地区每年每公顷损失土壤194.83吨，林地损失210.72吨，刀耕火种地区损失507.99吨。一般情况下，可接受的侵蚀率是每年每公顷3—10吨。显然，菲律宾的土壤侵蚀率不但大大高过可接受水平，而且远远超过美国和西非，位居全世界最高之列。

土壤侵蚀的危害包括直接和间接两种。直接危害主要指快速降低土壤肥力和农业生产率。例如，在中吕宋土壤侵蚀最严重的布埃纳维斯塔地产上，水稻产量降到每公顷只有5—15卡万。间接危害包括由土壤侵蚀引起的干旱、水灾、淤积以及社会问题。干旱和水灾会直接导致减产甚至绝收，淤积不但缩短水利设施的使用寿命，还会破坏近海珊瑚礁，降低渔获量。粮食产量下降造成群众营养不良和疾病，进而产生社会不稳和武装冲突等。

为什么菲律宾会发生如此严重的土壤侵蚀？通常情况下，土壤侵蚀是自然因素和社会经济因素综合作用的结果。就自然条件而言，菲律宾降雨量大而集中，地形多山坡陡，土壤易侵蚀。在人类没有深度介入之前，这只是一种自然或地质现象，因为自然可以恢复，进而形成新的土壤生态平衡。加速的土壤侵蚀毫无疑问是由失当的人类活动引起的，人类或者为了解决贫困问题，或者为了致富而过度利用土壤，打破了土壤形成和维持的平衡状态。

在菲律宾，土壤侵蚀是从地表上的植被清除和随之而来的耕种开始的。西班牙殖民菲律宾后，形成了土地占有极其不均的大庄园制。美国殖民政府和独立后的历届民族主义政府都进行了土地改革，但囿于对土地私有权的保护和地主阶级的强大影响力，土改成效不彰，土地仍主要由地主和农业资本家所有。在菲律宾向世界市场开放后，其农业结构发生了很大变化，沿海地区主要发展面向国际市场的单一经济作物种植园农业。这种集约生产既不能满足菲律宾人民的粮食需要，也不能吸纳迅速增长的适龄劳动力，同时还因为没有休耕期而易于形成土壤侵蚀。沿海无地农民被迫去耕种不太适合定居农耕的边缘地区，原来生活在边缘地区的农民被迫向山地进发。农民在山地地区垦殖的先导是木材公司的商业采伐。在美国殖民时代，美国市场对热带硬木的需求旺盛，独立后的菲律宾政府虽然在很长时间内实行进口替代战略，但从木材出口获得的外汇是支撑民族主义工业化的重要保障。大规模的商业采伐导致森林覆盖率直线下降，从1903年的65%—70%降到1950年的50%，再到1976年的30%，到1992年只剩下8%。据菲律宾环境与自然资源部估算，因森林滥伐造成的土壤侵蚀达到每年每公顷10000立方米，大致上是每年每公顷损失1米厚的土层。商业采伐后留下的空地成为尾随而来的农民开垦的土地。这些来自低地地区的农民都习惯于从事定居农耕，当他们把这种传统带到边缘地区和山地后，土壤上的植被得不到恢复，土壤侵蚀速度加快，产生灾难性后果。原先生活在比较低的山地地区的人群被迫向更陡峭的山地进发，尽管他们仍然采用刀耕火种的生产方式，但因为他们是在生态更为脆弱的上游地区生产，加之局部地区人口密度增高导致休耕期一再缩短，因此不但易于发生土壤侵蚀，而且会从上到下引起连锁反应，山上不能吸收或阻滞的径流不但会在山地形成滑坡和泥石流等灾害，还会把泥土和沙石冲向山脚，毁坏农田和定居点。菲律宾不合理的经济结构和耕作技术的不合理运用是造成土壤侵蚀的主要原因。

菲律宾的土壤保护

从实践来看，土壤一旦离开原来的地表，就很难恢复，因为要把冲到远方的土壤运回原来的地方并恢复其生态功能，无论是从经济上还是生态上看，都是做不到的。所以，最好、最可行的办法就是未雨绸缪，进行科学的土壤保护，把土壤保留在当地，并尽可能提高其肥力和生产力。

在菲律宾，从技术上看，土壤保护的关键是治水和调整耕作方式。具体而言，就是要提高地表的植被覆盖率（植树造林、种草固氮等），进行保护性耕作（轮耕、间作套种、等高线种植、生态缓冲带种植等），修筑保护性工程（梯田、水渠、水坝、分水岭灌溉和治理工程等）。

菲律宾的第一个示范性土壤保护工程是1941年启动的布埃纳维斯塔地产项目。该地产项目占地面积30公顷，位于农村骚乱的中心地带。保护计划的重点内容有两项：一是划分不同的生态功能区，如粮食生产区、果树区、牧场、林地和池塘等，形成土壤营养的良性循环链。二是把原来单一种植水稻改为多种经营，满足当地人的多种营养需求。该项目实施不但修复了土壤肥力，有效增加了收入，还把当地人稳定在土地上，使之无暇去打家劫舍，缓解了社会矛盾。该项目以其在生态、经济和社会效益等方面发挥的良好综合效益而成为菲律宾土壤保护的示范工程。

菲律宾的土壤保护由相关政府机构和非政府组织共同推动。政府机构包括农业部土壤局、环境保护与自然资源部以及国家灌溉局。根据第461号总统行政令，土壤局负责评估、开发和保护全国的土壤资源。环境部主要负责土壤保护中与环境有关的问题。灌溉局负责保障土地利用中的用水和排水需要。如果说政府机构在土壤保护中主要利用美国、日本、澳大利亚的技术和方法的话，那么非政府组织主要就是致力于对传统农耕知识进行赋权。例如，被西方殖民者诬为森林滥伐之罪魁祸首和落后生产力代表的轮耕技术，不但其价值得到重新发现，而且还通过延长休耕期和扩大休耕面积变成了一种既有利于土壤保护又能传承传统文化的先进技术。从这个意义上说，菲律宾的土壤保护虽然是从学习美国经验开始的，但它最终变成了美国经验和菲律宾传统的有机结合、科学保护和地方性知识再发现的有机结合。

但是，菲律宾土壤保护并未达到预期目标，其原因可以从直接和间接两方面来分析。直接原因是相关机构缺乏足够的资金、人力和设备，推动保护项目时力不从心。另外，农民缺乏相应的资金支持和技术知识，没有能力身体力行保护土壤。间接原因在于菲律宾的政治和经济结构。中央政府负责土壤保护的布局没有足够的权力促使地方政府从事土壤保护，在土地上从事耕作的农民因为产权不明确而不敢或不愿在土壤保护上投资。从这个意义上看，菲律宾的土壤保护任重道远。

总之，菲律宾的土壤侵蚀非常严重，制约着经济社会发展，与此同时，土壤保护之路异常艰难。这说明，土壤侵蚀和土壤保护不只是一个狭义的环境或技术问题，还是一个与经济社会和政治紧密相关的复合问题，解决之道在于进行全方位的改革。

（本文以《菲律宾：对土壤最好的保护是未雨绸缪》为题发表于2016年6月30日的《社会科学报》）

菲律宾的海洋环境问题与海洋资源保护

　　菲律宾是世界海洋生物多样性最为丰富的国家之一，随着人口和经济的增长，海洋环境遭到严重破坏，引起国际社会广泛关注。菲律宾尽管科技和经济仍不发达，但在海洋环境保护方面已然走到世界前列。环境史研究虽然已有40多年的历史，但海洋环境史研究仍处于起步阶段。[①]菲律宾的海洋环境史研究是一片尚待开发的处女地，其海洋环境问题的现状如何，什么原因导致了海洋环境问题，以及菲律宾在海洋环境保护方面做了什么等，都是值得探讨的问题。

一、菲律宾的海洋环境问题

　　菲律宾有7107个岛屿，海岸线36000千米，内水大约220万平方千米，包括沿海水域26.6万平方千米和190万平方千米的海洋水域，全国54%的都市和62%的人口在海岸区。沿海有巨大的海洋

[①] 参看拙作《海洋亚洲：环境史研究的新开拓》，《学术研究》，2008年第6期；《国际环境史研究的新动向》，《南开学报（哲学社会科学版）》，2010年第1期。

生态系统，其中包括2.5万平方千米的珊瑚礁、海草和海藻床，另有13.8万公顷的红树林。菲律宾是世界上海洋生物多样性最为丰富的国家之一，其经济价值巨大，据估计，仅珊瑚礁每年就能为菲律宾经济贡献至少10亿美元。但是，菲律宾的海洋生物多样性20世纪80年代后大幅度减少。到底有多少海洋物种减少或海洋环境遭到破坏尚不完全清楚。在菲律宾南部，出现鱼种灭绝的现象。在宿务岛和内格罗斯岛之间的塔尼翁海峡，舡（船）鱼于20世纪80年代绝迹。1999—2000年，阿里圭岛周围的两种深海资源芋螺和玛瑙贝迅速灭绝。莱特湾的鱼类资源储量迅速下降，原来每次可以捕获50千克，现在每天只能捕获0—5千克。

菲律宾位于珊瑚起源和珊瑚多样性最为丰富的珊瑚三角（包括菲律宾、印度尼西亚、马来西亚、东帝汶、巴布亚新几内亚、所罗门，共16亿英亩，占世界珊瑚总量的75%）之中心，因为珊瑚只能生长在水温超过18度、不能深过25米的水域。菲律宾珊瑚礁的生物多样性比公开海域高100多倍。在菲律宾，有488种珊瑚，2000多种珊瑚鱼，5000种蛤、蟹、贝和其他软体动物，1000种海藻和数不清的其他海洋生物。每平方千米珊瑚礁每年可以提供20吨鱼，价值200万比索，能供养700—1000人。珊瑚礁还是抵御大浪和台风的第一道防线，也是进行海洋旅游、研究和教育的基地。但由于人为影响，菲律宾的珊瑚礁遭到严重破坏。根据2004年的研究，在菲律宾只有0.24%的珊瑚礁仍处于优质状态。扼杀珊瑚的主要杀手是淤泥，因为它会窒息珊瑚虫，把水变浑使之无法进行光合作用。另外，珊瑚受损导致珊瑚鱼无法生存。1982年普查时查明的632处珊瑚礁中，大约70%的活珊瑚覆盖不足50%，到20世纪90年代后期，活珊瑚覆盖不足的比例上升到80%。显然，覆盖不足的珊瑚礁已不再适合珊瑚鱼生长。

红树林是海洋环境的重要组成部分，主要生长在河口、海湾、沿海潟湖和海岛上。这些地方因高温、盐分大而不适合其他树种生长。红树林既是从海星到猴子等生物的栖息地，又能抵御海浪，保护沿海免受侵蚀，对沿海居民的生计非常重要。红树林据说源于东南亚，然后蔓延到世界热带其他地区。国际自然保护联盟（IUCN）把菲律宾列为海洋生态体系多样性之"核心中的核心"，认为它是世界上大约一半的红树林的故乡。在过去50年，世界1/3的红树林遭到破坏，菲律宾的比例高达80%。

总之，菲律宾的海洋环境多样性和原始性比较强，但它正面临着严重的衰退和破坏。对海洋环境的破坏不但影响了海洋环境本身的质量和生物多样性，甚至还影响到菲律宾人的生产和生活，因此，菲律宾的海洋环境破坏既是菲律宾的不幸，也是地球环境的灾难。

二、菲律宾海洋环境问题的成因

菲律宾海洋环境问题的成因复杂多样，既有自然变化的因素，也有人为破坏，其中人为因素对海洋环境的破坏作用越来越大。另外，海洋环境并不是一个孤立的单位，它与陆上环境紧密相连。探讨海洋环境问题的成因就是集中探讨人在海陆环境中生产和生活对环境的影响。从菲律宾环境史的视角来看，造成菲律宾海洋环境破坏的主要因素包括过度捕捞和滥伐森林等。

渔业是菲律宾的重要产业，它经历了一个规模不断扩大、捕鱼方法不断改进、对海洋生态影响不断加强的过程。1799年，菲律宾人口达到150万，开始对海洋环境产生影响。1866年，西班牙殖民政府颁布"水域法"，规定了殖民国家统治的水域范围，并对捕鱼和采集其他海洋产品加以约束。19世纪末，国内外的渔产品贸易逐渐展开。1907年，美国渔业委员会的科考船来到菲律宾，对其渔场进行考察。此后不久，日本渔民率先到菲律宾海域捕捞金枪鱼。二战后，美国的捕鱼船来到菲律宾群岛进行探索性捕鱼。[1]直到20世纪40年代中期，如果用珊瑚礁来衡量海洋生态系统的状况的话，菲律宾的渔场状况是优良的。[2]

独立后，菲律宾渔业大发展。菲律宾渔业大体上分为三部分，分别是都市渔业（使用3吨以下渔船、在水深不超过7英寻的浅水区作业）或小规模渔业，即商业渔业（使用3吨以上渔船、在水深超过7英寻的水域作业）或大规模渔业，即水产养殖业。1977年，菲律宾的都市渔民超过50万人，拥有渔船316322艘；从事商业性捕鱼的渔民有42047人，拥有总吨位达59700吨的渔船2546艘。水产养殖分为黑水养殖和淡水养殖两类。1977年，菲律宾淡水养殖达432273公顷，黑水养殖为252614公顷。1970—1980年，渔业产值增长了5倍，从19亿比索增加到112亿比索。1980—1981年，渔业产值增长了23%。虽然渔业对国民生产总值的贡献率依然接近4.5%，但渔业在初级产业中的比重从1970年的15.8%提高到了1982年的20%，这说明渔业在同期比农业和林业增长得更快。[3]1997年，渔业占国民生产总值的3.8%，虽然比例有所下降，但绝对值大大增加。渔业中雇佣的员工总数接近100万，若以每家5—6人来算，全国约7.4%—8.8%的人口直接依靠渔业为生。当年渔业出口达173887吨，价值5.49亿美元。从菲律宾渔业在世界渔业中的地位来看，1995年，它的产量占世界总产量的2%，是世界第十

---

[1] John G. Butcher, *The Closing of the Frontier: A History of the Marine Fisheries of Southeast Asia, c.1850–2000*, Institute of Southeast Asian Studies, Singapore, 2004, pp.111–116.

[2] Angel C. Alcala, *Marine Reserves in the Philippines: Historical Development, Effects and Influence on Marine Conservation Policy*, The Bookmark, 2001, pp.3–4.

[3] Asian Productivity Organization, *Fishing Industry in Asia and the Pacific*, Nordica International Limited, 1988, pp.404–405.

二大渔业生产国，是世界第四大海藻和其他海洋植物的生产国。[①]
2007年，渔业产值达1805亿比索，其中商业性海洋捕捞的产值达
547亿比索，水产养殖616亿比索。2007年，菲律宾向美国、日本、
欧盟等出口了17.3万立方吨、价值1.54亿美元的鱼产品。全国受雇
于渔业及其相关产业的人数约为160万，约占劳动力总数的5%。
生活在沿海的大约100万户家庭以沿海或海洋渔业为生，其中约
76%是低收入家庭。现在，菲律宾已是位列亚洲第二、世界第八的
渔业生产大国。

在渔业大发展的同时，捕鱼技术也更具破坏性和危害性。主要
表现在经常使用毁灭资源的捕捞工具，喜欢采用破坏性捕捞方法，
如各种形式的拖网（trawling）、潜网（muro-ami net fishing）、炸鱼
（blast fishing）、氰化物毒鱼（cyanide fishing）等。从20世纪30年
代末到20世纪50年代中期，拖网逐渐成为主要的捕捞工具，渔获
量也最大。但到1949年，使用拖网导致鱼量减少的副作用明显显
现出来，但直到20年后，渔业和海洋资源局才意识到这个问题，
并开始明令禁止使用拖网，但依然屡禁不止。二战前不久，来自冲
绳的渔民带来了潜网捕鱼法。渔民敲击珊瑚礁产生噪音和干扰，迫
使鱼游入渔网。[②]1946年，炸鱼法流行起来，在20世纪70年代初达
到高潮，这种方法直到现在仍在继续使用。炸鱼毁掉了大部分珊瑚
礁，进而毁坏了珊瑚鱼生长的环境。针对炸鱼的法律并没有及时发
挥作用。最新的毁灭性捕鱼法是使用氰化物毒鱼。使用氰化物可以
吓阻和固定鱼群，毒死部分鱼类和其他无脊椎动物。

威胁海洋生态系统的另一个重要因素是来自陆地的淤泥。淤泥

① Masahiro Yamao, Rodelio F. Subade (eds.), *Fisheries Today in the Philippines*, Faculty of Fisheries, Kagoshima University, 1999, pp.27–28.

② 秋道智彌编著：「海人の世界」，同文館，1998年，第343—368頁。

不但会令珊瑚虫窒息，还会把水弄浑浊，使珊瑚无法进行光合作用。淤泥主要是陆上和海岸带森林滥伐招致水土流失而形成的。菲律宾的森林覆盖率在1957年是44.3%，到1992年就只剩下了8%。森林滥伐造成严重土壤侵蚀和水土流失。侵蚀的土壤不但淤积在河道，还冲入沿海红树林沼泽和海洋。红树林不但是许多具有重要经济价值的鱼类孵化和栖息的地方，也是浅海有机营养物质的一个源泉。1920年，菲律宾的红树林面积约为45万公顷，但在推动经济发展的时期，红树林因人们收集薪材和建材以及修建鱼塘而不断被砍伐，面积急剧减少，到20世纪90年代，约有80%的红树林被毁。陆上生态系统的破坏必然引起海洋生态系统的破坏。来自岸上的淤泥直接毁掉了海洋中的珊瑚礁。例如，在巴拉望岛北部的厄尔尼多，从1986年的5月到12月，就有因森林滥伐而流失的49090吨土壤被冲进附近生长珊瑚礁的海域，导致一半的珊瑚礁死亡，不但破坏了海洋环境，还造成了渔业和旅游业的巨大损失。[①]珊瑚生长极慢，一年都长不到一厘米，毁掉后就极难恢复。

　　无论是畸形的渔业还是森林滥伐都是菲律宾片面发展战略的具体表现。渔业和林业都是菲律宾传统产业中的重要组成部分。在出口导向工业化战略中，渔业和林业都占有重要位置。

　　自殖民时代以来，鱼和森林都被看成是取之不尽、用之不竭、没有成本但又能产生价值的商品。生产和出口鱼产品和林产品几乎是无本万利的买卖。1932年，菲律宾颁布了第一部既综合又具体的渔业法，将渔业划分为商业性渔业、咸淡水养殖业和沿岸渔业，前两者为中央政府渔业局分管，并规定从中征收渔业税。菲律宾的渔业制度比较简单，对使用3吨以上渔船的商业性渔业实施由中央政

---

① 包茂红：《森林与发展：菲律宾森林滥伐研究（1946—1995）》，中国环境科学出版社，2008年，第37页。

府渔业局批准的渔业许可制度，但对禁渔区、禁渔期乃至渔船数的限制上均无明文规定。由此可见，在殖民时期，菲律宾渔业就是政府获取税收的重要来源之一，尚未意识到如何可持续利用海洋资源。①

独立后，菲律宾民族政府继承了殖民政府的现代理念和做法，进一步采取措施推进渔业和森林产业的现代化。1975年5月，菲律宾政府颁布菲律宾渔业法，规定地方政府对其沿海3海里水域和内陆水域拥有资源管理和使用权。3吨以下船只在此水域范围内从事捕捞作业，必须由市政府发给执照，进行管理。地方政府为了增加收入和就业，既不顾海域的承载力，也未严格执行法律。20世纪80年代末，根据总统颁布的704号法令和渔业管理行政令，菲律宾粮农部颁布了外国渔船空船包租申请作业办法。1998年，菲律宾再次颁布渔业法，规定第一要保护国家的渔业和水产资源，第二要减贫和提高城市渔民的生计，第三要在生态限度内提高水产养殖的产量。在不断制定相关政策的同时，菲律宾还建立了相应的渔业管理机构。负责渔业和水产资源开发、管理和保护的政府机构是隶属于自然资源部的渔业和水产资源局。该局下设14个处，负责执行菲律宾渔业生产和保护的政策和规划。另外，渔业和水产资源局还在各地设立了13个地区办公室，负责政策和规划在当地的落实。与渔业和水产资源局平行的还有两个部门，一个是渔业产业发展委员会，另一个是菲律宾渔业发展局。前者负责政策的制定和评估，后者负责监管渔业市场。但是，正如波莫罗伊和卡罗斯所说："渔业中的问题在20世纪80年代末和20世纪90年代持续恶化，政府实施的规章制度和采取的发展措施在促进可持续发展方面都是无

① Peter Boomgaard, *Southeast Asia: An Environmental History*, ABC - Clio, 2007, pp. 264–266, pp.310–313.

效的。"①

林业中的情况也是如此。尽管菲律宾政府出台了许多林业政策，采取了很多措施希望能提高林业产值，同时通过鼓励植树造林和建立森林保护区来保持森林覆盖率，但是这些作为都没有达到预定目标。②

问题的关键在于菲律宾长期实施的进口替代工业化战略。进口替代的本意是通过对进口商品和所需外汇的管制来限制进口并保护民族工业发展，但是这一战略是民族主义与新殖民主义相结合的产物，因此对国内林业和渔业的保护与出口林产品和鱼产品并行不悖，其结果只能是尽可能快地从森林和海洋获得林、鱼商品，尽可能快地创造利润和效益，在当时的环境意识和环境运动条件下，破坏海洋环境和森林生态就成为不可避免的必然结果。

三、菲律宾的海洋环境保护

然而，海洋环境是一个整体，其承载力是有限的，过度利用必然影响它的可持续性和完整性。随着菲律宾民主运动的开展和国际环境主义运动对菲律宾的关注，菲律宾的海洋环境保护逐渐提上各级政府和非政府组织的议事日程。在1981年出版的一份关于菲律宾珊瑚礁状况的报告中，戈麦斯等学者经过5年深入调查和比较研究后指出："全世界没有任何一个地方像菲律宾这样如此严重地直接或间接地破坏珊瑚礁。如果还想让它为沿海生产做出重要贡献，

---

① R. Pomeroy and M. Carlos, "Community-Based Coastal Resource Management in the Philippines: AReview and Evaluation of Programs and Projects, 1984-1994", *Marine Policy*, Vol.21, Issue5, 1997.

② 有关菲律宾林业方面的问题，请参看拙著《森林与发展：菲律宾森林滥伐研究（1946—1995）》。

就必须让它远离人类带来的各种压力。现在就该行动起来，否则就来不及了。"①

其实，早在"巴朗盖"统治时期，菲律宾人就有自己独特的渔业和海洋资源管理体制。它对资源拥有、利用和控制实行自我约束和建立在共识基础上的分散管理，以乡规民约和文化传统的形式表现出来。在西班牙和美国殖民统治时期，殖民者以它没有法律形式而把它变成改造和代替的对象，于是建立起由中央政府控制的官僚机构，依据所谓的科学、系统的法规来管理。独立后的民族主义政府继承了殖民政府的所谓现代管理方法，但也逐渐意识到菲律宾传统文化的现代价值，尝试建立以乡村或社区为基础的资源管理体系，把国家引导和住民、非政府组织的参与紧密结合。1998年的《菲律宾渔业法》也史无前例地聚焦于如何可持续地利用渔业和水产资源。在法律法规的支持下，菲律宾逐渐形成了两种比较行之有效的海洋环境保护模式：海岸带综合管理合作伙伴模式和海洋自然保护区模式。

海岸带综合管理合作伙伴模式的代表是八打雁湾地区示范区项目。八打雁湾总面积220平方千米，海岸线长92千米，最深处达466米，既是重要的船舶航运水道，又是重要的小规模捕捞渔业区和生态旅游区。在20世纪90年代初，八打雁湾地区宣布希望成为重要的工业增长区，但这时已经出现了严重的环境问题，主要表现为未经处理的垃圾和污水排入海岸带水域，破坏珊瑚礁等生境，致使湾内有效渔业作业区缩小，渔业捕获量下降。为防止八打雁湾地区在经济发展时陷入繁荣、污染与衰退的恶性循环，1994年4月28日，重在采取预防性措施和积极行动战略的八打雁海湾示范项目谅

---

① Edgardo D. Gomez ed., *The Reef and Man: Proceedings of the Fourth International Coral Reef Symposium*, Vol.1, Marine Sciences Center, University of the Philippines, 1981, pp.275-282.

解备忘录签署，同时成立了包括湾区各市规划官员、省、市环境与自然资源办公室官员、菲律宾海岸警备队队员和非政府组织八打雁海岸带资源基金会成员的项目核心组。从 1994 年到 1998 年，示范区先后出台了《海岸带环境概貌》《环境管理战略计划》和《废物综合管理行动计划》，项目核心组也演化为更具执行权的八打雁湾地区环境保护委员会。从 1998 年到现在，示范区通过扩大公私伙伴关系而逐渐提高了用于环境治理的投资量，推出了一系列环境修复项目，并向其他相关地区输出和推广海洋环境保护经验。

八打雁湾地区示范区项目的顺利推进取得了明显成效。第一，有力遏制了废物和污水向海湾的排放。八打雁湾地区环境保护委员会多次处理向湾区河流排放污水的酿酒厂和拖轮运输公司，多次要求新立项建设项目进行环境影响评估。第二，有效减少了渔业纠纷。八打雁湾地区环境保护委员会依据不同海域的生态功能把八打雁湾海洋分为仅限于渔业作业和潜水活动的"限制利用区"，船舶活动、天然气管道铺设等专用的"专属利用区"和适宜于共享的"多用途利用区"。这种划分不但合理安排了湾区的利用，还减少了不同利用活动之间的冲突，制止了非法捕捞现象。八打雁湾非法捕鱼活动已经减少 80%。第三，在一定程度和范围内恢复了被破坏的海洋生境。八打雁湾地区环境保护委员会在八打雁市、巴拉延市、卡拉卡市的邻近海域实施人造珊瑚项目，使若干块近海生境得到修复和保护。潘丝琵河修复计划的成功实施让八打雁省不但获得了菲律宾最杰出地方政府单位计划奖，还获得了菲律宾总统环境奖的二等奖。①

如果说海岸带综合管理合作伙伴模式的核心是在保护中利用的

---

① 蔡程瑛著，周秋麟、温泉等译：《海岸带综合管理的原动力——东亚海域海岸带可持续发展的实践应用》，海洋出版社，2010 年，第 224—247 页。

话，那么海洋自然保护区模式的核心就是要在保护中恢复海洋生物多样性。现在，菲律宾建立了大约 500 个国家和地区级的海洋保护区。其中最为典型的是西利曼大学海洋实验室的研究人员与中米沙鄢地区合办的、以社区为基础的苏米龙岛海洋保护区和阿波岛海洋保护区。[①]苏米龙岛海洋保护区建立于 1974 年，位于无人居住的苏米龙岛西侧，面积仅为 0.5 平方千米，是禁渔保护区。但到 1980年，因当地领导人反对而放松了管理，到 1984 年，大规模的偷渔活动导致保护区完全失控。1987 年，新任当地领导人重新重视海洋保护区，采取有力措施加强保护，但好景不长，到 1992 年保护再次被取消。阿波岛海洋保护区建立于 1976 年，位于有 600 多名居民居住的阿波岛旁边，面积仅为 0.45 平方千米。但因为有当地居民介入，保护活动一直延续，没有中断。

虽然这两个海洋保护区的面积很小，但它产生的生态和经济效益十分明显。在苏米龙岛保护区连续被保护 9 年之后，捕食鱼类密度增长了 5 倍，生物量增长了 8 倍。在阿波岛海洋保护区，保护区内捕食鱼类的密度和物种数量 1995 年比 1983 年分别增长了大约 10倍和 4 倍，到 2000 年，增长已超过 15 倍和 20 倍。保护区鱼类的增加对周围海域产生了明显的辐射和增强效应。保护区外的鱼类密度和数量虽然比保护区内要小，但都随着保护区的建立以及保护区幼鱼和成鱼的外流而一直在增加，与保护年限成明显正相关关系，与离保护区的距离成负相关关系。从这两个保护区持续保护和间歇保护的对比中，可以发现，在取消禁渔两年后，苏米龙保护区取得的生态成果完全消失，总渔获量下降 54%。相反，阿波岛海洋保护区因为坚持保护而取得明显经济效益，最初投资 75000 美元设立的保

---

① Angel C. Alcala, *Marine Reserves in the Philippines: Historical Development, Effects and Influence on Marine Conservation Policy*, The Bookmark, 2001.

护区现在每年可以获利 31900—113000 美元。①海洋环境保护带动的旅游业每年为阿波岛居民赢得 12.6 万美元的收入。另外，阿波岛海洋保护区的实践和经验得到了菲律宾国会的承认，并在 1997 年通过的农业和渔业现代化法和 1998 年通过的菲律宾渔业法中加以肯定和推广。

从菲律宾海洋环境保护的实践来看，无论是海岸带综合保护项目还是海洋保护区，都注意利用跨学科研究成果对海洋环境进行整体性保护，都注重发挥国家、公民社会和当地住民的作用，都趋向于使保护所需资金来源多元化。有效的保护在一定程度上弥补了过度捕捞和森林破坏造成的巨大损失，但要完全恢复菲律宾的海洋环境或形成可持续利用海洋环境的机制尚有很长的路要走。

菲律宾是世界上海洋环境多样性最为丰富的国家之一，片面的经济发展战略虽然在一定程度上促进了渔业和林业的增长，但也带来了严重的海洋环境问题，最终导致在经济上得不偿失。在菲律宾国内环境意识不断提高和国际环境主义运动压力的作用下，菲律宾开展了一系列海洋环境保护活动，这些措施在一定程度上改善甚至修复了海洋环境，但这个过程是艰难曲折的，是在各种因素和力量的博弈中推进的。所以，菲律宾海洋环境问题的解决是一个系统工程，海洋环境保护也不可能一蹴而就。

（本文发表于 2014 年 1 月 5 日的《融合》（菲律宾））

---

① Jack Sobel, Craig Dahlgren 著，马志华、张桂芬等译：《海洋自然保护区》，海洋出版社，2008 年，第 267—270 页。

东盟应对全球气候变化

　　东盟国家是全球气候变化的重要贡献者，但不是主要贡献者。其贡献可以从直接和间接两方面来叙述。就直接贡献而言，随着东盟国家工业化和城市化进程加快，温室气体排放量稳步上升，据东盟能源中心估计，东南亚地区与能源相关的温室气体排放将在2017—2040年增加34%—147%。[①]根据世界银行的统计，东盟国家温室气体排放从2015年的2291442.5千公吨二氧化碳当量上升到2020年的2631607.3千公吨二氧化碳当量，在全世界排放中的占比从0.0497%上升到0.0571%。其中，二氧化碳排放量从1394811.8千公吨上升到1687608.9千公吨，甲烷从677516千公吨二氧化碳当量上升到696249千公吨二氧化碳当量，氮氧化物从164177千公吨二氧化碳当量上升到188416千公吨二氧化碳当量。东盟不同国家由于发展水平和经济结构以及资源禀赋存在差异，其对温室气体排放的贡献量也大不相同。在东盟国家中，到2020年，按温室气体排放量从高到低（单位是千公吨二氧化碳当量）的排序是：印度尼西亚（976487.7）、越南（470578.1）、泰国（433773.5）、马来西

---

① ACE, *The 6th ASEAN Energy Outlook 2017–2040*, 2020.

亚（302088.7）、菲律宾（224971.8）、缅甸（128949.4）、新加坡（64266.7）、柬埔寨（42363.2）、老挝（30491.4）、文莱（11914.0）。但人均二氧化碳排放量与发达工业化国家和新兴经济体相比仍然处于较低水平。东盟共有6.606亿人口，年均增长1.08%，其中将近54%的人口生活在城市，并以2.2%的速度增长，估计到2050年城市化率将达到67.8%。东盟的国内生产总值2019年比2009年翻了一倍，达到3.17万亿美元，占世界总量的3.62%，年均增长4.4%，预计到2030年将超过日本和欧盟，成为世界第四大单一市场。东盟的温室气体排放中，化石能源燃烧释放的达1485百万吨二氧化碳当量，印度尼西亚、泰国、马来西亚、越南和菲律宾是主要排放者，电力和供热部门、工业和交通是主要的化石能源燃烧排放大户；土地利用、用地变化和林业释放的温室气体达965百万吨二氧化碳当量，印尼的毁林和泥炭地过度利用贡献最大。除此之外，东盟受到诟病比较多的是区域性烟霾和广泛种植水稻以及刀耕火种导致的温室气体排放。东盟国家生产的水稻占全球总产的将近28%，亚洲总产的31%。就间接贡献而言，东盟快速降低的森林覆盖面积减少了对温室气体的吸收和转化，进而强化了东盟对全球气候变化的影响。2010年，东盟的森林面积为213322300公顷，2019年降低到193503303公顷，年均减少2202111公顷，年均下降率为1%。[①]

温室气体排放导致一系列消极的环境变化。最明显的是平均气温自1960年以来每十年升高0.14℃—0.20℃，而降雨量总体上减少，流行病、呼吸系统疾病和心血管疾病发病率都大幅度升高。然而，东盟国家对全球气候变化的适应能力很弱，脆弱性较强。有学者甚至断言，全球气候变化对东南亚的影响最大，但东南亚的适应能力

---

① Asian Vision Institute, Konrad Adenauer Stiftung, *ASEAN Climate Change Response*, Cambodia, 2022, p.14.

最低。①气候变化导致东南亚自然灾害频发，尤其是洪水、旱灾、台风和滑坡等在进入21世纪后成倍增加。根据德国观察在2019年发布的全球气候风险指数统计，在全球受极端天气事件影响最严重的20个国家中，东盟占五分之一，其中缅甸位列第三、菲律宾位列第五、越南位列第九、泰国位列第十三、柬埔寨位列第十九。在贝尔尼等人的研究中，东盟气候变化风险保费最高的国家分别是越南、菲律宾、印度尼西亚和泰国。②全球气候变化不但对人体造成很大伤害，也会对经济和生存环境造成巨大危害。由于台风增多和海平面上升，居住在沿海低地的人群不得不背井离乡，迁居海拔较高地区。据估计，东南亚77%的人口居住在海岸线地带，其中约2.29亿居住在海岸带生态脆弱地区，如高潮线下地区。从2009年到2020年，自然灾害导致东盟33325人死亡，估计受灾总人数达2.22亿，估计经济损失达973亿美元。就极端天气造成的经济损失而言，泰国占GDP的0.87%，缅甸占0.83%，菲律宾占0.57%，越南占0.47%。随着气候变化的加剧，经济损失会更为严重。据估计，到2100年，东南亚国家因为气候变化导致国内生产总值损失大约可达6%。

应对全球气候变化是每一个国家和公民不可推卸的责任，同时也是联合国和区域组织可以发力的领域。虽然气候变化在20世纪80年代成为政治问题、联合国环发大会在1992年通过了《联合国气候变化框架公约》，但东盟那时主要致力于区域和平整合和促进区域经济合作与发展，对全球气候变化并未做出直接回应。随着全

---

① Herminia A. Francisco, "Adaptation to Climate Change: Needs and Opportunities in Southeast Asia", *ASEAN Economic Bulletin*, 25(1), 2008. 国内的相关研究成果较少，黄栋的《东盟国家应对气候变化政策分析》（科学出版社，2017年）是难得一见的专题研究成果。

② John Beirne, Nuobu Renzhi, Ulrich Volz, "Bracing for the Typhon: Climate Change and Sovereign Risk in Southeast Asia", *Sustainable Development*, 29(3), 2021.

球和区域环境问题越来越严峻，东盟也越来越重视全球气候变化并做出适当应对，并从 2007 年开始从地区一体化层面上直接回应了全球气候变化问题，积极参加国际气候会议，发布自己的应对气候变化宣言和联合声明。东盟连接联合国和东盟各成员国，连接具体的应对气候变化措施和广义的环境保护与可持续发展议程，形成独具特色的东盟应对气候变化目标，即从态度、战略、政策和实践等不同层面平衡和整合经济、社会和环境进程，对气候变化形成可持续性的适应能力。

东盟应对气候变化的目标、行动方案等是逐渐形成和明确的。2009 年的东盟宪章把可持续发展确定为东盟发展目标，《东盟2009—2015 路线图》把应对气候变化设定为六个重要议题之一，"东盟 2020 愿景"要用完善的机制推动建设清洁和绿色的东盟。从此以后，为了协调区域内国家的应对政策和行动、为了让东盟国家和其他发展中国家在《联合国气候变化框架公约》缔约国大会上更好地实现共同但有区别的责任原则，东盟陆续出台了诸如《2019 年联合国气候行动峰会东盟联合声明》等立场文件，申明东盟在全球和区域层面积极参与全球气候行动的意志和行动。东盟还通过了《东盟社会文化共同体蓝图 2025》，列出了优先减排领域，涉及在东盟总体排放中占较大份额的能源、交通、工业、林业和土地利用等部门；倡议增强未来温室气体排放量和减排量的预测能力以及透明度，推动实现更高的净零排放目标；成立相应的工作组，提高东盟应对气候变化的组织能力；号召把减排纳入规划、创新融资机制、加强不同部门以及各级政府和私营部门等利益相关方之间的合作；尽快制定《东盟气候变化倡议》，推动建立应对气候变化的全球伙伴关系。与此同时，东盟从减灾防灾、卫生健康、气候适应、财政支持和保护弱势群体等方面提出了适应全球气候变化的战略举措，尤其强调通过区域内不同部门的合作、发挥现代科技和传统知识的作用来增强东盟的应对韧性。[①]2021年，东盟秘书处发布东盟《气候变化状况报告》，评估和展望了东南亚气候变化的现状和趋势，分析了东盟及其成员国在应对气候变化方面存在的问题和可行途径，指出东盟国家为实现《巴黎协定》的目标而进行合作的迫切性和必要性，对制定东盟减缓和适应气候变化的战略以及2050行动愿景提出建议，总目标是到21世纪后半期通过进行去碳化革命（decarbonizing revolution）实现净零排放。[②]

作为区域性组织，东盟同时在区域和成员国两个层面开展工作。为了从区域层面推动应对气候变化的行动，东盟成立了气候变化工作组。其主要工作包括：执行2019年通过的《东盟气候变化倡议》；联合研究气候变化对东南亚及其不同经济领域的影响，推动各成员国把减缓和适应原则纳入国家发展战略；增强在提高土地利用效率方面的试点项目的合作，以建构农林生产系统的知识体系；强化气候变化和食品安全领域的区域合作网络，推动落实《联合国气候变化框架公约》；积极动员当地群众参与合作项目。在推动成员国应对气候变化方面，东盟主张各成员国按照政府间气候变化专门委员会的指南、按照共同但有区别的责任原则积极减排温室气体并参与全球气候治理；把减轻和适应战略融入国家发展战略和政策中，对适应措施提供财政支持；增强相关知识和技术转移的力度，强化应对气候变化技术的合作。

东盟应对气候变化的具体措施有三种，分别是减少温室气体排放、减缓和适应气候变化的影响。在温室气体减排上，依照《巴黎

---

① The ASEAN Secretariat, *ASEAN Social-Cultural Community Blueprint* 2025, Jakarta, 2016, pp.12–13, 14–17.

② The ASEAN Secretariat, *ASEAN State of Climate Change Report: Current Status and Outlook of the ASEAN Region toward the ASEAN Climate Vision 2050*, Jakarta, 2021, p.2.

协定》和"国家自主贡献"原则，东盟国家都提出了自己的"自主贡献"目标。印度尼西亚要在2030年无条件地把温室气体减排比通常情况下降低29%，如果有诸如充分的国际援助等条件，就可以降低41%。马来西亚要在2030年把单位国内生产总值的温室气体排放比2005年降低45%，其中35%是无条件降低，10%是得到来自发达国家的气候财政支持、技术转移和能力建设支持后的降低。菲律宾要在2030年把大气污染降低70%，其中包括无条件的和有条件的，二氧化碳的减排主要来自能源、交通、废弃物处理、林业和工业等领域。新加坡要在2030年把温室气体排放强度比2005年降低36%，同时实现温室气体排放达峰。泰国要在2030年把大气污染比正常情况下降低20%，如果得到财政、技术和能力建设援助可以降低25%。越南要在2030年把温室气体排放比正常情况下无条件降低8%，同时把排放强度比2010年降低20%；如果得到国际援助或执行全球气候协定新机制，或许可以在2030年把排放强度降低25%。为了如期达到自主减排目标，东盟国家要在2030年前尽快实现碳达峰，在2050年前尽快实现碳中和。

在减缓气候变化方面，东盟通过一系列文件，包括2008年东盟从森林滥伐和森林退化中减少温室气体排放的共同立场文件，2009年东盟就第十五次缔约方会议发布的气候变化联合声明，2010年东盟领袖联合应对气候变化声明等。各成员国也发布了自己的减缓措施文件，如新加坡2007年的气候变化、能源和环境宣言，2009年的环境可持续性和气候变化解决方案等。这些文件的重点大都集中在两个领域，分别是在工业、农业、森林滥伐和烟霾中减缓温室气体排放，找寻和使用可再生能源；强化气候融资，加快实施减缓行动。具体而言，一方面通过去碳技术的开发和转让降低化石能源使用强度，另一方面增加可再生能源的利用（主要是风能和太阳能）。根据"东盟能源合作行动计划（2016—2025）"，到2025

年把能源强度在2005年基础上降低32%，把可再生能源的占比增加到23%。印尼、缅甸和泰国还将发展社会林业作为减缓气候变化的优先事项，从而既强化森林的固碳能力，又改善贫困人口的适应能力。另外，还要通过碳定价和排放权交易与发达国家合作，在气候融资的基础上促进清洁生产。在绿色气候基金、绿色投资基金和适应基金以及灾害风险保险基金框架下，争取更多的资金支持。从2003年到2020年，东盟国家共获得20.34亿美元（不包括新加坡和文莱）的资金支持，其中，印尼获得8.283亿美元，越南获得4.077亿美元，柬埔寨获得2.413亿美元，菲律宾获得1.776亿美元。

在适应气候变化的影响方面，东盟通过讨论和起草宣言，在某些原则上形成了共识。那就是激励相互合作，推进能力建设，吸引私营机构和其他相关者参与，鼓励把适应行动与可持续发展目标结合。在这些原则指导下，东盟通过设立相关机构和项目推进适应和减灾工作。东盟建立了灾害管理的人道主义援助协调中心，降低区域灾害风险。2015年发布了气候变化多部门合作框架，从农业、渔业和林业等方面保障粮食安全。2005年通过了跨界烟霾污染治理协定，从区域层面对发生在部分国家但影响区域甚至全球环境的烟霾进行综合治理。此后还设立东南亚国家泥炭地森林修复和可持续利用项目，在防止森林滥伐的同时强化对泥炭地火灾的管理。"东盟泥炭地生态系统可持续管理计划（2014—2020）"是多个项目的组合，大概需要总投资2.4亿美元，资金主要源于东盟国家、欧盟以及德国等合作伙伴。这些适应措施大都指向两个领域，分别是提升财政、技术和制度领域的适应能力；通过把气候变化对土地、森林、水和水产资源的利用的影响最小化来保障食品和水安全。就适应的具体经济部门而言，东盟国家主要集中在食品和农业、水资源、卫生、林业和生物多样性、沿海和渔业、工业和基础设施、城市和能源等行业。在这些行业，除了强化制度建设和政策执行之外，还要增强透明度，关注妇女和脆弱人群。

随着东盟经济的发展，东盟国家的温室气体排放预估还会增加，从2015年到2040年，单位产值二氧化碳排放将上升140%，要达到自主减排的目标和增强适应力的难度可想而知。不过，无论是从东盟还是从全球出发、无论是从人还是环境角度考虑，东盟虽然已经在应对气候变化方面建立了政策体系、采取了相应行动并取得一定成效，但时不我待，尚需迈出更大步伐，做出更多可行的努力。在突破僵化机制的基础上强化与国际社会的合作，获得更多的资金援助和技术转让，改造自己的传统产业、改善适应性基础设施；用开放的心态广泛吸引各利益相关方参与，发挥各自优势，取长补短，形成合力，共同推动减排和可持续发展；在应对气候变化行动中，重新发现灾民和弱势群体的能动性，对传统防灾和减灾知识赋能，把自救和外援结合起来，在提升应对能力的同时提高适应效率。

（本文简版以《东盟应对全球气候变化在行动》为题
发表于2024年7月18日的《社会科学报》）

篇三

—— 非洲专题 ——

南非和平过渡前后的斯泰伦博斯大学

斯泰伦博斯号称"南非的牛津",不仅因为斯泰伦博斯大学具有很高的学术水平和声誉,还因为它与牛津相似,是个离开普敦大约50千米的大学城。斯泰伦博斯是白人殖民者在南非建立的第二个农业定居点(1679年),仅次于开普敦(1652年)。最早在这里进行拓殖的是荷兰人和法国人,他们利用这里冬暖夏凉、土质优良、水源丰富的优越自然条件,发展了水果种植业和葡萄酒酿造业,为来往两洋航线的船只和开普殖民地的欧洲人提供优质农产品。现在的斯泰伦博斯不但是享誉国内外的大学城,也是享誉世界的南非葡萄酒生产基地。

在斯泰伦博斯垦殖的荷兰和法国殖民者为了满足自己的宗教和子女教育的需要,于1859年建立了隶属于教会的神学学校,1866年建立斯泰伦博斯高中。1879年,为了纪念先辈在斯泰伦博斯建立农业定居点200年,建立了斯泰伦博斯学院。1886年11月6日,为了纪念维多利亚女王在位50周年,把斯泰伦博斯学院改名为维多利亚学院。1915年,本地慈善家马雷斯捐赠10万英镑,为维多利亚学院转型为大学提供了充足的财力,1916年,南非联邦议会通过当年第13号法案(即斯泰伦博斯大学法),准许维多利亚学院升级为斯泰伦博斯大学。1918年4月2日，由四个学院组成的斯泰伦博斯大学（简称"斯大"）正式成立。现在，斯大有5个校区、10个学院（农学，经济和管理学，医疗和健康学，工学、军事科学，艺术和社会科学，自然科学，教育学，法学和神学）和3万多名学生，是一所学科齐全、"影响力非凡"的大学。

之所以说它影响力非凡，关键在于它与南非政治关系密切，在种族主义统治时期发挥了不可替代的、极其重要的作用。可以毫不夸张地说，斯泰伦博斯是南非种族主义的渊薮。在斯泰伦博斯从事种植业的荷兰加尔文教徒和法国胡格诺教徒虽然都在母国遭到排挤，但在南非都变成了自由农民。然而，他们并没有推己及人，知恩图报，相反却形成了种族主义思想和作为。由于白人数量太少，要供应两洋航线上船只和殖民地的需要力不从心，因而大量使用科伊桑人、马来人和黑人奴隶。正是在这个过程中，形成了最初的种族歧视思想。英国殖民者夺取开普殖民地后，实行相对比较人道的政策，这让完全依赖奴隶劳动的阿非利卡人一方面强化自己的民族认同，另一方面把种族歧视思想逐渐发展成种族隔离思想。在这里建立的教会学校、高中和学院，毫无疑问都是崇尚白人优越和血统高贵的白人学校，学生都会受到种族主义的熏陶，原有的种族歧视意识都会得到强化。在南非实行种族隔离制度的20世纪，南非7位总理或总统都与斯大有关。其中斯末资、赫尔佐格、马兰、斯揣敦、维沃尔德、沃斯特都是斯大校友，维沃尔德还曾担任斯大教授，马兰、沃斯特和博塔都曾经担任斯大校监，历届内阁中的许多部长和国会议员都出身于斯大。斯大是名副其实的、分别发展意识形态的知识渊薮，是把阿非利卡语变成学术语言，进而培育阿非利卡民族主义的摇篮，其神学系、政治学系等就是培养执行分别发展政策人才的基地。斯大培养的政治家不仅是种族隔离制度的设计师，也是政策的执行者。

如果说阿非利卡人的特兰斯瓦共和国、奥兰治自由邦和1910年建立的南非联邦主要实行种族歧视（Racial Discrimination）和种族隔离（Racial Segregation）政策，那么1948年之后的南非主要实行"分别发展"（Apartheid）政策。与主要由英国殖民者统治的开普殖民地和纳塔尔殖民地不同，阿非利卡人统治的特兰斯瓦共和国和奥兰治自由邦表面上看是共和国和自由邦，但对非洲黑人实行种族歧视政策。英布战争之后，南非联邦在1910年建立，阿非利卡人全面掌权，在全国推广种族歧视政策，并强化为种族隔离政策。1881—1889年在维多利亚学院学习的赫尔佐格在1924—1939年担任联邦总理。在维多利亚学院期间，形成了反对英国人和土著人的思想。担任总理期间通过了一系列种族主义法律，建立了种族隔离的制度框架。1887—1891年在维多利亚学院学习的斯末资在1919—1924年和1939—1948年担任联邦总理。在维多利亚学院，他逐渐形成自己的政治思想。与赫尔佐格相同的是，他对土著形成了种族主义观点，不同的是他的认识基础主要来自宗教，是宗教种族主义，另外，他接受了后来成为开普殖民地总理的塞西尔·罗德斯的南部非洲联合的思想，逐渐形成阿非利卡人和英国殖民者联合对付数量庞大的土著的主张。在他担任总理时期，通过严厉镇压1922年的兰德罢工等，进一步强化了职业和城市的种族隔离制度。

马兰1883—1890年在维多利亚学院获得学士和硕士学位。作为法国胡格诺教徒的后裔和荷兰归正会的牧师，马兰主张要保持纯正的白人血统。从政之后，他在国民党内组建了纯正国民党派系。1948—1954年担任总理期间，提出并实施了分别发展政策，并把种族隔离制度系统化。1941—1959年还兼任斯大校监。1910—1914年在维多利亚学院学习的斯揣敦1954—1958年担任总理。他在学习法律的过程中重点关注如何保持作为少数的阿非利卡人的权益，执政后进一步强化了马兰的分别发展政策，通过取消开普有色人的选举权来强化对白人优先地位和纯净血统的保障。维沃尔德在斯大学习心理学和哲学，先后获得硕士和博士学位，1927年在游学德国、英国和美国之后回到母校任教，30多岁晋升社会学和社会工作专业的教授。他认为，黑人天生就是，也适合劈柴挑水做苦工。他甚至说，白人女性和黑人男性结婚只能让自己陷入贫困。离开学校后，他先是担任土著事务部长，在斯揣敦去世后担任总理。他依据"独立而平等"的理论设计了"黑人家园"政策，从而最终把黑人变成白人统治的南非的外国人。显然，维沃尔德的政策比马兰和斯揣敦的维持阿非利卡人家长式统治更具种族主义色彩，维沃尔德因此而在全世界臭名昭著，虽然在1961年的暗杀中逃过一劫，但最终没能在1966年的刺杀中侥幸保命。沃斯特1934—1938年在斯大学习。在校期间，积极参加政治活动，除了担任辩论俱乐部主席和学生会副主席之外，还是国民党在斯大的青年组织负责人。也就是说，他在成长时期就已经完全服膺国民党的理想和政策。在1966—1978年担任总理、1978—1979年担任总统的任职期间，不但通过了一些完善和强化种族隔离的法律，还判处曼德拉终身监禁、制造了索维托惨案。1969—1983年，兼任斯大校监。1964—1970年，斯大利用集团住区法，把多年来一直住在武拉科特地区的有色人种和黑人强行迁走，修建了以沃斯特的名字命名的艺术和社会科学大楼。1978—1984年担任总理、1984—1989年担任总统的博塔虽然没有在斯大接受过高等教育，却在1985—1988年担任斯大校监。

虽然这些政治人物的作为受到很多因素的影响，尤其是不同政治势力之间的博弈和时势的左右，但学校的影响无疑是一个重要的基础因素。国内在说到校友与大学的关系时常有一句话，"今日，你为某大而骄傲，明日，某大因你而自豪"。斯大也不例外。他们的做法是用著名校友的名字命名建筑物或为他们竖立雕像。在斯大校园里，会计学与统计学大楼在1963年4月3日被命名为维沃尔德大楼，楼内挂着纪念维沃尔德的画像，学校体育中心被命名为马兰纪念中心。在这里，除了进行室内体育活动之外，还举行一年一度的毕业典礼。然而，世间没有什么是永恒不变的，正所谓"世易时移，人亦异矣"。

1994年，南非实现和平过渡，少数人统治的白人种族主义政权终结，代表大多数人口的非洲人国民大会上台执政。种族隔离从法律和政治上似乎得到解决，非洲人扬眉吐气，当家作主。曾经是种族隔离思想大本营的斯大也揭开了新的一页。1991年，出狱后的曼德拉第一次访问斯大。1996年10月25日，斯大打破不再授予政治人物荣誉学位的规定，授予已经担任南非总统的曼德拉荣誉博士学位。曼德拉接受斯大的学位被认为是和解的标志。曼德拉在毕业典礼上用流利的阿非利卡语发表演说。他说："虽然我们已经相互融合，但我们还将继续在这块辽阔的国土上融合，这仍是我的愿望。阿非利卡学校和阿非利卡人将不再漠视和孤立于我们正在创建的新国家之外，相反，他们将是这个新国家的有机组成部分。"曼德拉最后说，"大家知道，大学在把愿望变成现实中发挥着巨大作用。这就是我接受斯大荣誉学位的原因"。从曼德拉的演说中，可以看出他对大学在国家建设中的作用的重视，他也想用自己的行动告诉学生和教师，彩虹之国需要不同民族和文化共同参与建设。曼德拉的名言也成了"曼德拉日"的主题之一。那就是："我们不必成为历史的牺牲品，因为我们能让苦难过去，然后我们都能收获伟大的未来。"2004年，斯大还授予曼德拉的继任者、南非总统姆贝基名誉博士学位。

曼德拉不仅是这么想的和说的，也是这么做的。面对历史积怨和政治经济现实，曼德拉政府成立由德高望重的图图主教领导的真相与和解委员会，在弄清历史真相的基础上实现和解。毫无疑问，这个政策取得了良好效果，但它并不能解决历史上形成的极度不平等的现实问题。于是，学生先后发起"必须打倒罗德斯运动"、"必须废除学费运动"等。前者要求罗德斯大学改名，推倒罗德斯雕像；后者要求降低学费，解决教学大纲和教学用语中存在的非正义问题。显然，这些运动虽然针对的是提高学费等现实问题，但反映的是非洲人生活水平没有得到根本改善或不如预期的现实，深层含义是对历史上的殖民主义和种族主义没有得到清算的不满。殖民主义和种族主义在新南非的突出表现是白人主导的标准、取向等及其在政治经济和社会生活中形成的结构依然存在。2015年9月1日，斯大学生和教职员工共同发起游行抗议，要求学校对所有族群开放，不但要清除分别发展的恶劣影响，还要改变语言政策，让所有族群的学生都能通过公平竞争进入斯大学习。抗议运动中展露出来的对现状的不满促使学生运动不断深化，后来竟然发展到提出"我们被曼德拉出卖了"这样的口号。这是对和解政策的怀疑，是对执政者的抱怨，是对曼德拉等解放者为了获得白人种族主义政权的让步而做出的让步的不解。换言之，不满现状的学生希望实现真正的去殖民化。具体到斯大，学生们要求消除学校的不公平政策，去除学校残留的种族主义痕迹。

顺应时势变化和学生的正义要求，斯大在2000年3月20日采用新战略框架，承诺开启开放的、广泛的自我审查和自我更新进程，也承认在历史上对不公正所做的"贡献"，并承诺推进适当的纠错和发展议程。南非和平过渡18年后，沃斯特大楼改名，并设立永久图片展，纪念这个不幸的事件；20年后，马兰纪念中心改名；21年后维沃尔德大楼改名，维沃尔德画像被移走，代之以南非国旗。学生还想把矗立在校园中心位置的马雷斯雕像移走，因为他捐款建校是为了提升阿非利卡人的民族利益，但没有成功。不过，学校通过在马雷斯雕像前方树立另一个由学生和教师创作的、名为十字路口的雕塑来实现与马雷斯的对话，通过场景的改变实践了对马雷斯雕像的新认识。确实，历史不容遗忘，但这些"种族隔离之父"应该放置在种族隔离博物馆中供后人评说，而不是置于公立大学勾起学生和老师的不愉快回忆。饶有趣味的是，在移走维沃尔德画像时，维沃尔德的两个孙子也参加了这个活动，而且都表示，他们欢迎这一行动。其中29岁的威廉不但已经加入非洲人国民大会，而且公开为自己祖父的罪恶忏悔，同时在教会做义工为穷人服务。他说："分别发展不仅是一个善意实验的失败，还是一个道德失败，是非正义。"32岁的博斯霍夫承认分别发展政策在执行中出现偏差，但依然认可它的道德基础，甚至身体力行，要在奥拉尼亚建立一个阿非利卡人州。与其祖父的政策不同的是，他要建立的州不剥夺任何人的选举权和公民权，也不强迫任何人迁徙。兄弟俩的不同认识和作为反映出南非白人对历史和现实的多元认识。而这些不同认识和做法的存在和运行以及相安无事说明，彩虹之国确实进入了一个多元一体的新阶段。

然而，仅仅改名和移走雕像还远远不够，学生们要求学习的语言和内容都要去殖民化，进而解构校园里根深蒂固的白人性，从而增强学校的开放性和包容性。虽然早在1977年斯大就声明接收有色人种、黑人和亚裔人学生（当年14100名注册学生中，只有100名黑人学生和550名混血人学生），但因为仍然使用阿非利卡语作为唯一教学语言，学生来源多样化政策事实上并没有落实。2015年的学生运动要求学校把教学用语由阿非利卡语改为英语，因为英语是每个南非人从小学就开始学习的语言，而阿非利卡语与种族隔离有着不可分割的亲密关系，是一种具有压迫性和排外性的语言。使用这种语言教学和研究对已经占到总学生数40%的黑人学生既不公平，又容易勾起伤心的回忆（1976年，索维托黑人高中学生抗议政府把阿非利卡语作为教学用语，遭到残酷镇压）。2016年，学校发布了斯大语言政策，同意以英语为主要教学用语，同时准备投资

7000万兰特使教师队伍多族群化。2021年，学校修订了语言政策，宣布学校执行多语种政策，平等使用阿非利卡语、英语和科萨语，尤其鼓励在课堂和学术会议中使用科萨语。为此在教室和会议室安装了同声传译设备，帮助学生和学者进行跨文化交流。多语种的使用昭示了多元文化的平等地位，也为不同族裔的学生进入斯大提供了公平的机会，更有助于不同族裔的学生形成对斯大和南非的认同。

就研究和教学内容而言，以历史学为例，斯大正在发生根本性改变。"欲知大道，必先为史。灭人之国，必先去其史。"这两句话完全适用和平过渡前后斯大历史学的变化。在斯大历史上，其历史系绝大部分时间都坚持阿非利卡人民族主义，研究和教授阿非利卡人的苦难和英雄历史，强化作为阿非利卡人的民族自豪感、凝聚力和天选之民的优越性。广大黑人、混血人和亚裔人最多只能作为陪衬或"他者"来彰显阿非利卡人的伟大。不能客观对待占人口绝大多数的非阿非利卡人的历史，其实就是为了剥削和压迫他们，类似于通过去其史而灭其国，使其失去在南非生存的合法性，为实行种族隔离和分别发展提供理论支撑。但是，南非和平过渡之后，原来的被统治者翻身做主，与此相适应的是需要赋予非阿非利卡人历史适当地位，需要积极开展研究，并为其在世界历史中合理定位。于是，历史系的人员结构发生了根本改变，由原来白人一统天下变成白人、黑人、混血人、亚裔人应有尽有。教师来源族群的改变带动了研究和教学内容的改变。教授们的研究范围大大扩展，除了研究社会史之外，还开拓了环境史、性别史等新领域，除了研究南非历史之外，还关注南部非洲、整个非洲、金砖国家集团等不同区域的历史。显然，这改变了先前只讲授阿非利卡人历史、对阿非利卡人在历史上扮演的角色盲目自信甚至迷信的状况。教学内容的变化使学生对南非史、非洲史以及世界史都产生了新认识，使南非不同族群的学生都能对斯大产生归属感。更为难能可贵的是，历史学家在揭露阿非利卡人把黑人和科伊桑人看作类人猿或狒狒的虚假叙述基础上，重新从长时段界定了南非不同族群之间的关系，以及不同族群与自然的关系，从而使学生开阔了视野，有助于树立多元共生的历史观和人生观。这对培养处于人类世和全球化进程中的新南非公民发挥了建设性作用。

饶有趣味的是，历史系所在的大楼在失火重修之后，并未沿用先前的命名，而是用曾经给布尔人当向导、在科伊人和荷兰殖民者之间担任翻译或代言人的克柔托娅（1642—1674 年）的名字来命名。荷兰殖民者曾经赋予她爱称"夏娃"或"天使"。显然，以她的名字命名建筑物具有很强的象征意义，以彰显她在不同族群和文化之间发挥的沟通和桥梁作用，进而引导现在的学生和学者要做民族团结和融合的纽带，在尊重多元族群和文化的基础上共同建设美丽新南非，即彩虹之国。

风物长宜放眼量。在历史的长河中，任何国家、任何大学都应该克服短期主义造成的局限，否则，走了弯路再纠正起来需要付出更大的代价，而有些代价是无法弥补的，会成为刻在历史上的一道伤疤。

（本文发表于2023 年7 月22 日的《澎湃新闻·私家历史》）

南非葡萄酒的前世今生

　　希腊先贤说："葡萄酒作为饮料最有价值，作为药最可口，在食品中最令人快乐。"拿破仑说："没有什么会像通过喝一杯香贝坦红葡萄酒来沉思未来一样，让未来变得如此美好。"显然，不同时代代表性人物的赞美之词实际上反映了葡萄酒的主要功能和在社会生活中重要性的变化。随着葡萄酒文化的发展，人们在它的食品属性上添加了文化内涵。葡萄酒和酒神的两重性——痛苦与快乐、恐怖和喜悦——实际上都反映了葡萄酒带给人的感受。其实，作为一种人造物，它的出现和进化不仅是适应当时饮食的需要，也与当地环境息息相关。据考证，葡萄酒最早出现在两河流域，其中的碱性物质可以有效中和以羊肉为主的饮食中的酸性物质。葡萄传到埃及和希腊、罗马之后，受当地自然环境和人类需求影响，其栽培技术不断改进，优良品种陆续推出，酿造技术从自然发酵逐渐变成采用生化技术，葡萄酒的色香味等品质不断改进，其功能也从少数人的饮料变成祭祀之物进而变成大众饮品，在欧亚世界逐渐普及。随着航海活动的开展，葡萄酒也传到海外，开启了自己历史的新页。2023年7月12日，在英国《每日电讯报》读者选出的"地球上最伟大的国家"度假地排名中，南非名列第一，其中世界级的葡萄酒是其受到游客青睐的重要因素之一。就南非的葡萄种植和葡萄酒酿造而言，斯泰伦博斯无疑是最早、最典型的、闻名遐迩的基地。

葡萄和葡萄酒随着欧洲殖民者来到开普殖民地。1652年，荷兰东印度公司在处于两洋航线关键点的开普建立了补给站。1655年，东印度公司在开普的第一任指挥官范里贝克从欧洲引种数千株葡萄树到开普殖民地，1659年酿出了第一批、不到15升的葡萄酒。在1659年2月2日的日记中，范里贝克兴奋地写道："今天，应该赞美主，我们首次用开普葡萄酿出了酒，大部分是密斯卡德，还有其他品种的、颗粒饱满的白葡萄，香味浓郁，美味可口。"但是，真正在南非进行规模性栽培葡萄和生产葡萄酒的是东印度公司在开普的第十任指挥官和开普殖民地的第一任总督范德斯泰尔。他在来南非履新之前，就在阿姆斯特丹经营过葡萄园，生产葡萄酒。到南非后，在繁忙的公务之余，重操旧业。1679年11月6日，在伊斯特河畔创建农业定居点，并用自己的姓命名它为斯泰伦博斯。除了自己拥有葡萄种植园之外，范德斯泰尔还授予每个自由农民至少60摩尔根的土地，鼓励他们发展葡萄等水果和蔬菜种植业。对只有葡萄种植技术的贫困法国胡格诺教徒，除了授予土地之外，还提供贷款和农具。因此，范斯泰尔被尊称为南非葡萄酒业之父，斯泰伦博斯成为南非葡萄酒业之核心。

在东印度公司统治时期，由于运输不便，加之公司采用固定低价收购，自由农民生产积极性不高，葡萄产量迟迟不能提高，葡萄酒的质量乏善可陈。英国占领开普殖民地后，南非的葡萄酒生产迎来黄金时代。因为英国废除了原来的固定价格收购制度，允许生产商之间进行竞争，另外开普生产的葡萄酒主要用于出口广大的英国市场，于是，葡萄园主和葡萄酒生产商积极性大大提高，不但乐于投资并引进先进生产技术，而且在竞争中迅速按照英国标准提高葡萄酒的质量。开普殖民地生产的康斯坦蒂亚干红和干白葡萄酒在英国、法国、新西兰、印度和美国等地颇受消费者欢迎。极具传奇色彩的是，拿破仑在流放圣赫勒拿岛期间，几乎每天都喝来自开普的康斯坦蒂亚，据说他临终前（1821年）只许在他的床上放一瓶康斯坦蒂亚。如果说拿破仑那时是落魄者，其行为不足以证明康斯坦蒂亚在上流社会的流行，那么当时在位的英、法国王对康斯坦蒂亚的喜爱肯定能够说明问题。英王乔治四世曾经订购60大桶康斯坦蒂亚，法王路易-菲利普在1833年订购了1200多升康斯坦蒂亚干红和1000多升康斯坦蒂亚干白。法王成为当时开普康斯坦蒂亚葡萄酒的最大消费者。不仅如此，康斯坦蒂亚还成为大众消费品，出现在当时英、法流行的戏剧和诗歌中。康斯坦蒂亚供不应求，于是在开普发生冒名顶替的现象，那些种植邦达克、密斯卡德、芳蒂娜等白葡萄的葡萄园生产的干白也贴上康斯坦蒂亚的商标在英国销售。在当时知识产权保护不那么严格的情况下，这反而促使开普葡萄酒厂家不断设法引进新品种，提高生产技术，改善葡萄酒的品质。

然而，好景不长。在南非国内，英国统治的开普殖民地逐渐废除了奴隶制，一方面导致劳动密集的葡萄种植业和葡萄酒产业的生产成本大幅度上升，另一方面客观上迫使1.2万名布尔人大迁徙，带走了技术和财富。1866年在金伯利发现钻石矿、1886年在兰德发现金矿，采矿业吸引了大量资本，恶化了开普葡萄酒产业投资缺乏的状况。另外，两次英布战争造成国内消费市场疲软。屋漏偏逢连夜雨，19世纪中期以后欧洲国际局势的变化对南非葡萄酒生产和出口造成重要影响。欧洲局势的持续动荡造成对南非葡萄酒的需求减少。拿破仑战争后，英法之间达成关税互减协议，法国优质葡萄酒如潮水般涌入英国市场，与出口到英国的开普葡萄酒形成激烈竞争。1869年苏伊士运河开通，途经开普敦的来往船只迅速减少，对南非葡萄和葡萄酒的需求随之减少。南非的葡萄酒产业陷入低谷。

1910年南非联邦建立，国内局势逐渐稳定，国内统一市场逐步形成，南非在英帝国的地位得到改善，南非葡萄酒生产迎来新机遇。1918年，为了改变葡萄酒生产疲弱不振的状况，成立了"南非葡萄酒生产合作社"，希望通过生产商之间的合作解决生产过剩问题，提高葡萄酒品质，扩展国际市场，尤其是斯堪的纳维亚市场。合作社严格规范了从批准建立新葡萄园到限量生产、从葡萄树品种引进到葡萄采摘加工、从葡萄酒生产技术到品牌声誉维护等具体事项。到1924年，全国95%的生产商都加入合作社。在酿酒方面，斯泰伦博斯大学在1925年聘请酿酒专家佩诺特担任葡萄栽培学教授，1927年转任合作社首席酿酒师。他与斯大葡萄栽培系的其他专家合作，通过杂交和嫁接成功培育了皮诺塔吉新品种，并在1941年生产出皮诺塔吉葡萄酒。皮诺塔吉葡萄树以其具有很强的抗病能力著名，皮诺塔吉葡萄酒以其优质美味而闻名于世，成为南非葡萄酒的招牌。这意味着南非葡萄酒生产终于改变了作为旧世界一个分支的局面，形成了自己的品牌，走向自立自为的葡萄酒生产之路。1935年，南非和法国签署水产和水果优惠关税协定，南非葡萄酒打入法国市场。第二次世界大战后，国内外市场需求稳步上涨，南非葡萄酒产量在1955年达到3000多万升。

但是，这种兴旺的状况再次因为政治和外交原因而受挫。1948年后，南非白人政府实行种族隔离政策，进入20世纪60年代后变本加厉，实行分别发展和黑人家园政策。这种侵犯南非大多数人人权和尊严的系统行为在国际上遭到严厉谴责和制裁，殃及南非的葡萄酒出口。为了改变增产不增收的状况，合作社在1957年制定了最低价格和限制生产标准，1973年与开普葡萄酒生产商、南非政府共同制定了葡萄酒产地分级体系，规范了全国的葡萄酒生产。20世纪80年代末，南非白人政府开始和反政府的黑人解放运动组织和解，并在1991年解禁非洲人国民大会、释放曼德拉，最终在1994年实现和平过渡。

随着南非民主化进程的加快，国际社会在20世纪90年代初逐步解除了对南非的制裁，对南非的投资迅速增加，南非葡萄酒生产和出口迎来新时代。1991年，合作社解除了限量生产的规定，来自欧美的投资不但增加了葡萄园和酒庄的数量，还创造了新的品牌。适应形势的剧烈变化，合作社在1997年转型为公司，不再购买过剩的葡萄生产白兰地，而是促使酒庄提高葡萄酒品质，生产高端酒。到2003年，南非葡萄总产的70%多用于生产葡萄酒，这与1990年只有30%的葡萄用于生产葡萄酒形成鲜明对照。根据1989年的《酒产品法》，农业部成立了葡萄酒和烈酒委员会，负责执行葡萄酒分级制度。与合作社负责分级不同，委员会不再以产地为分级标准，而是以葡萄酒的品质和声誉来分级。2022年，南非成为世界第八大葡萄酒生产国，产量达到10.2亿升，占世界总产量的3.9%，种植面积达12.6万公顷，占世界葡萄种植总面积的1.7%，位列第15位。由此可见，南非葡萄酒的附加值稳步提高，南非的高端葡萄酒以其较高的性价比而行销世界各地。

显然，南非的葡萄酒尽管美味，但由于南非历史变化以及国际社会的反应而起伏不定。这说明，即使葡萄酒是一种让人迷恋的饮品，但也不能独立于历史之外，人类在赋予它各种意义的同时也对它施加各种限制。从这个意义上说，南非葡萄酒是一种历史产物。

作为一种植物的葡萄树和一种饮品的葡萄酒，它们的基本品质深受当地自然环境的影响。葡萄种植需要合适的气候和土壤条件，开普地区得天独厚。地中海式气候使之冬暖夏凉，冬天多雨、夏天干燥以及日照时间长都有利于葡萄生长和果实饱满多汁，开普山脉有利于来自两洋的湿润空气形成雾气，湿润了开普葡萄产区。开普地区从山区到平原分布着侵蚀的页岩砂质土、页岩母质土和沉积土，适合多种葡萄品种生长。多样的地形和合适的气候使开普地区生长着近万种植物，丰富的生物多样性使开普葡萄风味独特，香气浓郁。

然而，葡萄在开普的引种和壮大并不是一帆风顺的，比较突出的危害也来自环境畸变，那就是干旱、土壤侵蚀以及病虫害。来自欧洲和美国的葡萄品种被引种到南非后，迅速适应了开普自然环境，但对来自欧美的各种疾病并不免疫。19世纪后期，在美国东海岸发生了葡萄根蚜病，迅速蔓延到欧洲的葡萄种植区。开普殖民地虽然立即发布命令，禁止从外部引进葡萄活株，但是禁令挡不住真菌和害虫。致命的真菌（粉状霉菌）造成白粉病，根瘤蚜虫造成葡萄树枯萎、腐烂甚至死亡。1886年在开普发现了根蚜病，1898年，根蚜病在开普葡萄种植区蔓延开来。白粉病和根蚜病发生后，开普殖民地采取两种方法化危为机。一是把当地优质的、需要的葡萄品种嫁接在从美国引进、已经具有抗病能力的葡萄根上，进而培育出具有抗病能力的新品种。但是，这种改良需要更多时间和投资，才能让葡萄园走出困境。因为从嫁接到结果至少需要3年，从结果到产出能够酿酒的葡萄又需要几年时间。葡萄园主只有具有充分的资金储备和足够的抗压实力才能渡过这个没有收入的困难时期。二是葡萄园主根据市场需要，改种具有抗病能力的新品种。开普葡萄园先后引种了雷司令、霞多丽、长相思、赛美蓉等白葡萄以及神索、赤霞珠等红葡萄树。从此以后，开普殖民地的葡萄种植和葡萄酒生产焕然一新。

葡萄生产遇到的另一个自然挑战是全球气候变暖和极端天气。从1950到1999年，开普产区生产季的平均气温上升了0.42摄氏度，2000年以来上升了0.52摄氏度。随着气温上升幅度加大，从1988年到2018年，开普葡萄产区多次发生干旱，气温升高，降水减少。

这种变化会导致葡萄种植区域和品质发生变化、产量减少。随着气候变化，原来喜高温、生长周期长的品种就从沿海地带向内陆地区收缩。种植面积减少和生长周期缩短导致葡萄不再饱满，产量下降10%—30%。在葡萄树生长季节，高温会影响其长势，进而造成开花和结果的提前或延后。在开花和结果季节，高温造成葡萄浆果颜色提前发生变化，植株因为剪枝而死亡率提高，酶的催化功能减弱，葡萄味道不够饱满等。在成熟季节，白天气温过高也会影响单宁、糖分和酸的有效合成。另外，气候变化和干旱导致水库水位下降，灌溉用水紧张，成本上升。葡萄的复杂变化必然造成葡萄酒的品种和产量发生相应变化，进而使其价格发生波动，对市场形成冲击。

南非葡萄生产地位于世界著名的开普生物多样性热点地区，但产地能够进行雨养葡萄种植的面积不足7%，其余都要依赖灌溉。换言之，南非的葡萄产地虽然自然条件得天独厚，但也面临缺肥、缺水和杂草以及病虫害比较多的问题，需要大量灌水，使用化肥、除草剂和杀虫剂等化学物质，加之为了提高生产效率大量使用农业机械（电力和石油驱动）进行标准化生产，造成化石燃料的大量消耗。所有这些投入在增加葡萄产量的同时，也带来了环境问题，留下庞大的环境足迹，如较高的碳排放（其中二氧化硫占67%，氮氧化物占20%，氨气占13%），土壤中较高的有毒化学物质含量（其中54%来自使用煤变油发的电，20%来自使用柴油，20%来自使用化肥和其他农用化学物质，6%来自农业生产实践），水的富营养化问题（其中磷酸盐占90%，磷占10%）等，最终对生产者和消费者人体产生致癌物质（其中57.5%来自使用电力的灌溉，35%来自使用柴油，其余来自使用化肥和其他农用化学物质）和非致癌有毒物质（其中45%来自使用电力的灌溉，41.4%来自使用柴油，10.7%来自使用化肥和其他农用化学物质，其余来自农业生产实践）。

南非的葡萄酒在国内销售份额很小，主要用于出口，其认证的葡萄酒2022年的出口额占总产量的92.9%。随着全球环境意识的提高和对食品安全性的重视，南非从20世纪90年代开始发展可持续发展葡萄酒业，有些生产高端酒的酒庄甚至下大力气把自己的酿造工艺提升到生物动力法的生产标准。可持续发展葡萄酒业就是在动植物综合生产系统中因地制宜，在维持自然资源和环境质量的同时，充分利用生态周期和可再生资源，在提高酒庄经济效益的同时，通过保护环境使其持续发展。例如在灌溉中，很多葡萄园采用节约的滴灌形式，同时回收利用葡萄酒生产过程中产生的废水，有些酒庄的回收利用率达到25%以上。生物动力法葡萄酒业就是在葡萄和葡萄酒生产过程中进行严格的能量管理，既要精心呵护土壤，又要培养天然酵母，还不能使用杀虫剂等农用化学品，进而形成土壤、葡萄树、动植物、工人等共同组成的完整生物动力葡萄园。一般情况下，要形成这样的葡萄园，需要聘请专家对葡萄园的土壤进行分析，然后种植富含土壤所缺成分的植物，并把它切碎翻埋，以此平衡土壤的成分，增加土壤中的蚯蚓和微生物含量等，或者利用发酵过程中滤出的果皮和根茎进行沤肥，形成适合葡萄生长的有机肥料。南非的有机葡萄酒生产组织还积极推动酒庄申请认证，现在全国95%的酒庄都积极争取进行有机认证。许多酒庄还请专家对其葡萄和葡萄酒生产进行碳排放测算，并提出针对性的改进措施，尤其是减少用电以降低温室气体排放。由此可见，面对土壤侵蚀、缺水和气候变化等环境问题，南非的葡萄酒业迎难而上，采用相关国际标准，在推动酒庄积极进行有机葡萄酒认证的同时，全方位改进葡萄园、酒窖和销售过程中的温室气体排放、促进环境保护和资源再利用，最终形成可持续的、有机的、生物动力法葡萄酒生产和销售体系。

在改善生产和环境的同时，南非还推出了富有当地特色的"葡萄酒之路"绿色旅游项目。南非的葡萄酒旅游起步于1971年三个酒窖的对外开放,后来逐渐形成了由21条线路组成的网络,斯泰伦博斯、弗朗斯赫克、帕尔是其核心。这三地以其成熟的品酒设施和丰富的葡萄酒种类、高等级的餐厅和多样的菜品,以及无与伦比的依山傍水的葡萄园美景吸引了来自世界各地的游客。游客的到来不仅带动了当地的就业和经济发展,还对葡萄和葡萄酒生产提出了更高要求,使南非葡萄酒生产既要按国际标准进行,又要保持自己的特色。

笔者所在的斯泰伦博斯有五条葡萄酒之路,每条路就葡萄酒品质、气候和地形而言都独具特色。波特拉里山之路位于世界六大植物王国之一、面积不大但植物种类最为丰富的开普植物区,多样化的风土使之成为优质的葡萄种植区,沿途游客还能看到濒危野生动植物。海尔德山之路上坐落着开普历史最为悠久的葡萄园和酒庄,来自大西洋的微风使之非常适合种植优质葡萄品种,如赤霞珠、品丽珠、美乐、希拉、霞多丽和白诗楠,进而生产出驰名世界的名牌葡萄酒。斯泰伦博斯山之路由于有双峰矗立形成斜坡地形而适合种植波尔多类型的葡萄,沿途分布许多知名葡萄园和私人酒庄。大西蒙山之路也是大西洋微风吹拂之地,以种植红葡萄而出名。斯泰伦博斯河谷之路地形起伏,气候适宜,汇聚了许多曾经多次获得南非可持续风土葡萄酒大奖的葡萄园和酒庄。如果说斯泰伦博斯是南非葡萄酒和烹饪之都,那么斯泰伦博斯河谷之路就是斯泰伦博斯葡萄酒的精华基地。

访学之余,笔者在朋友的带领下造访了三个葡萄园和酒庄,除了品酒、吃饭之外,也顺便了解酒庄的历史和环境保护。第一个访问的是位于波特拉里山之路的"七梦想酒庄"。它历史悠久,已生产了300多年,现在拥有两个葡萄园,一个在海边,一个在山上。由于地形不同,两地都能生产高品质但风味不同的葡萄,这就给酒庄生产不同类型的高品质葡萄酒提供了条件。在这个酒庄，可以选择品尝自产的美酒。其中一单由五种颜色由淡到浓的美酒组成，分别是长相思、玫瑰、布凯白、皮诺塔吉和十字架，涵盖了白、粉红和红三大类葡萄酒。山上的180公顷土地，只有100公顷种植葡萄，其余80公顷变成了荒野保护区，成为波特拉里自然保护区的有机组成部分。这个保护区被联合国教科文组织列入生物多样性热点地区，是世界遗产保护地。另外，酒庄还加入了有机葡萄酒生产联盟，按国际可持续葡萄酒生产环境标准指导葡萄园的土壤和生产管理，以及葡萄酒生产过程。为了减少燃煤发电的使用量，酒庄还安装了太阳能板。应该说，这是一个环境友好型酒庄。

第二个访问的是位于大西蒙山之路的德尔海姆酒庄。西蒙山是用开普第一任总督范斯泰尔的名字来命名的，酒庄就坐落在西蒙山的西南坡，一望无际的葡萄园以西蒙山为背景，显得既壮观又美丽，站在酒庄的室外就餐广场，透过葡萄园就能看到桌山。该酒庄首次开发出玫瑰皮诺塔吉，还用斯帕珍克白甜葡萄生产出甜酒，并在1971年开发了葡萄酒旅游之路。2008年，酒庄获得可持续葡萄酒旅游实践奖。酒庄的废水实现了回收利用，还用滴灌线和土壤墒情仪取代传统喷水设备，节水率超过70%，自己设计的拖拉机喷淋系统不光节约能源，还降低了水和化学品的使用量。酒庄的生物多样性也得到保护，其中有50多种鸟、120种当地植物，用寄生昆虫控制害虫，用种植相关植被压制野草，进而遏制对有害化学品的使用，还通过种植当地的花卉植物吸引可以克制毁坏葡萄树的害虫的昆虫，用装设太阳能板代替使用煤电，等等。酿酒、装瓶等过程也严格执行葡萄酒有机生产联盟的标准。所有这些环境友好型做法都产生了良好效果，德尔海姆酒庄成为南非第七个获得世界自然基金会保护冠军称号的酒庄，酒庄的部分地区也成为西蒙山保护区的一部分，玫瑰皮诺塔吉成为南非历史上第一个获得可持续标签的葡萄酒品牌。

第三个访问的是位于斯泰伦博斯河谷之路的勒鲁酒庄。该酒庄坐落在起伏山峦中，早在1704年就开始种植葡萄，也是南非最早制造起泡酒的。其开普传统起泡酒涵盖了从甜酒到干酒、从无酒精的到有起泡味的，不一而足。勒鲁起泡酒是南非起泡酒的招牌，驰名世界。品酒套餐中也包括颜色从淡到浓五种起泡酒，风格从清新活泼到成熟稳重，令人陶醉。勒鲁的2014火花优质保护区起泡酒在2021年跻身年度开普传统名酒前十名。葡萄园主要种植长相思和芳蒂娜麝香，这两种白葡萄适宜在河谷边上的肥沃土壤种植。勒鲁虽然地理位置和自然条件优越，但依然重视环境保护和可持续发展，并且富有成效。

虽然只访问了三个酒庄，在斯泰伦博斯访学的时间也不长，但这里的葡萄园和酒庄还是给笔者留下了深刻印象。与德国莱茵河葡萄酒产区、法国波尔多葡萄酒产区以及美国的纳帕溪谷葡萄酒产区相比，南非的葡萄酒产区更自然，葡萄酒气韵更丰富生动。毫无疑问，独特的风土、积极的环保意识和努力支撑了南非葡萄酒的独特性，南非葡萄酒产区在环保上的不懈追求不但有助于南非葡萄酒业的可持续发展，还可以造福更多的世界葡萄酒爱好者。

柏拉图说："上帝赐予人类的礼物中，没有比葡萄酒更棒或更有价值的了。"南非的开普地区是生产这种人间妙物的理想地区，它优越的气候条件、丰富的风土资源为葡萄生产提供了良好的基础条件。然而葡萄酒业还是一种人为产业，由于生产者和消费者的不可或缺以及对交易环境的依赖，它才与南非的历史发展以及国际社会的反应息息相关，同频共振。进入环境革命时代之后，南非葡萄酒业也与时俱进，以更为生态的方式提升葡萄酒的品质，同时促使人、酒和环境的协调统一。在历史长河中，葡萄酒因为人而具有多

重特性，人生因为葡萄酒而更加丰富多彩，环境在这个相互作用的
进程中变成了自为的历史创造者和混杂的环境。

（本文发表于2023年8月6日的《澎湃新闻·私家历史》）

罗德斯形象的变迁

　　塞西尔·罗德斯是英帝国和南部非洲历史上的一个传奇人物，虽然只活了49岁，而且体弱多病，但他追逐财富的狂热、扩张主义性格、建立庞大帝国的雄心和惊人的行动力、执行力使之成为历史研究中绕不过去的人物。正由于他具有坚定的意志和为了实现自己的目标而不顾一切的做法，使其生前就已成为争议颇多的政治人物，身后更是哀荣与憎恶交织，富有戏剧性。

　　所有人，不论伟大或卑微、富有或贫穷、著作等身或目不识丁，都会以不同形式存活在人们的记忆中，或文字，或传说，或雕塑等等。罗德斯因其对历史的深刻影响而以多种形式活在正式的历史中，只是其形象随着世事的改变在不同人群中发生着种种变化。这些变化也以多种形式表现出来，或评价截然不同的传记，或置于不同场景的雕塑、或被抹掉的名字等等。

　　罗德斯1853年7月5日出生于英国，但从小体弱并患有哮喘病。为了保住他的性命，其父在他17岁时把他送到气候条件较好的南非休养。到达南非后，先参与其兄赫伯特在纳塔尔的棉花种植事业，但收成不佳，一年后兄弟俩在采矿热的感召下，来到金伯利。他们利用罗斯柴尔德的资金，收购了许多采矿许可证，成立德比尔斯联合矿业公司，通过兼并和合股等方式逐渐垄断了南非的钻石开采业，并与伦敦的钻石销售商形成战略联合，控制了世界钻石销售价格。与此同时，他进军开普水果种植和外销业务，也积极参与金矿开采业。在快速致富的同时，他也在牛津大学奥利尔学院注册，成为一名大学生。因为商务繁忙，他在牛津的学习断断续续。尽管如此，仍然收获很大。他对约翰·拉斯金的帝国主义思想如醉如痴，对盎格鲁萨克逊人至为推崇，对共济会的秘密行事方式欣赏有加。这三方面塑造了他后来推动帝国主义扩张的风格和制胜法宝。作为一个商人，为了获得财富增值，他上下其手，无所不用其极，或欺诈，或行贿，或暗箱操作。对他来说，凡是能用钱解决的问题，都不是事儿。经济上发迹之后，罗德斯开始进军政界，1881年当选开普殖民地议会议员，1890年当选开普殖民地总理。在担任总理期间，力推剥夺黑人土地和非白人选举权的法案，是种族歧视和隔离制度的始作俑者之一。为了实现其联通开普敦和开罗的计划，他以从洛本古拉处获得的租让权为基础，征得英国政府同意，成立了英属南非公司。他利用在1889年获得的特许权兼并了赞比西河流域的非洲人土地，成立了以他的名字命名的罗德西亚。罗德斯主宰的南非公司与英国政府的关系很微妙，在扩张帝国的大方向上一致，但在如何经济地扩张上各有盘算。好在罗德斯有钱，于是他们各展其长，默契配合，其中的猫腻和掩护给历史学家留下了很多饶有趣味的未解之谜。在对付桀骜不驯的布尔人共和国时，由于詹姆森袭击行动失败，他不得不辞去开普殖民地总理职务。虽然不再主持行政事务，但仍以其强大的财力和政治影响力在英布战争以及此后南非联邦建立上发挥重要作用。1902年3月26日晚上6点，罗德斯因病在开普敦去世，按其生前意愿安葬于南罗得西亚的马托伯山巅之上，守护着他苦心孤诣获得的土地。

罗德斯生前已对自己的身后事做出了部分安排。其一是为自己选定了墓地、拟好了墓志铭："这是罗德斯安息之地。"这个墓志铭简单明了，既没有像传统的墓志铭那样历数墓主的丰功伟绩，也没有表明墓主的生卒年代和出生地，然而，似乎又表达了超越时空的丰富内容，显示了罗德斯任由天下人评说我自岿然不动、睥睨一切的自信和超凡脱俗、追求永恒的气质。其二是留下遗嘱，成立罗德斯基金会，继续推动自己未竟的事业。他一生未婚，没有子女，他的财富和从父母那里继承的财富又多达500万英镑，因此拿出大约330万英镑设立基金。1902年，设立罗德斯奖学金，资助世界优秀学生去牛津大学学习。1904年，捐款5万英镑在格拉汉姆斯敦建立大学，并以罗德斯的名字命名这所大学。因为该大学被认为是实现罗德斯理想的坚实基地，它甚至还以罗德斯的母校牛津大学为蓝本，采用导师制，希望最终把它建成南非的牛津。1918年，基金会向南非学院捐款，助力它升级为开普敦大学。面对学校发展缺乏土地的瓶颈，罗德斯基金会把桌山脚下的部分大地产捐给开普敦大学，为它日后的大发展提供了比较充裕的空间。1929年，罗德斯基金会在牛津大学建立了罗德斯之家（Rhodes House），作为收藏和研究英帝国历史的图书馆和英帝国建设的思想库、基金会秘书处办公场所、罗德斯学者开会研讨以及举办罗德斯纪念讲座的会场。虽然奖学金遴选标准中没有明确规定只发给白人男性，但在实际执行过程中都自觉遵守了罗德斯的这个取向。

除此之外，关于罗德斯的传记、雕像、纪念馆等层出不穷，以他的名字命名的建筑、街道、酒店、商品、植物等也很多，尤其是在他生前活动过的地方：开普敦、津巴布韦和牛津。据不完全统计，从1897到1996年，共出版了30多部罗德斯传记、8部小说，数部戏剧以及电视连续剧，还有不计其数的各种形式的文章。这些作品中塑造的罗德斯形象具有明显的阶段性和时代性。在1950年代之前，罗德斯被他的追随者、助手、秘书、崇拜者等刻画成使徒圣人。他目光远大，无私无畏，既是思想家，也是为拓展英帝国的理想而战的实干家，是具有个人魅力的英雄。由于这是最早的罗德斯传记，加之主要是与他接触较多的人创作的，因而具有一定权威性，为后世继续塑造罗德斯形象奠定底色和基调。

在罗德西亚，到处都是以罗德斯名字命名的广场、街道、地产、建筑物、节日、学校等，他的头像和照片被印在银行发行的支票上。在这样一个环境中成长起来的人心目中，罗德斯就像上帝，无处不在，无所不能。把这种世俗认识与传统宗教结合在一起的纽带是：罗德斯生前在马托波山上为自己选择的墓地紧邻恩德贝莱人建国者姆齐利卡奇的坟墓，这个曾经侵略恩德贝莱王国的人享有了恩德贝莱人的护卫和祭拜。两个不同时代建国者的历史恩怨就这样在近距离中被在一定程度上奇妙化解，罗德斯得到了当地人崇拜祖先式的祭拜，历史的正义就这么被混淆。

在南非，先后建立了罗德斯纪念馆，在多地竖立了罗德斯雕像。罗德斯去世不久，由格雷勋爵倡议，在信号山上竖立了仿照自由女神的模式制作的罗德斯雕像。由于其居高临下的独特地理位置，罗德斯雕像成为开普敦天际线上的一道地标。1912年，由赫伯特·贝克设计的罗德斯纪念馆在罗德斯最喜欢的魔鬼峰下、罗德斯的大地产上落成。该馆采用罗德斯钟情的希腊古典风格，由三部分组成，用49级台阶联结在一起。最上部是一个用来自桌山的开普花岗岩建成的殿堂，壁龛上安放着罗德斯上半身青铜塑像，基座上写着他喜爱的诗人吉普林的诗句："巨大而深沉的精神仍在发展，仍在发挥支配性作用。活着他就是这块土地，死了他的灵魂就是她的灵魂。"罗德斯目视东北方向，象征着他仍关注着梦寐以求的从开普到开罗计划的实施。下部矗立着维多利亚时代艺术家瓦茨的雕塑"自然能量"，骑手在马上的英姿彰显罗德斯的天才和英勇。中间的两边安放着八头狮子，既延续了罗德斯在大地产上饲养狮子的传统，也展示了他无所畏惧的英雄气概。1934年，由英国艺术家沃盖特完成的、罗德斯青铜雕像安放在开普敦大学的中央位置。该雕塑以"思想者"的造型为蓝本，以1.5倍于真人的大小重现了罗德斯的形象。他一只手上拿着一张地图，目光坚毅地注视着前方，后靠詹姆逊礼堂和桌山，左右两边分别是斯末资楼和富勒楼。从罗德斯雕塑本身和周围的人为环境，大概可以读出开普敦大学在校园竖立罗德斯雕像的深层含义。那就是罗德斯不仅为开大提供了巨大的财力支持，其思想还与开大的精神相吻合。据说，罗德斯生前曾说，支持大学的目的是"让讲英语和讲荷兰语的人在学生时代就能交融，进而为未来合作奠定基础。"罗德斯用从非洲获得的金钱扩展英国的影响，一路向北，建设理想中的帝国。开普敦大学作为学术研究和人才培养的白人教学科研机构，那时的理想就是改变非洲，并使其文明化。两者在很大程度上相当契合。在罗德斯大学，主校区入口处竖立了罗德斯雕像，分校区悬挂着罗德斯的大幅画像。

在伦敦，牛津大学奥利尔学院以罗德斯的名字命名一栋建筑，在其墙上刻有罗德斯雕像。有意思的是，英国国王爱德华七世和乔治五世的小雕像安放在罗德斯雕像下方两侧。牛津大学还设立了罗德斯种族关系讲席教授职位。这足以说明，罗德斯在牛津大学享有崇高声望，产生了巨大影响。

这一切似乎都预示着罗德斯会永垂不朽。然而，历史从不会放过任何人，只是时机的问题。在20世纪后半期，罗德斯的形象发生了巨大变化。历史认识之所以发生巨大变化，关键在于反殖民主义运动成为时代潮流。在20世纪50年代到70年代末，一些专业历史学家通过广泛收集和解读史料，认定罗德斯就是一个大商人和资本家。他和所有的商人和资本家一样，为获得财富不择手段，利用政治权力和参与帝国事业谋利。他还是一个种族主义者，说好听点是家长主义者，说难听点就是分别发展的先锋。进入20世纪80年代后，历史学家主张回到历史语境、用中立的立场看罗德斯，认为他就是帝国主义时代的一个机会主义者，一方面是扩张的、父权制的、对非洲文化持沙文主义态度的殖民者的代表，另一方面由于幼年体弱得到母亲的宠爱而养成对身边人爱护、遇事果敢任性的魅力型人格。这种性格和他从事的事业以及虽然可能是同性恋但又不逾矩的神秘性共同塑造了他复杂多面的性格和形象。

与史学研究的变化相一致，在现实中，罗德斯各种化身的待遇也与前一个时代大相径庭。在20世纪前半期致力于实现罗德斯理想的基金会，在20世纪后半期随着民族解放运动的兴起，其宗旨也不得不发生相应改变。到了20世纪60年代，奖学金仅仅授予白人男性的潜规则被打破，开始授予具有领导潜力的美国黑人男性。到了20世纪70年代，开始授予女性，包括南非的黑人女性。不仅如此，在2003年罗德斯奖学金发放100周年之际，大约400位罗德斯学者（百年总共评选发放6000多份奖学金）汇聚一堂，既纪念奖学金带给自己的变化和荣耀，也反思罗德斯本人的错误行为。

罗德斯虽然创建了两个以自己名字命名的国家，但随着非洲民族解放运动的发展，北罗得西亚在1964年获得独立，改名为赞比亚；南罗德西亚虽然迟至1980年才获得独立，改名为津巴布韦，但在长期的反殖民主义斗争中，曾发生了多次针对罗德斯的去殖民化行动。早在20世纪60年代，津巴布韦民族主义者就假借穆加贝之名，要求英国把罗德斯遗体迁回去，否则就要掘墓鞭尸。另外，在罗德斯墓地还发生了扔汽油弹的事件。到了20世纪90年代，一位津巴布韦老兵曾对英国人说，如果没有英国人收纳，那么罗德斯的遗体将被扔进赞比西河喂鳄鱼。位于哈拉雷和布拉瓦约市中心的罗德斯雕像也被送进了博物馆，那些先前以罗德斯命名的街道和建筑物也纷纷改名。

与津巴布韦和赞比亚相比，南非在罗德斯的去殖民化方面稍微迟缓，因为南非在去殖民化进程中首先面对的是阿非利卡种族主义者（如马兰、维沃尔德、沃斯特等），加之，南非政府对历史采取了表现为"真相与和解"的"转型"政策。在南非过渡时期，当时黑白人之间的矛盾非常尖锐，内战大有一触即发之势。是曼德拉和德克勒克以巨大的政治勇气和智慧，利用南非社会爱好和平力量的支持，控制住局势，完成了权力的和平转移，实现了民主和自由。与此同时，曼德拉总统确定自己来开普敦参加议会活动时期的官邸为以前罗德斯在大地产的住宅，曼德拉成立的基金会也吸纳了罗德斯基金会（资金总额已经超过2亿英镑）的资金，甚至以曼德拉和罗德斯两人的名字来命名其基金会。除了这些象征性的做法之外，南非政府成立了"真相与和解委员会"，希望加害者通过袒露真相来进行沟通，换取被害者的宽恕和理解，进而对加害者进行法律上的豁免；受害者通过认证被压迫和奴役的事实以及获得道歉而收获尊严，甚至在表达出大度中提升自豪感，最终双方达成在共享真相基础上的和解。然而，这种从未来的美好愿望和现实需要出发来对待历史的、宜粗不宜细的做法虽然换来了暂时的和平和安定，为执政者赢得了解决极端不平等的社会和经济问题的宝贵时间，但这并不意味着能真正从根本上解决问题。

世纪之交，随着新自由主义的盛行，罗德斯的形象再次发生变化。在南非，转型政策仍在执行，但大部分黑人的经济状况并未发生预期的好转，主要依靠市场调节来解决历史遗留的极端不平等问题似乎也在短期内看不到希望，失望和不满在酝酿积聚。能够进入先前白人大学的黑人中产阶级子弟比起那些依然贫困的黑人同胞无疑属于和平过渡的受益者，但他们在学校还是感受到了无处不在的白人性和殖民文化霸权的影响。于是，也自然而然产生了要求改变学校现状的想法，他们的作为和行动也会与贫困黑人的行动汇流，共同演变成推动社会进步的动力。

消除大学中的种族主义和殖民主义并不是一朝一夕就能完成的，必须进行持续不懈的斗争，但斗争需要合适的突破口，去除大学校园里具有明显殖民主义和种族主义特征的物质化象征物就是各方都能够接受和参与的突破口。坐落在开普敦大学最醒目的位置上的罗德斯雕像就是需要解决的目标，有些学生甚至激愤地说：在开大校园放置罗德斯雕像就像在以色列放置希特勒的雕像，就像在被强奸的女性卧室里摆放强奸者的雕像，这自然是难以忍受的。然而，尽管学生多次要求移走雕像，但学校都不以为意，用各种方式应付了事。

开普敦大学虽然早在20世纪初就宣称对所有优秀学生开放，但实际上黑人学生和学者几乎没有。1959年的大学教育扩展法规定，禁止白人大学接收黑人学生和雇用黑人教授，班图人、有色人和印度人只能在为他们建立的大学学习，种族隔离在大学制度化。该法案还规定，只有白人大学才能授予工程、医学、药学和牙科等不同级别的研究生学位，从而保证白人能够在经济、公务等行业成为中上等人才。而黑人大学只能培养人文、艺术、法律和教育学科的本科生，为班图斯坦计划的实施提供必要的行政和官僚人才，但不对现有的劳动种族分工形成威胁。虽然开普敦大学从1960—1990年也在某种程度上反对种族隔离制度，因此而赢得"山巅上的莫斯科"的绰号，但也发生了排斥黑人和拒斥非殖民化的事件，其中的典型就是马菲杰事件。开普敦大学受到沃斯特政府的压力而撤销了已经给黑人人类学家马菲杰发出的高级讲师聘任合同，导致学生在1968年8月15日至23日发动抗议运动，学生以静坐方式占领了学校行政大楼，导致学校局部陷入瘫痪，也在金山大学、纳塔尔大学等激起相应的运动和声援活动。但在政府的强力干预之下，学生抗议运动以失败告终。公立大学的种族隔离遗毒毫无疑问在和平过渡后都得到了清除，但并没有完全解决问题，一些约定俗成的或隐性规则仍然在发挥作用，课程设置、教学大纲的去殖民化依然任重道远，开普敦大学就发生了马穆达尼事件。马穆达尼是印度裔乌干达著名学者，1996年担任开普敦大学非洲研究中心主任，1998年，他提出了作为非洲研究基础课的、名为"质疑非洲学"的教学大纲，其中重点批判了南非的非洲学教学中根深蒂固的两个传统（把非洲研究简化为班图研究，倡导南非例外论），指出非洲学应该涵盖全部非洲，南非是非洲的一部分，与其他非洲国家和地区在殖民主义等方面具有共性等等。这些主张和观点现在看来已成共识，但在种族隔离制度被废除后不久的南非实属石破天惊，自然遭到受到种族主义惯性影响的学校当局的反对，马穆达尼被迫在1999年离职。学校的做法激起了部分学生和教职员工的抗议，但在那个时代，抗议也是无疾而终。这两个事件都说明开普敦大学并没有完全的学术自由，也是深受种族主义毒害的学校。

但是，2015年3月，开普敦大学再也不能像以前那样无视学生的正义要求。3月9日，一群学生聚集在罗德斯雕像前举行抗议活动，其中一个学生向罗德斯雕像泼粪，把此次抗议活动推向高潮。3月11日，开普敦大学学生会发布正式声明，质问学校为什么每年都要为南非历史上的白人至上主义者举办纪念活动，质疑为什么要把罗德斯歌颂为大学土地的捐赠者、南非经济的建设者和给这个国家带来文明的人。对大多数南非人来说，这无疑是一个虚假的说辞，因为作为殖民者的罗德斯捐赠的土地从来就不是他的土地。罗德斯还是第一个在南非推行种族歧视政策的人，通过格雷法案，允许自己的采矿公司把黑人当廉价劳工来剥削。罗德斯雕像让每天经过此处的黑人学生回想起数百年的殖民主义、种族主义和分别发展给他们造成的压迫和苦难。学校的不作为导致学生日夜占领行政大楼，3月26日，愤怒的学生涂白了罗德斯的脸，并用垃圾袋套住雕像，背后还写着"终止白人特权"的抗议标语。学生的行动不仅得到学校教职员工的支持，还得到其他大学、贫困工人和妇女组织，以及经济自由战士（为了参加2013年全国大选而成立的政党）的声援，形成声势浩大的运动。持续不断的斗争迫使学校在举办听证会后做出决定，在4月9日把罗德斯雕像移出校园，交由开普敦市文物管理局处理，"打倒罗德斯运动"最终取得胜利。不过，移走罗德斯雕像只是一个象征性的行动，学生们要求学校继续对现有学生、教师和员工的种族不平等结构加以变革，并使开普敦大学成为更加多元、更加美好的高等教育机构。以此为契机，开普敦大学进行深入的去殖民化，争取把开大办成真正全民的、自由、平等的大学。

"打倒罗德斯运动"虽然由开普敦大学的学生发起，但迅速蔓延到罗德斯大学、牛津大学等高校。罗德斯大学的学生们对自己的大学现在仍以罗德斯的名字命名非常不满，要求改名。学校开始讨论是否要改变校名或以其他方式解决学生提出的问题。其实早在1994年，就有学生要求拆除矗立在学校大门口的罗德斯和拜特雕像，但遭到学校拒绝，因为学校认为，罗德斯已经成为一个品牌，而且学校从未以任何方式对他个人表达特别的敬意。"打倒罗德斯运动"兴起后，罗德斯大学不得不拆除东伦敦校区的罗德斯画像，也不得不把主校区的罗德斯雕像移入临时博物馆。但在2017年，罗德斯大学校务委员会以15∶9的得票率同意维持原校名，同时重申罗德斯是歧视当地人的超级帝国主义者和白人至上主义者，学校早已和罗德斯本人区别开来，这个名字并不影响学校已经成为世界上最好的大学之一。罗德斯大学之所以明知道罗德斯已经成为负资产，但还坚持不改名，据说根本原因在于学校的财政问题恶化，无力承担改名造成的财政负担，另外学校还担心改名会对学校在国际上已经取得的良好声誉造成负面影响。学校的这种解释自然不能完全赢得学生的理解，罗德斯大学因此而被嘲弄为"荒野里的牛津"。

牛津大学的部分学生也发起抗议活动，要求把罗德斯雕像从奥利尔学院的建筑上移走，但牛津大学不为所动，并没有做出实质性的改变。为什么同样都发生了"打倒罗德斯运动"，但开普敦大学和牛津大学的结果却很不相同？毫无疑问，这既与他们对历史的认识有关，又与罗德斯各种化身的象征意义已经发生变化分不开。在南非，黑人掌权，无论是开普敦大学还是罗德斯大学，非白人学生数量都大幅度上升，他们要求去殖民化的意见和感受学校不能不认真对待。在开普敦大学，正义的声音虽然曾经遭到强力压制，但并未销声匿迹。当没有切身经历种族隔离和分别发展时期、渴望实现真正的公平和正义的年轻一代开始登上历史舞台的时候，他们对待历史问题的态度和做法与曼德拉一代发生了明显变化。他们用去殖民化取代了转型，用彻底消除殖民主义的影响来建设真正公平的国家和社会。2015年发生的"打倒罗德斯运动"就是先前发生的正义行动的延续。

牛津大学却不同，他们对罗德斯的历史不能说没有深刻反思，但他们认为历史就是历史，罗德斯雕像等的存在可以帮助人们更好地反思历史。无论是罗德斯奖学金还是罗德斯基金会、纪念讲座和讲席职位等都已经变成了一个具有自身价值的品牌，已经与罗德斯本人的历史作为区分开来。换言之，在这些项目中，罗德斯在很大程度上仅仅是个名字而已，它们已经不再是殖民主义的象征，更何况奖学金获得者、讲席教授并没有宣扬殖民主义，基金会也从上世纪60年代以来就改变了宣传罗德斯的宗旨，到本世纪初还与反殖民主义和种族主义的斗士曼德拉合作。

不过，南非学生把罗德斯雕像扫进博物馆的做法也引起了争议，学校的正义处理却对博物馆产生危害，那就是容易使人产生博物馆就是历史垃圾收纳处的误解。化解这一困境的最好办法是对这些雕塑等进行"回收利用"。毫无疑问，大部分雕塑等都是艺术精品，只是表达的内容不符合现在的价值观和历史观，需要用现在的标准对其进行再创作，使之能够完美地表现出现在的审美和价值观。这样的作品既能让人反思历史，又能得到美的享受，而其本身的变化也足以警醒世人既要敬畏历史，也要努力站在历史正确的一边。

历史并不是毫无生气的僵尸，而是富有生机与活力的存在。后代人对历史的研究使之重获勃勃生机，不同国家、族群、阶层、性别的人都会根据自己的价值观和立场对历史进行新的选择，赋予历史新的解释和意义，历史也会持续呈现出新的面貌。罗德斯的形象变迁充分展现了历史的这一特点。然而，不论价值判断如何变化，事实判断还是客观的，历史记忆忠于事实的原则是不变的。从这个意义上说，罗德斯的所作所为，历史自有公论，随着时间的延续最终会塑造出全面、客观的形象。

（本文发表于2023年8月20日的《澎湃新闻·私家历史》）

南非国家公园的历史与实践

　　说到去南非旅游，人们马上想到的可能是去克鲁格国家公园看野生动物。确实，南非的国家公园不但保护了濒危野生生物，还吸引了来自世界各地的游客，成为展示南非形象的亮丽名片。然而，与南非独特的历史进程一样，南非的国家公园也呈现出独特的发展历程，曾经是世界国家公园中的一朵奇葩。

　　南非地处非洲南端，整体上属于地中海式气候，但大部分地区干旱少雨，可耕地仅占全国面积的11%，主要分布在沿海地区，广大内陆地区大多是山地、稀树草原和沙漠地带，土地极易发生水土流失，承载力有限。在殖民者入侵之前，南非人口相对较少，动植物资源相对丰富，虽然当地人在利用自然资源过程中有局部破坏，但整体上处于人与自然和谐状态。荷兰东印度公司占领开普后，为了满足两洋航线上来往的、日益增多的船只的物资需要，开始过量剥削当地自然资源，导致部分物种数量迅速下降。为了能够持续利用，范里贝克就在1654年发布命令，保护罗本岛附近的企鹅，以免迅速被灭绝。根据荷兰罗马法，动植物只有在自己家养或收获后才能作为财产得到法律保护，野生动植物不在法律保护范围之内。殖民者只能利用其他方式约束自己的行为。随着开普殖民地种植业和畜牧业的发展，生物多样性遭到破坏的情况越来越严重，甚至导致了水土流失，殖民政府不得不突破法理限制，在1820年颁布保护植物的立法。这是南非最早的环境保护立法。随着开普殖民地与外部世界联系日益密切，或者是为了获得食物，或者是为了获得利润，或者是为了反击野生动物对农业生产的破坏，出现了越来越多的、过度猎杀导致某些动物濒危的状况。为了制止这种愈演愈烈的破坏，开普殖民地在1858年颁布了保护大象和水牛的法律。1886年，开普殖民地颁布猎物保护法，这是非洲最早的、比较系统的野生动物保护法。同时，一方面禁止过度滥捕野生动物，另一方面开始建立猎物保留地（Game Reserve）。

英国殖民者占领开普后，实施一系列具有英国特色的殖民政策。保守的布尔人越来越不堪忍受，终于从1834年开始向内陆地区大迁徙，并最终在奥兰治河以北建立了奥兰治自由邦和德兰斯瓦共和国。在迁徙过程中，对自然环境破坏并不大，但一旦定居下来，布尔人的粗放农牧业对内地脆弱的环境造成较大影响，尤其是在两矿发现之后，对农牧产品的需求骤然增多，对自然环境的压力随之增大。另外，随着火器的输入、铁路的修筑和市场的扩大，毛皮、象牙等出口迅速增加，猎杀速度远远超过野生动物的繁殖速度，导致某些具有经济价值的野生动物即将灭绝。德兰斯瓦不得不在1898年建立萨比猎物避难所（Game Sanctuary），保护区域内的147种哺乳动物和507种鸟类。

显然，无论是英国殖民者的开普殖民地和纳塔尔殖民地还是布尔人的奥兰治自由邦和德兰斯瓦共和国，他们在保护环境时并没有采用美国和澳大利亚式的国家公园的概念，而是使用了猎物保留地或猎物避难所这样的用词。1872年，美国国会同意在怀俄明州设立黄石国家公园，这是世界上建立的第一个国家公园。1879年，新南威尔士殖民地议会通过了建立国家公园的立法，这是世界上通过的第一个国家公园的法律。无论是美国的实践还是澳大利亚的立法，国家公园都是大众休憩娱乐的开放场所，游人甚至还可以用不同方式吸引动物来观赏，人的利益高于动物保护。这种建园理念和管理模式逐渐成为世界其他国家效仿的榜样。但是，南非并没有照搬美国模式。在南非白人精英看来，猎物是由于黑人的猎捕而濒危的，保护猎物被视为维护少数白人精英的利益，保护动物优先于人的观赏。因而，它既不是开放的，也不是黑人的休憩场所，甚至对白人精英的利用也有所限制。所以，从一开始，南非的环境保护就打上了鲜明的种族主义烙印，种族歧视甚至扩展到动物身上。动物被分成有价值的和无价值的，无价值的被称为"害兽"，成为消灭的对象。

然而，这种保护并未达到预定的目标，因为保护面积太小。1926年，在萨比猎物避难所的基础上，通过把周围的黑人强行迁走腾出土地来构建克鲁格国家公园。从此以后，南非的国家公园建设进入快车道，到1994年和平过渡时共有17个国家公园，占全国土地面积的4%。南非之所以在这个时候认同和采用国家公园的概念，关键在于保护理念发生了变化。白人保护主义者认为，纯粹的保护并不能持久，只有利用性保护才能可持续。这种观念转变不仅是现实需要的产物，也是国际环境保护发展影响的结果。1900年起草的关于非洲野生动物、鸟类和鱼类保护的公约规范了野生动物保护法、狩猎以及猎物保护区的建立。1933年通过实施的、在自然状态下保护动植物的公约（伦敦公约）吸收了1900年公约的内容，鼓励建立大型猎物保护区和国家公园，仍然拒绝对保护区的动植物进行商业性利用，但允许进行为了体育活动和生计的利用。在南非，建立国家公园的动机并不单纯，除了保护濒危野生动植物之外，还有剥夺非洲人土地、为白人城镇和工农业制造劳动力、平息黑人反抗，以及彰显白人团结等多重考虑。支持建立国家公园者认为，通过建立国家公园可以防止黑人对环境的破坏，更可以凝聚白人的力量，显示国家统一的强大。正是这种说辞，打动了只知肉条不知野生动物保护的克鲁格，进而同意以他的名字命名南非第一个国家公园。在南非黑人看来，建立国家公园就是种族隔离在环境保护中的体现，是对黑人土地和基本权利的无情剥夺，也是为了欺骗国际社会的虚伪之举。南非国家公园的建立是政治博弈的结果，带有强烈的种族主义色彩。

1994年之前，南非国家公园的理念和管理都发生过多次变化。如果说第二次世界大战前南非的动植物保护主要依靠动物学、生物学和经济学的知识，那么二战后随着生态学的普及，其知识基础逐渐转向生态学和环境科学。但是南非并不是对域外知识都全部接受，相反却认为自己的知识最好，对生态学中的关键概念生物多样性等视而不见。当然，这并不是说他们真的不了解国际生态学的新进展和普及状况，而是他们进行了选择性利用。因为如果承认生物多样性的合理性，那么再向前一步就要承认人种和文化的多样性，而这对实行种族隔离和分别发展制度的白人来说无异于釜底抽薪。尤其是管理国家公园的政府机构国家公园委员会（National Park Board），完全由白人上层与国民党关系密切的人士组成。即使他们都是卓有成就的专业人士，但在就公共事务做出决策时，他们的政治取向可想而知，这也铸就了他们在当时难以克服的历史局限性。这种状况在南非经济高速发展时期，尚可维持，因为国家可以拿出经济发展中的少部分利润来补贴国家公园，使之可以不通过自己盈利来保护环境。然而，这种自上而下的保护模式在南非经济开始走下坡路的时候就难以为继，甚至无法维持现状。

进入20世纪80年代后，种族隔离制度制造的经济发展比较优势和廉价流动劳工红利几乎耗尽，国际社会日益强化的严厉制裁使流入南非的外资和消化南非产品的国际市场日益萎缩，国内黑人的绝对贫困导致消费能力不振，日益强化的黑人反抗运动客观上导致投资环境和经济增长环境日益恶化，这些都造成南非经济总体上陷入困境。随之而来的是原来主要依靠国家补贴的国家公园难以维持，白人群体自顾不暇，更不可能拿出钱去保护濒危动植物，野生生物保护遭遇瓶颈。突破瓶颈不仅需要从内部反思，而且还要改善外部环境。内部突破主要是从非营利性保护转向在保护的同时发展旅游业和扩大访问群体，外部改善就是要扩大保护面积，同时使涉及的群体能够获利。这两方面结合就是不但要改变环境保护的理念，还要改变国家公园与周边群体和环境的关系。这两方面的改变都需要白人政府内部的自我更新和来自国际社会的新刺激。白人保护者已经深刻地认识到，环境保护面临着"要么利用要么失去"的不二选择，国家公园只有在增强自我造血功能的前提下才能生存下去，可行的出路是扩大生态旅游的广度和深度。既要让更多国内外游客来参观，也要提供更多的附加消费产品和服务，还要扩大国家公园的面积和保护范围，一方面在承认获利的条件下把保护区扩展到私人土地，另一方面突破"公地悲剧"，形成私有公地保护区。随着全球性环境问题日益突出，从生态系统出发进行跨国性环境保护日益成为潮流。南非的环境保护再也不能像它先前的政治那样我行我素，而是必须融入世界环保浪潮。南非与津巴布韦、博茨瓦纳、斯威士兰、莱索托等国合作，建立了跨国的国家公园。与南非的邻国主要由国家主导环境保护不同，南非的许多国家公园虽然用国家公园的称号，但其实是由各省主导的。由此可见，南非的环境保护既受到种族隔离制度的深刻影响，也被它拖累。在种族隔离制度难以维持的时刻，南非的国家公园等环境保护制度也就走到了必须改弦更张的时刻。

1994年和平过渡之后，南非的国家公园发展进入新阶段。与此前相比，一个突出特点是试图把环境保护与环境正义或社会正义有机结合，不过，这个结合之路并不平坦。最初，不少在建立国家公园时被强行迁走的非洲人和居住在国家公园周围但并未受益的非洲人甚至要求解散国家公园，把土地还给他们，物归原主，实现真正的当家做主。显然，这样的要求无疑具有正义性，然而，这样的要求并不具有可操作性，因为它会让环境保护的成果得而复失，也不符合非洲人国民大会等黑人政党与白人政党在和平过渡前达成的协议。和平过渡后的多民族团结政府一方面秉持环境保护的理念，另一方面积极探讨实现环境正义的途径。中央政府首先把国家公园委员会改组为南非国家公园（South African National Parks），并设立了国家公园管理委员会，其中9位成员由民众公开提名，然后由政府组建的选拔小组综合考虑，择优选用；另外9名由各省省长推荐。经过改选的南非国家公园的管理层成员结构发生了重大变化，一是增加了大量黑人成员，改变了原来完全由白人垄断的格局；二是纳入了社会生态学的专家，使国家公园管理的知识基础由自然科学扩展到社会科学；三是权力下放，充分照顾各省的利益，形成上下齐心协力的局面。

新的国家公园管理机构虽然在具体问题上尚有争议，但都同意转型，并提出了新颖、透明和参与的转型政策框架。转型时期的保护和国家公园概念的含义发生了明显变化，那就是环境保护不再是纯粹保护野生生物，还要兼顾社会正义；环境保护不再仅仅让少数特权阶层和民族受益，而是要惠及社会大众；环境保护的理念不再仅是白人的发明，还要把当地人的生态智慧结合进去；进而把片面强调生物价值的殖民主义和种族主义的保护模式转向协调生物和人类利益的、可持续的、当地人和社区参与基础上的新南非保护模式。完成这个转型自然不是短期内就能实现的，而是需要持续不断地、艰苦地协商、妥协和创新。

归还建立国家公园时被占土地是新南非政府面临的一个牵一发

而动全身的关键问题。许多国家在建立国家公园时都把当地人以多种方式赶走，南非也不例外，而且有过之而无不及，其规模和强度在世界历史上首屈一指。克鲁格国家公园第一任园长詹姆斯·斯蒂芬孙-汉密尔顿因其从1902年起就凶残驱赶当地人而获得"驱赶者"（聪加语Skukuza）的绰号。民主新南非的宪法以及其他相关法律都赋予失去土地的人们合法索还自己土地的权利，国家公园管理委员会为此专门成立了土地索还委员会，负责在法律许可范围内，按照既要保护环境又要满足社会正义的原则处理民众的正义要求。该委员会经过调查研究，形成了自己独特的处理思路，那就是设立五个地区土地索还专员，由他们在调查了土地索还的合理性和合法性之后，负责把相关各方召集在一起，进行协商解决。如果涉及的是国有土地，那就召集索还者及其律师与政府相关各单位协商，协商结果需要得到土地索还法庭的确认。经过多年的工作，已经取得不少成果。例如1969年被驱逐的马库勒克社区就从克鲁格国家公园重新获得了帕夫里地区2.5万公顷土地所有权，但条件是他们必须自愿以环境保护的方式利用这些土地，没有南非国家公园的同意，不能在这块土地上开矿、种植、永久定居。具体做法是与南非国家公园签订为期50年的合同，建立合同制国家公园，由南非国家公园负责环境保护，由马库勒克社区负责符合环保要求的旅游开发。此外，马库勒克社区还拿出自己另外的5000公顷土地建立社区公园，并入克鲁格国家公园进行管理。这种双赢的做法不仅在客观上扩大了克鲁格国家公园的保护面积，还把当地人的环境知识和生产生活实践逐渐纳入了环保友好型的轨道。

让国家公园成为南非所有人的国家公园是新南非政府面临的又一个重大挑战。在种族隔离时期，非白人逐渐被变成了南非的外国人，他们自然无法参与国家公园的管理，也因为贫困而无法到国家公园旅游和接受环境知识教育。新南非建立后，国家公园的管理和利用必须与国家的人口、性别结构相符合。南非国家公园在系统内按照国家的就业政策实行平权政策，首先在国家公园董事会设立一个委员会，任命一位黑人担任执行主任，在下设的三个处雇用三个黑人，其中两位是女性。现在，黑人在董事会占到一半以上，另外，南非环境保护的旗舰——克鲁格国家公园也产生了有史以来第一位黑人园长。1995年1月，国家公园管理委员会成立了一个转型任务小组，负责在各级机构中推行平权政策，加快在中上层雇用非白人和女性的步伐，改变雇用中的不平等和性别歧视的局面，同时改变住房分配和职务升迁中的不平等做法。1997年1月，管理委员会还成立了另一个组织，负责改变国家公园的经济机会完全由白人公司霸占的格局，确保经济机会向黑人企业家、制造商、咨询员和服务提供商开放，尤其是要确保中小企业和公园附近企业的参与。各个国家公园先后推出了利用当地人资源的项目，如设立生态旅游创业项目，在园内商店设立售卖当地工艺品的市场，培训为当地游客服务的导游，组织当地生产商为公园供应新鲜产品，组织文化团体为游客表演传统舞蹈，可持续利用公园的可再生资源，推广传统草药治疗和护理文化等。不过，这些项目的收入非常有限（园内商店售卖艺术品的艺术家月收入大约4000兰特，仅比他们先前在公园外打游击售卖多了2000兰特），并不能迅速改变多年种族隔离制度造成的极端不平等现象。于是，南非国家公园提出了商业化战略，要求下辖的每个公园都设立一个商业开发和旅游机构，负责制定开发规划，扩大旅游人口，增加收入，让更多的当地人受惠。由于当地人大都没有汽车、很难自由进入公园，公园就建立了适合当地人游览的营地和徒步路线，让他们在力所能及的情况下享受游览国家公园的乐趣。另外，公园还开发了生态教育项目，面向附近的小学和青少年俱乐部，组织黑人学生在公园内感受自然，举行研讨会等。所有这些努力都把广大黑人从国家公园的局外人逐渐变成局内人，进而增强他们对国家公园和新南非国家的认同感和自豪感。

当地部落社会的有效参与是南非国家公园发展的又一重要内容。南非是一个二元结构的社会，这不仅表现在经济结构上，还表现在治理结构上。虽然建立了中央集权的现代国家治理体系，但部落酋长甚至王国国王还都具有一定的影响力，尤其在传统文化的传承和光大方面，部落首领具有重要发言权。国家公园的发展在一定程度上取决于能否处理好与当地部落社会的关系。在种族隔离时期，公园和管理者把部落社会诬称为盗猎者和环境破坏者，是需要防范的对象，部落社会也认为公园一方是土地、野生生物和自然资源的劫掠者，是强盗。但在新南非，这样对立的关系显然已经不合时宜，需要做出根本性改变。南非国家公园通过设立部落社会论坛，寻求把国家公园和相邻部落社会整合在一起的有效途径，其社会生态学局负责落实论坛的讨论成果。它把部落当局、青年领袖、教育工作者、环保团体、乡村发展委员会和政府机构召集在一起，共同解决公园和部落社会之间的水问题、就业和经济机会问题、牲口越界问题等，进而使部落社会能参与到国家公园的决策中去，国家公园的代表也能对部落相关事务发表意见。从此以后，环保就不再是国家的排他性行为，而是全民参与的集体行为，新国家公园的设立需要得到相关各方的认可。正由于国家公园成为全民的公园，于是先前肆意埋没公园内的黑人文化遗迹的做法就被完全否定，相反，重新发掘和展现公园内历史文化遗存成为当地部落社会非常重视的工作。在克鲁格国家公园，通过现场发掘，1460年酋长国的聚落结构、采金和贸易的规模等重见天日。把当地社会的历史文化纳入国家公园管理预示着国家公园从单纯的野生生物保护转向全面的生物和文化保护。这种保护既符合国际环境保护的新潮流，也体现了新南非包容、可持续的民族国家建设的取向和成就。

南非国家公园的发展经历了一个从特殊到普遍的过程，这与南非的政治演变密切相关。环境保护从来就不是一个纯粹的中立领域，它既是政治经济和社会发展的产物，也是强化政治经济社会结构的力量。政治经济社会结构的转型必然导致国家公园和环境保护的转型。与政治经济和社会转型一样，环保转型也遇到从法律和政治上解决容易，从经济和社会以及文化方面解决难的问题，其艰巨性和持久性可想而知。与此相关的学术研究也表现出矛盾和困扰的一面。在种族隔离时期，国家公园史研究揭露了白人剥夺黑人的罪恶，为非洲人解放事业提供了历史事实依据，同时它注重社会政治维度的新范式有效影响了欧美的注重环境主义的研究范式的转型升级。但是，在南非和平过渡之后，国家公园和环境保护出现新局面，如何在面对现实的基础上重现和解释南非国家公园史和环境保护史是摆在历史学家面前的一道难题。

俗话说，百闻不如一见。作为环境史学者和极限运动业余爱好者，参观国家公园是分内之事。在开普敦大学访学期间，就近访问了桌山国家公园和西海岸国家公园。桌山国家公园建立于1998年，前身是占地3万公顷的开普半岛自然环境保护区。由于开普敦市和大量的私有土地间杂其间，现在的桌山国家公园由8个独立的区域组成，包括桌山山系以及1000平方千米的海域和海岸线地带。从生物多样性来看，它坐落在作为世界生物多样性七大热点之一的开普半岛生物多样性热点上，生长着8200种植物，其中1409种已经受到威胁，300种濒危或严重濒危，29种已经灭绝。从人文历史来看，它是世界新七大自然奇观之一，也是联合国教科文组织认定的世界自然遗产，无论是好望角还是桌山都是南非历史的见证。其中给笔者留下最深印象的是好望角、巨石滩和桌山。好望角保护区总体上由海洋、海岸线和山地荒野三部分组成。起伏的山间丘陵和覆盖其上的多彩灌木在冬日暖阳下带给人无限遐思和心理愉悦，不时出现的驼鹿、鸵鸟、披红狷羚和白纹牛羚带给游客阵阵惊喜。海岸线上卷起的惊涛骇浪就像它冲击海岸一样给游客带来强烈心理冲击。在自然的伟力面前，不可一世的人显得那么渺小，那么缺乏存在感和成就感。登上开普角，极目浩瀚的大西洋和印度洋，偶尔还能看到吐水的鲸鱼，在海天一色、风高浪急中体会当年迪亚士为什么称之为风暴角，而葡王后来又为什么给它命名为好望角。或许航海家和他们身后的支持者当时并没有意识到这次探险的意义，但成功越过好望角确实改变了世界历史进程，此后物种、病菌、枪炮等在海路上大交流，使开普成为全球环境史网络中的一个重要结点，世界环境史的格局由此发生了根本性变化。

巨石滩坐落在西蒙镇海边，是世界上仅有的几个非洲企鹅的陆地栖息地。非洲企鹅个头不大，但憨态可掬，惹人怜爱。1956年第一次普查时还有大约15万只繁殖配偶，到2009年仅剩2.6万只繁殖配偶，半个世纪数量下降80%以上，处于严重濒危状态。人们不得不建立非洲企鹅保护区，一方面减少人为造成的干扰和伤害，另一方面帮助企鹅繁殖，使其种群在数量不下降的基础上有所恢复。濒危动物保护并不是出于对其经济价值的重视，而是从物种在生态系统中的内在价值出发，在维持生态系统整体动态平衡的基础上，使其能够得到恢复，最终成为不需要借助人为保护就能生存的正常物种。参观非洲企鹅保护区是收费的，这种收费除了要给保护区筹集资金之外，更多的是提醒人们应该增强环保意识，杜绝肆意向自然索取的行为，避免最终造成既害环境又害己的双输悲剧。

桌山被最早生活在开普地区的科伊人称为"海中山"，后来又被殖民者称为"上帝的餐桌"。桌山海拔超过1000米，当东南风吹拂之时，开普敦的污染和雾气自然会被吹散，它因此而被称为"开普医生"。与此同时，由于干冷空气的作用，在桌山上空会形成翻滚的白云，如梦如幻，被誉为桌山的华服。更值得关注的是桌山虽然坐落于开普半岛生物多样性热点地区，但受到开普敦城市发展和人口集中的影响，自然环境需要保护。笔者曾两次攀爬桌山。第一次从纽兰德森林进入桌山国家公园，走环山路线到魔鬼峰东面的刀锋岭，参观了当年殖民者留下的炮台和城堡后，继续沿陡峭崎岖的小路向上攀登，但由于时间紧张和狂风肆虐不得不终止攀登。沿途不但从不同角度欣赏了桌山的雄姿和具有6亿年历史的岩石风采，还体验了穿行在不同植被景观中的奇幻感受。在杉木林中，盘根错节的根系保护了极易流失的水土，遮天蔽日的树冠给攀登者带来阴翳。走入灌木林和荒野之后，银树林、木灰林、帝王花等让人目不暇接，极目右边是繁华的开普敦市，转向左边就是无言的桌山岩石，明显的对比让人产生不知是在人间还是在天上的感觉。正是身处天上人间的界面让人产生了快意和向往，增添继续向前的动力。攀爬刀锋岭时不时冒出的花簇给人惊喜，在艰难中得到快慰，右转头就能看到开普敦的CBD和远处的罗本岛，曼德拉的故事（在漫长的牢狱生涯中，每天放风时看到桌山就能给他带来坚持的勇气和平和的心态）激励着人们尽管前路漫漫、险阻如磐依然要勇毅前行，保持乐观平和。这是与笔者熟悉的或曾经攀爬的山峰全然不同的环境，是可以给人留下别样的、深刻印象的环境。

"不到桌山非好汉"。由于在开普敦访问的时间有限，在天气情况并不理想的情况下，笔者选择从最成熟的普拉特克里普峡谷路线攀登。这条线路从海拔400米处开始攀登，爬升600米，坡虽陡但并不难行。虽然上坡时不时要面对巨石，给人以强烈的压迫感，但转身就能从不同高度上看到不同的开普敦城市景观，给人以成就感。到了800米以上，经常会遇到从岩石中渗出的水流，一方面增加了攀登的难度，另一方面又给攀登者送来清冽甘泉。从峡谷口登顶后，是一个类似火山口的凹地，向右攀登就到了缆车到达之地，也是魔鬼峰的一角，向左攀登就到了桌山之顶。沿着既有线路走，可以遍赏四周风景。先是看到大西洋，然后看到好望角，到了马克利尔观测台就可以鸟瞰开普敦。然而，山上气候多变，瞬间就会风大雨骤，由于担心后面还会下大雨，不得不匆匆结束山顶观光，就近顺着斯凯乐顿路线下山。前段虽然不时有骤雨，沿途也时有积水，但并不难走，还可以看到奇峰突起的美景。然而到了中段，就是沿着峡谷而下的陡坡，小山洪淹没了路途并不明显的印记，只能凭借经验往下闯，甚至要蹚水下山，后来还要扒着直梯下峭壁。这无疑是最难的路段，如果雨再大一点，恐怕就要被困在山上了。事后想起来不禁有点后怕。下到斯末资路段后，虽然还有小雨，但山路比较和缓，路况清晰，加上即将出山，沉重的心情不禁豁然开朗。这一路虽然艰险，但也看到了山上的自然景观和人文景观，丰富的动植物（约1400种植物和50多种动物）不但给桌山披上秀装、赋予灵气，也给开普敦带来安康。开普敦就是桌山和两洋赠与人间的礼物。山上的栈道、路线、观测台等都是前人艰难探索的遗迹，昭示着不同时代人与桌山的关系。虽然不像8000米以上的高山那么巍峨，但桌山还是以自己的方式显示了和人一样的存在。这说明，山无论高低，人都不要藐视它，敬畏自然永远是王道。

顾名思义，西海岸国家公园坐落在西开普省的大西洋沿岸，是广大的萨凡纳地区和潟湖湿地以及沙丘和海岸线的混杂地带。西海岸被认为是南非最美的海岸，陆上主要是丰富的沙地植被和灌木丛，面积达3万多公顷，海岸线绵长，浩渺大海与沙地连为一体。徜徉其中，不时会发现类似肉苁蓉等珍稀植被，沙漠中的花海更是让人流连忘返，惊异于大自然的造化。与开普角凶猛的惊涛拍岸相比，萨尔达尼亚湾的浪涛更具观赏性。大西洋近岸的岩石使汹涌而来的波涛激起连天大浪，随后在岩石上形成舒缓的瀑布，眼前呈现的是一幅实实在在的水墨山水画，在岩石后面形成蠕动的泡沫海，迫使人不断后退到高处。如此人与自然的互动既让人感受到大海的柔情，又让人体会到大海的威严。在体验大海的两面性中，人实现了与自然的合二为一，甚至天人感应。西海岸国家公园中最让人兴奋的部分是兰吉班湿地观鸟。兰吉班的盐沼是南非最大的一块盐沼，约占全国盐沼总面积的32%。在这块湿地上，栖息着250多种鸟类，约占南非鸟类的四分之一，还有从俄罗斯等地飞行1.5万千米到此孵化的候鸟，如弯嘴滨鹬和三趾鹬等珍稀鸟类。根据1973年海洋渔业法，兰吉班被确定为海洋保护区，以保护兰吉班潟湖和周边湿地以及萨尔达尼亚群岛。1985年，保护范围扩大到沿岸具有代表性的陆地环境，兰吉班海洋保护区升级为兰吉班国家公园，不久之后更名为西海岸国家公园。1987年后再次扩容，把附近的沙丘和农地以合同保护区的形式并入国家公园。1988年4月25日，兰吉班国家公园被列入拉姆萨尔湿地名录。在兰吉班，参观者被环境管理经理领到用伊丽莎白·哈丁的捐款建立的海上观鸟小屋，一边听他介绍鸟类知识，一边透过瞭望口观察鸟类的活动和社交习俗。整个过程必须保持安静，以免惊扰敏感的鸟类。其中，火烈鸟的嬉戏和飞翔会激起游客内心的阵阵涟漪，但必须压抑住，这种欲呼又止、不能尽情欢呼的场景让人印象深刻。环保不仅仅是把生产和生活方式引向可持续的事业，还是一项颇为神圣、具有仪式感的事业。

环境保护是人类对大规模环境破坏做出的反应，建立国家公园是其中一种行之有效的形式。然而，正如环境问题是历史上多种因素综合作用的后果一样，环境治理也不仅仅是技术进步的后果，还是经济、政治、社会和文化因素综合作用的结果。由于不同国家具有不同的历史文化、经济基础、政治模式和社会结构，其环境治理也显示出不同特色。南非的国家公园以其非功利性环境保护似乎表现得更为环境、更为纯粹，但实际上被用作为了满足少数白人的利益而剥夺大多数黑人利益的工具，国家公园成为种族隔离制度的有机组成部分。南非和平过渡后，国家公园也不得不转型。这次转型把环境保护与社会正义结合在一起，以协商共识的方式改变先前不平等的局面。表面上，南非的国家公园不再像以前那么纯粹，但实际上更加符合南非的社会经济和政治现实，因而在扩大社会基础上更加有效，更加行稳致远。南非国家公园的国际化虽然在种族隔离时期受到制裁的影响，但在和平过渡后迅速跃上新高度。桌山国家公园以其开放性和四季适宜性吸引了大量海内外参观者，实现了经济效益、生态效益和社会效益的统一。西海岸国家公园则表现出另一些特点，其生态脆弱性和季节性非常强，客观上访客需要具备更多的沙漠生态学、海岸带生态学的知识基础才能欣赏它的价值。南非的其他专项国家公园莫不如此。换言之，国家公园绝不是仅仅保护自然环境的场所，它也是人类社会的映照，欣赏、维护和扩大国家公园在一定程度上也是推进文明转型的重要抓手和动力。

（本文发表于2023年9月9日的《澎湃新闻·私家历史》）

约翰内斯堡的城市环境史

约翰内斯堡是南非占地面积最大、人口最多、经济实力最强的城市，也是非洲和世界上发展最快的城市之一。它源于黄金的发现，但现在以制造业、金融业著称于世。约翰内斯堡曾经是淘金者的天堂、冒险家的乐园，现在却因治安状况不佳而让陌生人望而却步。与世界上其他超大型城市相比，约翰内斯堡的城市布局、治理结构、居民种族分布、不同区域的环境状况等都与众不同。约翰内斯堡是一个内涵丰富、富有神秘感的城市。

约翰内斯堡的名字是怎么来的？是什么意思？对绝大多数城市来说，这些问题都有比较确定的答案，但对约翰内斯堡来说仍是聚讼纷纭的问题。约翰内斯堡这个词由两部分组成，分别是Johannes和Burg。前者显然是人名，后者是欧洲人常用的命名城市的后缀。根据约翰内斯堡官方的说法，关于约堡名字的由来至少有三种说法，这三种说法也都有历史资料和历史学家的背书。第一种认为，约翰是当时荷兰男子最常见的名字，在当时的淘金地叫约翰的人不计其数，因此，约翰内斯堡就是约翰的城堡，意味着约翰内斯堡是大众的城市。第二种认为，在兰德发现金矿后，探宝客蜂拥而至，当地秩序异常混乱。为了规范生产和生活秩序，德兰士瓦共和国派出土地总测量员约翰尼斯·李斯克和克里斯蒂安·约翰尼斯·朱伯特去勘探和设定镇址。后来，他们就用自己名字中共有的约翰尼斯为之命名，这意味着约翰内斯堡就是由德兰士瓦共和国基层官员命名的，强调奠基者的作用。第三种认为，在金矿发现之前，负责兰德地区管理的是维尔德科内特·约翰尼斯·迈耶。在金矿发现之初，也由他负责矿业许可证的具体划界。在确定该镇的名字时，民众都认为应该以他的名字来命名。当这个建议提交给德兰士瓦共和国总统克鲁格时，他做了更为宽泛的解释，认为不仅包含了李斯克和朱伯特的名字，也包含了自己的名字，因此没有理由不命名为约翰内斯堡。显然，这种说法把约堡的命名上升为德兰士瓦国家的行为，意味着国家对因金矿开采而设立的城市的重视。从这三种不同说法可以看出，在殖民争夺时代，一个城市的命名并不简单，对它的不同解释或建构实际上反映的是对城市属性和功能的不同界定和期待。

选址是城市史研究需要关注的首要课题。选址与城市的主要功能密切相关。以军事功能为主的城市一般选在战略要地建城，以政治功能为主的城市一般选在政治高地建城，而工业城市一般选在资源产地或交通便利的地方建城。工业革命时期兴起的城市要么是资源开采或加工的城市，要么是地处水陆交通要冲、便于连接市场的城市。约翰内斯堡显然是资源开发的城市，但是它的资源不是一般意义上的工业资源，如煤炭、铁矿等，而是贵金属，是黄金。它的运输也不是一般意义上的资源大规模运输，而是小而精的运输，因此，它的选址就打破常规，适应了它的资本、技术和劳动力密集的特点，就近建城。但是有得必有失，约堡没有大河，随着城市规模扩大，用水和城市的新陈代谢会发生意想不到的困难。另外，由于城市东部横亘着山脉挡住了来自印度洋的水汽和风，随着约堡成为制造业城市，产生的污染气体在冬天不易扩散，使之逐渐变成干燥和污染严重的城市。

与普通的城市不同，约堡起初还是典型的殖民地城市。这块土地上的第一批居民是南非最古老的、从事狩猎采集的科伊人。到6世纪，从事农耕的苏陀-茨瓦纳人移居此地，留下了采矿和炼铁的遗迹，其中最为完备的是约堡的保留熔铁炉的麦尔维尔考皮斯遗址。布尔人大迁徙后，逐渐占领了瓦尔河以北的土地，并建立了德兰士瓦共和国，约堡变成了布尔农民的大农场。然而，这一地区一直流传着蕴藏黄金的说法，各路梦想发财的投机者带着小铲和筛子在小河或冲积平原上碰运气，不时也能有所收获。不过，与金伯利已经发现钻石矿相比，这样的小打小闹根本引不起资本家的注意。直到1886年2月，乔治·哈里森在兰格拉格特农场发现了露头的金矿脉，才在南非和世界造成轰动。世界各地的探宝客和资本家蜂拥而至，兰德迅速成为南部非洲和世界的热点。企图打通"北方大道"的开普殖民地总理罗德斯不仅通过资本运作与其商业盟友进军金矿开采业，还联合纳塔尔殖民地并串通宗主国英国，扶植在约堡的外国人，要求获得与布尔人一样的选举权，进而实际掌握德兰士瓦共和国。克鲁格的德兰士瓦共和国为了独占兰德金矿的利益，不但不给它原本的主人非洲人任何收益，还反过来以外国人比布尔人后到为由拒绝给予选举权，更有甚者竟然还联合奥兰治自由邦和德国等对抗英方。双方矛盾激化的结果是发生了第二次英布战争，英国付出沉重代价惨胜，布尔人虽然不得不臣服英王，但依然以其对非洲人的歧视而在白人占少数的南非获得连续执政地位。约堡成为在工业和城市中实行种族歧视和隔离的试验田。

根据1896年的人口统计，约堡居民达到102078人，其中白人50907人，马来人952人，其他亚裔人4807人，混血人2879人，土著人42533人。在全体居民中，居住在距市中心三英里范围内的有61292人。其中有14195名土著人，而居住在三英里之外的40786人中，有一部分是来自德兰士瓦的布尔人。这说明当时约堡的种族歧视主要还不表现为居住区的差别，而是选举权的有无问题。在这方面，外来的白人和土著的区别在于，土著根本没有选举权，而外国人在满足苛刻的条件后才可以参与第二人民议会的选举，而第二人民议会从属于布尔人的人民议会。换言之，那时的人口分布主要是按阶级地位而不是人种来划分的。英布战争后，尤其是1904年发生鼠疫之后，白人市政当局以防疫为名，烧掉了黑人聚居点布里克菲尔德镇，把黑人赶到远离城镇的克里普斯普鲁特，形成棚户区。1913年的《土著土地法》把黑人赶入仅占全国土地面积7.3%的黑人保留地，禁止黑人在保留地之外购买或租赁土地。1936年的《土著信托与土地法》虽然把保留地面积增加到占全国土地面积的12.7%，但与黑人的数量相比仍然少得可怜，更厉害的是它固化了黑人和白人拥有土地的数量和界限。这就意味着黑人在约堡不可能获得永久立足之地。然而，随着矿业和制造业的发展，约堡需要大量黑人劳动力，但企业能够提供给黑人劳动力的混居区非常有限，加之黑人的收入很低，无力自己改善住房条件（1913年的《矿山和工厂法》、《土著劳工管理法》和1924年的《文明劳工通令》都规定，黑人不能从事技术工种，无法获得文明或高工资），于是在城乡接合部出现非法黑人定居点和棚户区。面对这种不可抗拒的潮流，市政当局在矿主和企业主的压力下相继建立了索菲亚镇等土著定居点。1923年的《土著（市区）法》规定，在城里工作的黑人并不是城市居民，而是流动劳工和临时居民，只能居住在政府划定的区域，已经居住在白人区的黑人被强行迁出。该法公布后，约堡成立了土著事务厅，随后买地建立了奥兰多定居点。二战期间，市政当局设立了许多临时营地，在临时搭建的铁皮屋里收容了58000多名无家可归者。尽管在城市里划定了黑人居住区，但还是无法如愿规范源源不断涌入城市寻找工作和生计的黑人。1945年的《通行证法》对黑人进入城市工作和居住做出了极为严格和繁复的限制，黑人完全失去了寻找工作和居住的自由。这些法规的执行使约堡在1948年国民党上台之前大体上已经形成了不同种族分区而住的格局雏形。

国民党执政后，推行分别发展政策。1950年的《人口登记法》规定16岁以上的南非人都要明确种族归属，这就为实行全面种族隔离制度提供了肤色和人种依据。同时出台的《集团住区法》把南非人分成白人、黑人、有色人种和印度人，政府有权宣布任何地方为某个种族的居住区，其他种族的成员不能在这个居住区拥有财产。换言之，一旦政府宣布了某个区域是某个种族的居住区，那么在这个区域的其他种族必须迁出，不动产必须转让。1952年实施新的《通行证法》，规定年满16岁以上的黑人都必须随身携带内容全面、全国统一的通行证，如果在检查时不能出示就要受到罚款至少20兰特或至少一个月的监禁刑罚。另外，黑人找工作时在城市逗留不能超过72小时。1956年的《土著（城市住区）法》授权市政当局可以不经审讯驱逐被认定"对和平和秩序构成威胁"的黑人，抗拒驱逐者应被视为刑事犯罪者。根据这些法律，约堡一方面把黑人工人的活动限制在白人规定的范围内，另一方面把黑人从自由居住的城市驱赶进市政府设立的七个黑人城镇，即奥兰多、西土著镇、东土著镇、皮姆维尔、贾巴武、杜贝和莫弗洛，但政府仅仅为26134个黑人家庭提供了住房，缺口达57000个。后来政府又设立了米都兰和迪普克鲁夫镇，接纳从其他居住区被驱逐的黑人，但在这两个镇里提供的住房同样不能满足需要。一般情况下，黑人住区距离他们工作的地方都很远，政府提供的公共交通也很差。为了改善工作和生活条件，居住在亚历山德拉的黑人在1957年1—6月发起了联合抵制公交运输公司的运动，拒绝乘坐公交车去工作。1963年，约堡非欧洲人事务委员会把位于城市西南部的黑人居住区、印度人居住区和有色人居住区命名为索韦托。至此，亚历山德拉和索韦托这两个种族隔离色彩明显的非欧洲人居住区就成了约堡历史上难以治愈的两大伤疤，记录着约堡独特的历史，昭示着约堡并不顺利的未来。

南非和平过渡后，黑人掌权，所有种族隔离法律都被废除，约堡发展进入新阶段。从理论上讲，种族主义的约堡应该发生与非欧洲人意愿相符的巨大变化，但实际上，约堡的变化是复杂的，一言难尽。确实，执政的非洲人国民大会利用国际援助、国家预算等为非洲人居住区提供了不少住房、基础设施、服务机构等，确实提高了部分非洲人的生活水平，使之实实在在体会到民主过渡带来的获得感。然而，种族隔离留下的问题实在太多，在非洲人国民大会在约堡执政的20年（1996—2016）间，随着大量非洲人进入城市，城市在发生种族融合的同时，也出现了新的隔离现象。大量白人和大公司总部撤离中央商务区，大量无业的非洲人进驻，原来井井有条、繁荣兴旺的环境变成了脏乱差和治安恶化、让人望而生畏的区域。邻近中央商务区、原来由白人工人和有色人种租住的希尔布罗和约维尔居住区几乎被非洲人占领，甚至在居住区内外形成贫民窟。原来的黑人城镇，由于几乎没有发展出产业，失业率依然居高不下，加之基础设施和公共服务业没有根本改善，黑人城镇的暴力犯罪率上升。与此同时，大部分黑人交不起水电费，也拒缴税款，导致市政对黑人城镇投入不足，而一些逐渐富裕起来的黑人对此现状不满，造成黑人内部的分裂，黑人城镇的问题发生逆转，逐渐由种族问题演化为阶级问题。尽管黑人已经进驻原来白人居住的区域，但仍然无法容纳源源不断流入城市的人潮，而政府能够提供的住房依然有限，于是就在公共土地、城市公园、绿地上、桥洞里形成非法定居点。大者占地若干公顷、杂乱无章的布局和在阳光下发出刺眼光芒的铁皮房以及游手好闲、无所事事的民众，给人留下强烈的，甚至让人不安的印象。笔者曾在当地头人的带领下走进他们的房子，发现这些黑人并不像想象的那样可怕，室内物品虽然质量不高但都干净整洁，室内的小环境与室外的大环境形成巨大反差。小者只是用树枝和遮雨布搭个棚子，在外面用石头支起锅，太阳好的时候主人或躺在草地上睡觉，或坐在棚子旁出神发呆。这些非法定居点周围的环境都是垃圾乱扔，尘土飞扬。

与其殖民性和种族主义特性相适应，约堡的建制和治理结构也随着时代的变化而变化。由于约堡因采金而兴起，最早治理这一地区的是德兰士瓦共和国派来的矿业专员卡尔·冯·布兰迪斯，不久后采矿者就选举了自己的委员会协助矿业专员处理相关事务。随着采金业从浅层转向深层，约堡镇需要处理的事务越来越复杂，原来由共和国组建的健康委员会（之所以成立健康委员会，是因为在采金地和混居区流行慢性阻塞性肺炎，导致非生产性减员，影响矿业生产和获得利润以及税收）不能适应形势变化，其主要负责健康的单一职能需要扩大，成员代表性和功能也需要发生相应变化。1897年，根据政府发布的第9号法令，健康委员会演变成镇议会，全镇分12个选区（病区），每个区选出两名议员，其中一名必须是德兰士瓦共和国公民，镇长由议会任命。然而这个看似自治的城市却成了德兰士瓦共和国下金蛋的鸡，它的特许经营权、外国人的选举权等等都完全掌握在共和国手中，自治政府的自治权力非常有限。英布战争中，英国在约堡设立了帝国约堡市政府，成立了由帝国政府任命的18名议员组成的镇议会。英布战争后，镇议会改为由30名直选议员组成，镇的管辖范围扩大到市场广场方圆6英里，同时设立兰德区法院，管辖周围79平方英里的司法事务。米尔纳勋爵曾想以约堡为德兰士瓦省的首府，然而，战争中的布尔人将军忌惮约堡非布尔人、白人多的优势，坚持把首府设在布尔人占优势的比勒陀利亚。南非联邦建立时，确认了三个首都的格局，但约堡仍以其强大的经济实力和勃勃生气成为国家宪法法院所在地。南非联邦实行强国家弱省的体制，德兰士瓦省进一步弱化约堡的权力。1928年，约堡镇升级为约堡市，镇议会相应升级为市议会，但此后关于城市布局和发展的重大政策基本上都是中央政府推出的，尤其是一系列种族隔离的法律。不过，约堡以其快速经济发展和需要大量黑人劳动力而在种族隔离制度执行中占有特殊地位，约堡市政府成为实施种族隔离制度的先锋，约堡也成为反种族隔离制度的重要基地，1976年6月16日的索韦托事件、逮捕曼德拉等事件都发生在约堡。与南非实行分别发展政策一致，约堡也在黑人城镇实行自治，索韦托在1983年建立了地方政府和市议会。

在和平过渡时期，约堡的治理体系发生了相应变化。1993年的地方政府转型法案规定，约堡实行二级管理体系，即增强地方政府权力，同时把大都会的权力限制在协调各方利益上。1995年11月举行了第一次民主地方政府选举，组建了11个地方政府，但这个体系运行并不如意，因为地方政府发展自己城市的积极性很高，做出了超额预算，导致大约堡财政出现严重赤字，发生危机。1999年，大约堡对市政进行改革，一方面卖掉非核心资产，重组基础设施，用三年时间实现财政扭亏为盈；另一方面改组先前的市政服务机构，设立自负盈亏的电力、供水和环卫三大集团公司，用市场力量改善服务质量。2006年，约堡把原有的11个市合并为7个，以提高工作和管理效率。每个市都设立市民中心，为市民提供就市政发表意见的平台，做到上下畅通。市政府负责保健、住房、休闲体育、社会发展等事务，大都会政府负责税收、财政控制、市政服务等事务，豪滕省相关厅局和中央政府的相关部委也就全局性的事务进行管理。显然，在民主新南非，约堡的管理走向民主化和专业化之路。

正因为约堡是典型的殖民地和种族隔离的城市，它不但规划不充分，而且与任何一种经典的规划思想都不完全契合。约堡是在工业革命100多年后兴起的，那时霍华德的田园城市设计思想和范例已经风靡世界。从约堡的建城史来看，它吸收了田园城市注重城乡结合、城市中必须建有公园和绿化带等内容，建成了适宜工作和生活的白人城市，但却忽视了霍华德城市设计思想中追求社会平等和改革的思想，甚至完全走向它的反面，形成了与白人城市形成鲜明对比的黑人城镇，其中的贫困、拥挤和恶劣环境让人仿佛进入了另一个世界。约堡成了一个两极对立的世界，但正是黑人城镇的贫困支撑了白人城市的富裕，两者以种族隔离制度奇妙连成一个整体。第一次世界大战后，约堡经济大发展，采矿业、制造业和金融业齐头并进，城市建设也随之进入新阶段。在中央商务区，各种美式建筑拔地而起，白人城市的功能区分细化，摩天大楼为人口密集的城市换来公共空间，形成大片绿地和休憩场所。1933年《雅典宪章》通过后，便捷的公路网将工作、居住和游憩场所联系在一起，约堡白人的生产和生活进一步理性化，与欧美资本主义国家几乎没有差别。但是，黑人城镇呈现出完全不同的景象，不仅远离工作区，交通不便，而且环境逼仄，基础设施严重缺乏，最可怕的是大部分黑人城镇随时都可能被拆除，居住在这里的黑人没有安全感。约堡的两极化在国民党政府实行分别发展时期进一步扩大。尽管建成了连接约堡和南非各地以及贯通约堡的高速公路网，但这只对拥有私家车的白人有利，广大黑人劳工的处境更显悲惨。新南非建立后，约堡的城市发展部分契合了《马丘比丘宪章》提出的从精英规划到全民参与的转变，也在一定程度上打破了功能理性主义的教条，桑顿等新城市的崛起就是这些原则的体现，然而，由于约堡已经形成的既有格局，要落实可持续发展城市、智慧城市、海绵城市等理念都不是轻而易举的事。中央商务区的活性化再生、黑人城镇的经济发展、约堡不同民族和文化的融合等等都是需要着力解决的全局性问题。

与开普敦和比勒陀利亚相比，约堡给笔者留下最直接的印象还是它的环境问题。在开普敦和比陀，蓝天白云是常见的气象，而在约堡，天空晴朗的气象很少见，雾霾的日子居多。这当然与这些城市的功能和位置不同有关。开普敦地处两洋交汇处，桌山也挡不住来自海上的季风，尽管汽车很多，但城市污染似不严重。比陀地处内陆高原，周围也是群山环绕，但它是行政首都，工业和人口并不多，城市污染有限。约堡是经济中心，人口众多，无序城市化还在加速发展。无论是在索韦托等黑人市镇还是非法定居点，大部分黑人家庭都用不上电，其取暖、做饭、烧水等都使用煤炭、木材或煤油，释放的二氧化硫、氮氧化物和臭氧等对10岁以下的儿童的健康影响较大，这些地方儿童的急性呼吸道系统患病率明显高于住在约堡其他地方的儿童。约堡的交通虽然不像上海和纽约那么拥堵，但无论是固定污染还是移动污染都愈演愈烈。约堡工厂林立，空气污染治理技术措施不足，治污法律执行力度不够。在瓦尔三角区分布着大量化工厂、钢铁厂、砖瓦厂等高污染企业，当地的悬浮颗粒物、二氧化硫等浓度都高出美国环保署颁布的标准，导致居住在这一区域的大约200万人的生命健康受到威胁，当地学龄儿童的呼吸系统发病率远超其他地区。就交通而言，运行车辆老旧，公共交通匮乏，交通管理系统效率不高等，导致黑人城镇附近的大气污染比别的城市要严重得多。虽然国家在1996年要求使用无铅燃油，并在1998年通过征税等方式鼓励使用无铅燃油，但使用率仍然很低，因为无论是加装催化装置还是购买无铅汽油，都需要额外付出一大笔钱，这对居住在黑人城镇的人来说都是一个沉重负担。据调查，约堡黑人城镇大气和学校操场中的铅含量都超过世界卫生组织的标准，78%的一年级学生体内的血铅含量超过国际标准，而这些学生在校的表现多少都有些异常。从有害气体的分布以及对特定人群的影响中可以发现，约堡的空气污染呈现出明显的环境种族主义特点，它对不同族群儿童的影响使消除种族主义危害的工作更加艰巨和长远。

约堡的第二个让市政府头疼、有碍观瞻并危害市民身体健康的问题是废弃物。约堡每天生产废弃物6000吨，每年生产140万吨，另有大量非法乱扔的废弃物。为了清洁环境、改善卫生状况，约堡市政府在建设"世界级的非洲城市"的目标框架下，于2001年成立了市政府独资的废弃物处理有限公司（Pikitup），负责约堡的废弃物收纳和处理以及9000千米街道的清扫。约堡废弃物处理有限公司的愿景是：成为非洲领先的综合废弃物处理公司，跻身世界最好的废弃物处理公司行列。使命是：提供超预期的、综合的、可持续的和创新的废弃物处理服务，确保废弃物减量化、再利用、可循环和可回收。具体目标是：到2022年实现零废弃物填埋，在废弃物生产最小化和价值最大化基础上实现循环利用。无论就其愿景还是具体目标来看，不能不说约堡废弃物处理公司雄心勃勃，但就看到的具体情况（约堡废弃物的循环利用率只有13%，乱扔和非法倾倒废弃物造成的年损失达1.5亿兰特）而言，实现预定目标还是任重道远。不过，虽然现在还做不到，但有奋斗目标总是好的。

约堡废弃物处理公司下设12个分部，负责33个废弃物收纳场、4个废弃物填埋场和一个垃圾焚化炉。笔者曾在公司独董的带领下访问了阿维龙分部、豪德考皮斯和罗宾逊废弃物填埋场。分部的主要工作是调度生产、管理员工和车辆等，其工作环境干净整洁，与生产一线形成强烈对比。豪德考皮斯废弃物填埋场占地面积比较大，每天有若干辆垃圾车从街道和收纳场把废弃物运送到这里，过秤后倾倒到垃圾山顶。山顶上有若干通气口，把废气排出，山底铺有防渗装置，以防废水污染地下水源。在垃圾山上看到的景象既让人对捡拾者肃然起敬，又让人心酸伤感。他们据说绝大多数都是来自莱索托的非法移民，在非常恶劣的环境中用自己的劳动谋生，并形成自己独特的社会。然而，畸形的社会环境和垃圾环境不仅扭曲了他们的人格，也损害了他们的身体健康。填埋场排出的污染气体中，甲烷占50%—60%，二氧化碳占40%。填埋场还排出其他致癌和致畸的污染物质，包括挥发性有机化合物，如苯、氯乙烯、二恶英、多环芳烃、硫化氢、汞蒸气、微生物病原体、灰尘等。尽管在填埋时都进行了湿沉降处理，但这些有毒物质都会对没有任何防护的工人和居住在周围的人群产生致命伤害，尤其是其中的苯和甲苯对人体伤害尤甚。苯是致癌物质，长时期暴露在苯含量高的环境会导致白血病、神经系统受损和皮肤、眼睛、呼吸道的问题，长期暴露在苯含量低的环境会导致慢性病。与苯不同，甲苯不是致癌物质，也不会沉积在人体组织中，但长期暴露在甲苯含量高的环境中会造成头疼，嗜睡，出生缺陷，呼吸系统刺痛，肾、听力、中枢神经系统损害等症状。一想到这些影响，不禁为这些在填埋场捡拾垃圾的人担忧，无法想象他们在未来的日子怎么过活。

罗宾逊填埋场是约堡市内最大的，也是最现代化的垃圾填埋场，占地面积大约50公顷，每天运达废弃物200车左右。垃圾山前面的平地据说以前是尾矿坝，后来尾矿坝被重新利用，其基址就成为填埋场将来扩大的预留用地。与豪德考皮斯填埋场相比，罗宾逊填埋场不但处理有序，还能产生一定效益。山下设有废弃物分类车间，堆上山的废弃物相对不那么混杂，填埋场几乎没有异味。雨季来临后，填埋场植被茂盛，填埋场就像一道山峦秀丽的风景，但旱季容易发生野火，遇到大风，尘土飞扬，此时填埋场就成了影响周边居民生活和工厂生产的污染之源。罗宾逊填埋场渗出的废水经过处理后没有任何异味，还可以回用为湿沉降用水。填埋场产生的气体全部被回收，用于发电。其技术和设备都是从德国引进，在此基础上落实约堡废弃物处理公司的从废气到能源的计划，从而实现废弃物循环再利用的目标。特别值得一提的是，填埋场的发电无偿进入约堡电网，体现了取之于民用之于民的理念。显然，约堡的这两个废弃物填埋场无论是功能安排还是技术水平都有差异，前者虽然简陋，但也能解决很大问题，后者先进，但成本也高，不过，它昭示的是约堡废弃物处理的未来方向。

约堡的第三个环境难题是到处可见的尾矿坝问题。在约堡市内外，与常规的城市环境很不协调的、最引人注目的是270多座光秃秃、白晃晃的梯形尾矿坝。尾矿坝上因为土壤独特甚至有毒而难以生长植被，缺乏植被会加剧风蚀和水蚀，造成严重水土流失。更具危害的是流失的水土中酸、盐、水银和重金属（包括砷、钴、铬、铜、铁、镁、锰、镍、铅、硫、锌等）含量远超正常值，这些物质经过化学反应形成更具危害性的化合物。它流经和所到之处土地荒芜，影响动植物生长。另外，有毒物质不仅污染了地下水，甚至深入渗流带，还污染了表土，有些地方甚至深入底土。虽然随着技术进步，近年来有些含金量相对较高的尾矿坝被重新利用，但坝址所在地被污染的环境并没有得到有效治理。笔者在考察途中曾经遭遇沙尘暴，其中的颗粒物质在很大程度上来自正在开采的金矿和已经形成的尾矿坝，这种次生灾害扩大了影响范围，造成的损失扩大化。在当地人的语言中，约堡就是黄金城。约堡因开采金矿而出生并茁壮成长，然而，约堡也深受采金后遗症之苦。尾矿坝就是约堡不得不面对和需要花大力气解决的环境问题。

在世界历史上，随着城市的出现，人类历史进入文明时代；随着工业化和城市化的发展，人类历史进入现代文明时代。然而，约堡的历史却因南非实行种族隔离制度而与世界城市史产生了一定距离。约堡因为实践种族隔离而使自己拥有了文明与野蛮、现代与反现代交织的历史。正是在殖民主义和种族主义的大背景中，无论从内在论还是外在论的视角来看，约堡的发生、发展都有别于一般城市史，是一个独特的存在。在种族隔离制度终结之后，约堡面临着人口不断膨胀的新挑战。它与历史遗留下来的旧问题叠加，传统的城市病与严重的环境问题混杂，使富有生机与活力的约堡不得不负重前行，进而需要探索出一条高效、公平、可持续的发展之路，而这注定不会是一帆风顺的。

（本文以《独特的约翰内斯堡和它的环境问题》为题发表于2023年9月22日的《澎湃新闻·私家历史》）

南非钻石和黄金开采业的经济环境史

在人类历史上，矿藏和采矿业发挥了不可替代的作用。在采矿业中，贵金属的开采虽然不像铁矿和煤矿那样启动了把人类历史带入现代文明的工业化，但它以独特的气质在一定程度上改变了人类历史的面貌。作为一般等价交换物的金和银以及建立在此基础上的金本位和银本位的世界金融体系形塑和推动了现代世界经济体系的建立和发展。钻石虽然没有成为一般等价交换物，但作为被赋予了纯洁和坚贞内涵的高贵之物不但在王冠上熠熠生辉，还在日常生活中散发美好。"钻石恒久远，一颗永流传"正是这种写照。然而，在南非历史上，钻石和黄金的发现和开采却呈现出一幅爱恨情仇、传奇与罪恶交织的复杂历史画面。

尽管殖民者自诩是为殖民地带去文明，但华丽的说辞无法掩盖其掠夺财富的真实动机和作为。殖民者到殖民地的第一件事就是劫掠被打败的皇室的金库。在这个过程中，皮萨罗、科尔蒂斯、克莱武等表现出来的洋洋得意和贪得无厌成为世界历史上最丑陋的一幕。然而，直接抢夺毕竟是一锤子买卖，为了持续掠夺财富，殖民者把目光转向了土地和地下矿藏，或者按照世界市场需要建立牧场和种植园，生产能够赚钱的畜牧产品和经济作物，或者开采矿产资源，为宗主国获取贵金属和工业化需要的原料。南非也不例外，只是其进程稍晚于美洲，但也更为猛烈和狂热。帝国主义时代和重商主义时代最大的不同在于大量剩余资本迅速涌入殖民地，使一切赚钱的经济活动都置于垄断资本的控制之下，从而演绎出大鱼吃小鱼的悲歌。

金伯利发现钻石矿后，来自世界各地的采矿者纷纷以非常低廉的价格获得许可证，并用简陋的工具在近万个地块上进行表层开采。但是，随着开采的深入，所需要的技术越来越复杂，所需要的资金越来越多，个体开采者不但难以获利，甚至很难生存。1870年，17岁的罗德斯追随哥哥来到金伯利，加入开采钻石热。然而，让他发迹的不是采到了很多钻石（虽然每周都能获得价值100英镑的钻石），而是他通过承包从深井抽水项目赚到的第一桶金。他用这些钱收购了德比尔斯农场的部分采矿许可证，进而与金融家、德裔犹太人拜特合作在1880年成立了德比尔斯矿业有限公司，并迅速上市圈钱（巴伯顿股票交易所），到1887年完全控制了德比尔斯采矿区，支付给股东的股息也从先前的3%上升到25%。与此同时，巴纳托控制的金伯利中央矿业公司也迅速发展，双方共同推高了南非的钻石产量。南非的钻石开采以前所未有的速度创造了人类钻石开采史上的奇迹。印度用2000年生产出2000万克拉钻石，巴西只用了200年，而南非仅用了15年。

如此高的产量在需求大致稳定的前提下必然导致钻石价格下降。为了保证公司获得超额利润，罗德斯一方面通过压低劳动力价格降低开采成本，另一方面通过兼并其他公司形成对钻石开采业的垄断，从而把自主权掌握在自己手里。面对掌握着全世界最好的钻石产地"大坑"（Big Hole）的、巴纳托的金伯利中央矿业公司的强有力竞争，一心要全面掌控金伯利钻石开采业的罗德斯安排其欧洲代理人大肆购进巴纳托公司的股票，然后通过自己的关系从罗斯柴尔德家族和汉堡金融家各借款75万英镑，出价140万英镑将之从出售巴纳托公司股票的法国公司买进，但这次购进不是用现金交易，而是用德比尔斯公司的股票支付，从而保证债权人和德比尔斯公司都能在股价上涨时获利。这种一举两得的金融操作一方面反映了罗德斯高超的资本运作才能，另一方面也反映了他企图从一头牛身上扒下两层皮的贪婪秉性。巴纳托自然明白罗德斯的用心，企图以更高的价格回购自己公司那些被法国公司控制的股份。罗德斯再次展示出他机动灵活而又深谋远虑的才干。他提出以购买价把德比尔斯收购的巴纳托公司的股份卖给巴纳托的建议，但前提是巴纳托不能付给罗德斯现金，而是金伯利中央矿业公司的股票。巴纳托对罗德斯的盘算当然心知肚明，但迫于罗德斯背后庞大的、深不可测的金融资本的支持，不得不打破牙往肚子里咽，出让20%的股权给德比尔斯。罗德斯并不满足，反而筹集更多资本，继续疯狂收购金伯利中央矿业公司的股票。虽然巴纳托通过许以更高价格的方式企图阻止收购，但随着金伯利中央矿业公司股价的上涨，许多股民纷纷抛售套现，其结果是罗德斯和他的德比尔斯公司在金融资本的强力加持下最终控制了金伯利中央矿业公司，并与德比尔斯矿业公司合并，成立了一统钻石业天下的德比尔斯联合矿业公司。该公司不但通过垄断控制了全球90%以上的钻石市场，还获得了从事其他行业、组建自己的军队等权利，成为帝国主义时代的超级特权公司。

一如罗德斯所愿，德比尔斯联合矿业公司通过削减40%的南非钻石产量，把钻石价格从每克拉20先令提升到30先令，同时由于缩减生产而节约了大量成本，这一进一出让垄断公司赚得盆满钵满。但是，这种垄断也很脆弱，因为一旦发现了没有被德比尔斯控制的钻石矿，就会形成新的竞争。英布战争结束后，库里南创建普利米亚钻石开采公司，在比勒陀利亚附近开采钻石。不到一年，其产量已达德比尔斯当年产量的1/3。更具象征意义的是，普利米亚公司在1905年1月开采出有史以来最大的钻石（3106克拉），经过精密切割后，形成了举世闻名的库里南1号（530克拉，亦称非洲之星）和2—4号，其中1号镶嵌在英国王室的权杖上，其他三颗镶嵌在不同的皇冠上。翌年，普利米亚的产量冲到200万克拉，几乎与德比尔斯当年产量持平。此后不久，德比尔斯的钻石产量就仅占世界总产量的40%，其垄断地位已经名存实亡。然而，在罗斯柴尔德家族的支持下，利用第一次世界大战造成钻石开采业不景气的天赐良机，德比尔斯通过购买普利米亚股票等手段控制了普利米亚，再次成为君临天下的钻石之王。然而，江山代有才人出，欧内斯特·奥本海默横空出世。奥本海默在强大的家族关系和金融家摩根的支持下，创立南非英美有限公司，投身于兰德金矿开采。在金矿开采中积累财富之后，它转而在德属西南非洲开采钻石，逐渐在钻石生产行业成为举足轻重的公司。奥本海默并不满足于自己赚钱，他与罗德斯一样，要垄断整个行业。他先把触角伸向西非的钻石生产，积累巨额财富之后就对德比尔斯进行渗透和控制。当他掌握了足够多的德比尔斯股份后，就在1929年12月20日顺理成章地、经过董事会选举当上了德比尔斯集团的主席。比起罗德斯的德比尔斯，奥本海默的德比尔斯不但垄断了全世界80%以上的钻石供应，还整垮了伦敦钻石集团，形成了供应和销售一条龙的"单渠道销售体系"，甚至在20世纪50年代把苏联的钻石销售也收于囊中。德比尔斯在世界钻石和经济市场上兴风作浪，唯我独尊，甚至形成了德比尔斯与钻石一损俱损一荣俱荣的神话。

资本的本性是逐利增殖。1886年，兰德发现了当时世界上最大、最集中的含铀砾岩型金矿，黄金储量达6.5万吨。在这个地质学上称为兰德盆地的地区，先后发现了6个金矿田，而最早发现的露头矿就在中兰德金矿田上。易采的金矿发现后，世界各地的资本和淘金者都不远万里，趋之若鹜，金伯利的钻石大亨怎会缺席？罗德斯和拜特都积极参与，但不同的追求和取向让他们走上了不同的发展道路。1887年，罗德斯和鲁德组建了南非产金地有限公司。1889年，拜特等组建了维纳拜特公司。这些公司一方面到约翰内斯堡股票交易所募集资金，另一方面寻求国际资本的支持。前者得到罗斯柴尔德家族的金融支持，后者有法兰西银行支撑。除此之外，还有德意志银行支持的格茨公司等，但这些公司的实力不能与前两者同日而语，在南非的黄金开采业中没有占据主导地位。虽然南非产金地公司实力雄厚，但罗德斯在金矿开采上并没有显示出与钻石开采上同样的敏锐嗅觉和经营才能，相反却屡失良机，错过一个又一个获得富矿的机会，只买下了一些贫矿。然而，作为一个具有政治梦想的投机者，他通过买卖其他赚钱公司的股票大获其利，同时鼓动操纵对德兰士瓦共和国的兼并，企图把兰德矿脉完全纳入英国囊中。虽然罗德斯没有看到英布战争胜利的那一天，但他的德比尔斯公司在南非金矿开采业中仍然占据了重要地位。在法兰西银行支持下，维纳拜特公司不仅从法国和约堡股市获得大量资金，还兼并了兰德的其他采金公司，开发了远东采金地，在一定程度上左右着南非金矿开采的大势。兰德黄金产量占世界总产量的比重持续上升，1886年占0.16%，1891年占10.89%，1894年占20.60%，1907年占32.32%，1909年占33.05%，达729万盎司，接近1/3。

与钻石主要是贵重饰品不同，黄金是支撑金融体系的支柱性贵金属。在世界历史上，大型金矿脉的开采不但改变了当地经济社会发展的走势，还对世界经济产生了深远影响。从1849年的加利福尼亚金矿到19世纪50和60年代的澳大拉西亚金矿、19世纪80年代的南非金矿，再到俄罗斯的西伯利亚金矿，莫不如此。毫无疑问，兰德金矿是其中最为重要的。正当黄金产量迅速增加时，白银产量却相对下降。从1848年到1860年，金银产量之比从1：16降到1：4，银逐渐失去了可以主宰金融的绝对优势地位，为欧美主要工业化国家过渡到金本位制奠定了物质基础。从1850年到1896年，欧美国家相继放弃银本位制，改行金本位制，为世界经济的一体化提供了有利条件。

就国内影响而言，兰德金矿的开采与金伯利钻石矿开采以及德兰士瓦和纳塔尔煤矿的开采一起促成南非的矿业革命，进而带动了南非的工业革命。按照经典的工业化模式，国家利用资本和技术，选择某个产业作为突破口，并在其带动下展开全面工业化，进而促成政治和社会的全面进步。然而，南非的工业化及其影响却与众不同。它的启动不是由国家推动（德兰士瓦共和国本质上是建立在牧羊业基础上的农业国家），而是由渴望发财的投机者和资本家利用市场推动的；它的起飞主导部门不是纺织业，也不是制造业，而是贵金属开采业；它的资本不是来自奴隶贸易的积累和农业的剩余，而是来自帝国主义时代的国际剩余资本；它的深层开采技术不是来自工匠的经验知识积累或大学实验室的新发明，而是从先发工业化国家直接引进；它带动的工业化并非在国内建立完整和平衡的经济体系，而是以出口为导向和面向白人统治者的独特经济体系；它的影响也不是社会和政治的全面进步，而是白人社会与非白人社会的完全隔离，白人的进步建立在非白人的被歧视基础上。南非的现代化是畸形的现代化。

南非的工业化和现代化是典型的后发国家的工业化和现代化，政府（1910年前主要是德士斯瓦共和国，之后是南非联邦）和垄断资本在其中发挥了重要作用。无论是采矿业还是制造业和商品化农业的发展，都需要大量廉价劳动力。对南部非洲黑人实行种族歧视和隔离政策是制造廉价劳动力的粗暴而有效的政策。在这个过程中，政府发挥了无可替代的重要作用，但垄断资本的需求和推动也不容忽视。尽管罗德斯声称要"打造世界上最富有、最伟大、最强大的公司",但对公司工人采取的却是最不人道的政策。刚到金伯利,在写给母亲的信中,罗德斯把近万座黑人采矿的小山丘比喻成蚂蚁堆,把在上面劳作的黑人比喻成黑蚂蚁。尽管他当时还是一个来南非讨生活的小年轻,但骨子里对黑人的歧视已是昭然若揭。在控制了德比尔斯矿区后,他把非洲劳工圈进孤立的混居区,一方面保证矿区的劳动力供应,另一方面迫使他们在混居区的公司商店消费,把挣来的低工资还给资本家。即使这样,随着垄断程度的加强,公司不断裁员,与此同时,工人的工作条件不断恶化。金伯利爆发天花后,罗德斯故意隐瞒消息,导致751名工人在天花被控制之前死亡。之所以隐瞒,是因为他觉得一旦公开消息,工人会逃回家,影响矿区生产。另外,他也不愿意负担接种费用。由此可见,在罗德斯心目中,赚钱永远重于非洲人的性命。罗德斯担任开普殖民地议会议员和总理职务后,与阿非利卡人沆瀣一气,不但要剥夺非洲人对土地的固有权利和少数非洲人享有的投票权,还主张通过有利于工业、不利于非洲人的法规。他在议会演讲时说:"土著应该被当作孩童对待,应该剥夺其公民选举权。在处理与南非野蛮人的关系时,我们必须采取专制统治。"为了获得更多的钻石矿和金矿,罗德斯利用南非公司,兼并了马塔贝莱王国,夺占了黑人的土地,建立了罗德西亚殖民地。虽然罗德西亚的矿藏并不如预期,但制造出大量流动劳工,满足了南非的钻石矿和金矿对廉价劳动力的需求。而对待已经到金伯利打工的非洲人,罗德斯支持实行通行证制度,支持剥夺黑人和有色人种获得采矿许可证的权利,支持对黑人进行鞭笞或私刑。面对钻石走私问题,罗德斯在议会领导一个专门委员会,负责调查黑人走私和制定杜绝走私的政策。1882年通过的《钻石贸易法》规定,嫌犯在被证明无罪之前被推定有罪,可以在没有陪审团的情况下判处最高15年的监禁。

在金矿开采中，需要的劳动力更多，然而，垄断资本在金价基本稳定的前提下，为了保障获得超额利润，极力压缩工人工资，降低可变资本比例。在矿业公司的推动下，南非政府在1911年颁布了矿山和工厂法，规定非白人不能从事技术工种。1922年兰德罢工之后，穷白人的利益得到保障，而非白人的利益进一步被剥夺。1924年颁布文明劳工通令，规定非白人只能从事非文明工作，获得非文明工资。第二次世界大战期间，南非制造业产值超过采矿业，成为第一大产业，采矿业中实行的种族隔离政策扩展到其他产业。1953年通过的土著劳工法剥夺了黑人为改善工作条件而罢工的权利，黑人参加罢工即被视为刑事犯罪，可处三年监禁和罚款。1956年的工业调节法不但不承认黑人的雇员资格，还进一步强化了先前的职业保留制度。这种制度在20世纪80年代之前确实促进了南非的白人现代化，但这种反人类的政策和实践最终使南非成为"人人喊打的过街之鼠"而难以为继。虽然1994年民主新南非的建立创造了人类历史上和平过渡的成功范例，但种族隔离制度的长远影响及其与资本主义的复杂关系却不是短期内能够捋顺的。

19世纪末的采矿业无疑是个脏活累活，尤其是在干燥少雨的南非内陆地区。那时的资本家虽然不用像工人一样干体力活，但他的工作和生活环境与工人的一样脏乱艰苦。罗德斯初到金伯利时，那里的环境非常恶劣。到处是死亡的驮畜，任其腐烂。蝇虫寄生在食物、饮料和随处排泄的便溺中，四处肆虐，传染疾病，导致痢疾等流行。当地严重缺水，矿工长期不能洗澡，个人卫生和环境卫生迅速恶化。最可怕的是随时都可能发生的严重沙尘暴。无论是寒冷的冬天还是炎热的夏天，被剥离了植被、堆满了矿渣的地表一遇到强风，就会形成骇人的沙尘，掀翻简陋的建筑物屋顶和帐篷，带毒的尘土直击人们的身体，像海浪汹涌而来的尘暴好似要吞没地面的一切。那时的罗德斯也只能因陋就简，和朋友住在瓦楞铁覆盖的简易住所中，经受着恶劣环境的考验。只是后来积累了大量财富，才在金伯利建设豪华疗养院，在开普敦盖豪宅。他说，建疗养院是他的个人爱好，而金伯利是那些心肺有问题的人进行疗养的绝佳地方。换言之，他建疗养院既是为了自己调养身体，也是为了展示自己的成功，在金伯利富人圈树立自己的威望。发迹了的罗德斯不再像矿工那样继续遭受环境破坏和疾病流行的危害了。

此后，随着资本的积累和城市化进程的发展，白人资本家和工人的工作和生活环境大大改善，而黑人劳工的工作和生活环境因劳动负荷的加大而更显恶化。肺炎和硅肺等疾病高发，从旧大陆传来的结核病等在矿区传播开来，既对黑人健康和生命造成损害，也影响矿业生产效率的提高。对南非矿工中肺结核病高发的认识经历了曲折的过程。最初想当然地以为，肺结核高发是因为黑人不良卫生习惯和营养不良所致，是黑人不适应城市生活和工业化的产物。后来经过调查发现，这种从欧亚大陆传入非洲的流行病对保留地黑人危害并不大，或者说保留地黑人对此病具有一定免疫力，但进入城市和矿区的黑人由于劳动环境恶劣和营养不良而逐渐丧失对此病的免疫力，环境恶化是造成结核病流行的关键因素。然而，进一步的调查研究发现，保留地也不是结核病的免疫地，相反随着保留地环境的恶化，结核病在保留地也逐渐流行开来。兰德金矿所在地植被稀疏，金矿开采对木材的需求导致地面植被大量被破坏，加之大量尾矿坝的出现使粉尘大量增加，当地的空气质量急剧下降。随着深井矿的开采，井下环境由于爆破和高温高湿而越来越严峻，对矿工的身体健康极其不利，到1910年中央矿业集团的结核病发病率飙升到16‰。此后虽然有所下降，但随着保留地人地关系的恶化和防病措施不足，结核病的发病率又创新高，1976年几乎重回1910年的高位。这说明，黑人矿工中结核病高发不仅是一个环境产物，还是一个种族主义的社会建构。

在金矿开采和提炼中，会造成汞污染。兰德金矿本身的汞含量比较高，虽然在提炼时采用湿法冶金技术，但依然造成矿场废水中汞含量超标。虽然当时没有留下详细客观的资料，但现在通过采用科学调查和研究方法大致上可以探明汞污染的环境影响。兰德方丹金矿位于约翰内斯堡以西45千米处，是一个传统老矿。从其竖井和钻孔以及遭到尾矿坝渗漏的周围小溪和湿地获取的酸性废水样本中，可以发现兰德方丹水的pH值介于2.9—5.0之间，汞含量最高的地方甚至超过平均值的四倍多，被环保署认为会对水生生物产生极为不利的慢性影响。另外，废水中生物化的甲基汞含量越是离矿坑和提炼车间近越高，表土中的汞总量最高达到2581纳克，湿地中的高于旱地，上游的高于下游的，沉积物中的汞总量表层高于底层。虽然土壤具有一定的去甲基化的能力，但并不能解决土壤和沉积物中过高含量的甲基汞的问题。无机汞变成甲基汞后，毒性大增，不但会造成水质恶化，还会在生物体内聚集，进而通过食物链影响人体健康。

在现在的兰德矿田周围，存在着与常规的城市环境很不协调的、270多座梯形尾矿坝。这些尾矿坝是由提取黄金之后的尾矿砂构成的，其中石英石占90%以上。这种土壤中的有害物质远超正常值，对周围环境和生活在这里的居民已经而且还在继续造成严重不良影响。

其实，南非已有相对比较完整的环境管理法律和政策体系，采矿业中的环境管理和技术标准也是其他非洲国家学习的模板。就采矿业中的水管理而言，根据1996年南非宪法中的权利法案、1998年南非环境管理法和南非水法、1996年矿业健康和安全法、

2004年南非环境管理法之大气质量法、1999年南非遗产资源法等规定的原则，南非水务部（原南非水务和森林部）出台了严格的采矿业水资源保护指南，包括矿业水综合管理、水污染防治和影响最小化、水的回收和再利用、污水处理等方面。在这些规定之下还有更为具体的分类政策指南。就跨部门合作治理指南而言，不但涉及水盐平衡、暴雨雨水管理、闭矿水管理，还涉及水监测体系和水影响预测等。就矿山水管理而言，包括从开采到冶炼等不同环节，如小型矿、露头矿、深井矿、湿法冶炼厂、尾矿坝、污水控制坝等。从理论上讲，这些措施及其理念不能说不先进，不能说不全面，如果能够得到严格执行，就不会出现水污染问题。但现实情况是，在矿业生产中，对人身安全问题的重视超过环境管理，在成本效益核算中对短期影响因素的重视超过长期影响因素，更何况还有很多历史遗留问题，还有很多非法采金者等。前者是矿业公司造成的问题，但经过历史演变现在已经在很大程度上变成了公共问题，后者不仅是矿业的问题，更是非法移民和警察执法的问题。这些累积和叠加的问题使法规的适用性大为降低，而执法队伍执行力不足进一步弱化了矿业水管理的效率。从这个意义上说，南非矿业既为南非发展发挥了积极作用，但也留下了必须克服的环境问题，但解决矿业环境问题在现实中因为牵涉各方利益而变得异常错综复杂，这在很大程度上考验着政府、矿业公司和社会的联动和互动能力。

俗话说得好，"纸上得来终觉浅，绝知此事要躬行"。虽然早在20世纪末就关注罗德斯和兰德罢工，也阅读了当时能够找到的资料，但没有现地体验总觉得隔着一层纸。2019年夏天，借着去澳大利亚研究采矿业的全球环境史（主要是煤矿和铁矿）之机，顺便去本地戈参观了维多利亚山金矿遗址，观察采矿造成的环境破坏和恢复环境的努力，下到中央德宝拉矿200多米深的作业面，辨认金矿石、体会采金业的工作环境，在地面上尝试淘金作业程序，观看冶炼过程。这种回到历史现场、寻获感悟的过程给笔者一种用内部人的视角对外国历史进行同情之理解的体验。而这种感受是从阅读书面资料中得不到的，也是外国人研究外国史最需要的基本的能力。现在终于有机会到南非，金伯利和兰德自然不容错过。

然而，钻石和金矿开采毕竟是非常专业的领域，即使是研究它的历史也不能忽视对专业知识的补充。南非大学名誉教授赵宝金先生不仅是地质学和矿物学专家，还曾经做过金矿公司高管，是理论知识和管理经验兼具的复合型"大咖"。在赵老师带领下，参观了地质展示公园，观摩了他收集的各种矿石，登高俯瞰了约翰内斯堡的尾矿坝，途中还辨认了随处可见的各种岩石和普通矿石。这次恶补无疑加深了笔者对矿业的理解，也启发笔者从地质学角度认识南非历史的演进及其独特形态的形成背后的动力机制。

按照赵老师给出的参观建议，利用南非上海商会前会长姒海先生提供的、难能可贵的便利条件，从约堡一路南下，越过南非历史上最重要的瓦尔河和奥兰治河，先到布隆方丹再到金伯利。途中参观了兰德矿脉最南端的威尔考姆金矿。该矿由和谐金矿有限公司经营，有些矿区封闭管理，不进到场内无法看到任何生产过程，有些矿区基本上是开放式的，远远就能看到竖井和正在堆积的尾矿坝。当时正值矿工换班时间，发现矿工装备齐全，面容干净，有些女矿工甚至还化着淡妆，他们升井后履行完相关手续就开车回家。这与笔者心目中的矿工形象大不相同。在公司人事部，相关人员介绍了公司的历史和现状，从中可以看出，现在的金矿公司与种族隔离时期的大异其趣，不仅仅是黑人进入管理层，从事决策和管理工作，而且还有白人工人与黑人工人一样在井下第一线工作，同工同酬，真是换了人间。

金伯利是南非钻石开采的中心地带,那里既藏有大量档案资料,也是历史发生的现场。在麦克格雷格博物馆,查到大量金伯利和德比尔斯矿业公司的文字和图片资料,对金伯利钻石开采业、当地历史和环境变迁产生直观印象。在大坑博物馆,不但看到了各种实物展览以及拍卖等模拟实景展览,还原了当时采矿业和其他产业发展的历程,还看到了大坑和地下采矿坑道。在从开普敦飞往约堡的飞机上,就曾看到了大坑遗迹,现场观看更是令人震撼。大坑钻石矿发现于1871年7月16日,1914年8月停采。40多年间,共开采了14504566克拉钻石,最深处离地面1097米,挖出土石2250万吨。现在大坑深215米,水面距地面174米。在坑道里,能够体验到黑人矿工劳动的艰难和困苦。这与拍卖厅和集市广场上白人资本家和投机商亢奋喧闹的情景形成鲜明对照。站在高高悬空的观赏天桥上,俯视脚下的大坑、远眺对面曾经的德比尔斯大厦,感慨历史的吊诡和无情。当年罗德斯经常坐在矿坑边缘发呆,当别人问他在想什么时,他回答在寻找力量。罗德斯真是一位以金钱为力量推动历史进化的人,至于他发挥了积极作用还是消极作用还得由后人来评说。在开普敦大学,他的雕像被移走,但在金伯利,他的雕像依然矗立在市中心,虽然不远处就是以反种族隔离而著名的普拉彻的名字命名的大学。

在和谐公司经营的姆宝嫩矿区,看到了世界上最深的矿井,离地面大约4175米,开采深度达3300米。该矿原由南非英美阿散蒂金矿公司所有,准备向5000米深度开采,但因成本太高而不得不出售。随着开采深度的增加,矿道中的温度升高,空气稀薄,渗水增加,公司通过管道把在地表制冷过的新鲜空气送入地下,用枕木和尾矿回填来稳定坑道。尽管开采条件已经大为改善,井下开采条件依然比较艰苦。几千米的岩石压力不仅会造成岩爆,还会引起周围发生矿震,造成人员伤亡,尽管这个数字因为实行了严格的安全和环境标准在下降。在场区，还看到了种族隔离时期的混居区。虽然现在住在矿区的工人住房条件大为改善，但处在荒郊野外的这些集体住房仍然给人以与外部世界格格不入的印象。矿主和矿工百年来都不断发生变化，有些人甚至命丧井下，但利用黄金开采实现资本增值是唯一不变的逻辑，历史就是在这个轨道上自行运行，其他都是这个轨道上的过客而已。

真正体验采金工人工作环境和金矿大亨生活环境是在位于太阳城的金矿博物馆。金矿博物馆由地面和地下两部分组成。地上主要是曾经拥有这一地块的寡妇欧斯图伊泽和金矿经营者的豪宅。从室内的摆设可以看出他们生活的奢华和讲究，那些比较古老的高尔夫球杆仿佛昭示着他们的主人的荣耀和前卫。即使是现在，在约堡看到整洁舒心的高尔夫球场，还是不由得让人产生天上人间的巨大反差感。井下完全是另一种环境。在这个开采了84年（1887—1971）的皇冠矿14号井，3万多名工人总共采出140万克黄金，是当时世界上最深的金矿。博物馆建立初期，参观点在第五个工作面，位于地下226米处，现在的参观点仅在地下75米处。即使如此，也能体会到当年黑人矿工在矿道劳动的艰辛。在用蜡烛照明的矿道上，在用枕木支撑的作业面，没有耳塞的工人操作着钻机打孔，填装炸药进行爆破，然后用驴子把装满金矿石的椰子锅车拉上地面。由于使用明火，井下经常发生甲烷气体爆炸事故，造成人员伤亡，长期操作钻机的工人会耳聋。回到地上，可以观看炼金以及制作金条的生产过程。在这金光闪闪的光鲜背后映现的是那些与矿石一样黑的井下工人的面孔，在金矿大亨轻酌慢饮的葡萄酒之光怪陆离中折射着黑人矿工的血和汗。难道社会的进步只能是"用人头做酒杯才能喝下甜美的酒浆"？

历史的发展自有其冷峻的辩证法，但绝不是赢者通吃的历史，研究历史的也是有感情的人。面对南非独特的历史和急剧的社会变迁，历史学家需要在探求真相、臧否历史和情感好恶之间取得平衡。即使是涉及亮晶晶的钻石和金灿灿的黄金，也不能把自我迷失在胜者流传下来的文献中，而是要在实地研究（fieldwork，即把文献研究和现地体验结合，而不仅仅是到当地找文献或走马观花的fieldtrip）中既看到贵金属产业的历史贡献，也不能忽视背后的资本逻辑和对黑人矿工的压榨，还有它留下的环境影响。

（本文发表于2023年10月22日的《澎湃新闻·私家历史》）

南非马拉松的社会史

　　跑步是人类的天性，但马拉松却是一项竞技运动，超级马拉松更是挑战人类极限的运动。比起肯尼亚、埃塞俄比亚、阿尔及利亚和摩洛哥等盛产高水平马拉松选手的国家，现在的南非不能算是马拉松大国，但是，南非以其三大超马赛事和独特的马拉松历史而在世界体育史上独树一帜。南非的三大超马赛事分别是：世界上历史最为悠久的超马——同志马拉松；世界上赛道风景最美的超马——两洋马拉松；世界上最自然、最刺激的超马——五大兽马拉松。由于南非实行种族隔离制度，它的马拉松选手一度被国际奥委会和国际田联禁赛，它的国内马拉松赛事也曾禁止黑人和妇女参赛，于是，南非的马拉松赛事就不仅仅是一般意义上的体育比赛，还是与种族主义和反种族主义交织在一起的政治活动。始于20世纪80年代的南非体育史研究从一开始就被置于社会史的框架下，从而使之具有了超出一般体育史的更为广泛和深刻的意义。

　　1894年，国际奥委会成立，马拉松逐渐成为奥运会比赛项目，并在全世界推广开来。不过，那时的马拉松还是白人男子为了彰显男子汉气概、力量和勇气的运动。受英国体育运动传统的影响，南非白人开展长跑运动并举办非正式的比赛。1894年3月26日，南非业余田径协会在约翰内斯堡成立。翌年，南非田径运动员参加了在伦敦举办的英国冠军赛。随后由于政局动荡，南非并未参加1896年在雅典举办的第一届奥运会，直到1904年，两名没有获得官方认可的南非黑人运动员参加了在美国圣路易斯市举办的奥运会马拉松项目比赛。他们穿着普通的衣服、卷起袖子、赤脚参加了比赛。虽然只获得了第9名和第12名，但南非因此而成为非洲第一个参加奥运会马拉松项目比赛的国家。

为了选拔参加1908年伦敦奥运会马拉松比赛的运动员，开普敦的斯巴达哈利尔俱乐部在1907年8月15日举办了马拉松比赛。赛道长26英里，16名选手参赛，柴尔德以3:12:55夺冠。这是南非官方举办的第一场马拉松比赛。此后，各种距离长短不一、主办方各异的马拉松比赛在南非主要城市遍地开花。1908年4月22日，第一届冠名为南非马拉松的比赛在开普敦举行，开赛时间是下午3点，选手们顶着炎炎烈日，在充斥着尘土和汽油味的松软赛道上奔跑，德兰斯瓦越野冠军麦克阿瑟以3:18:27夺冠，战胜了当时人们最看好的海弗森。然而，南非队还是在综合考虑的基础上选定海弗森参加奥运会马拉松赛。不过，海弗森并没有夺冠，只获得银牌，但他给出的解释是自己并没有紧张兴奋起来。这种说法在白人民族主义高涨的年代产生了戏剧性效应，激励更多人加入俱乐部，参加各种距离的马拉松和越野比赛。南非马拉松运动的成绩迅速提高，接近世界纪录。1912年，南非运动员获得斯德哥尔摩奥运会马拉松比赛的金牌和银牌，给这个刚刚经历了惨烈战争、尚在建构的国家带来惊喜和自豪，进一步强化了白人民族主义。1914年，尽管第一次世界大战已经爆发，但南非还是设法加入国际业余田径联合会，成为世界田径大家庭的一员。

与世界其他国家的业余选手一样，南非运动员也经历了关于赞助费的争议。1954年，南非当时最伟大的马拉松运动员黑沃德为了赴海外参赛，没有经过南非业余田径和自行车协会就收取了南非奥委会和英帝国运动协会 100 吉尼、酒业公司 100 吉尼以及私人和南非拳击协会数量不等的金钱，被注销业余选手的身份。黑沃德感到很冤屈，因为他去海外比赛，为此花费了 395 英镑，但实际上只获得了 285 英镑赞助。更何况他去海外竭尽全力是为国争光，是成全大我。虽然他觉得协会的处理决定并不公平，但还是不能参赛，直到 1978 年，形势发生了变化，他才以 70 岁高龄重返赛场，并在纪念马拉松比赛中以 3:6:24 的成绩完赛。一个天才的马拉松运动员为了代表自己的国家去海外参赛而被本国协会制裁，现在看来，这是多么不可思议的事情。然而，私下收取赞助费那时在全世界都是犯忌的。因为所谓业余爱好者就是指非职业选手，意即不以参赛为谋生方式、不以赢钱为目的的选手。这样的选手一般是绅士，暗含鄙视以参赛来赚钱的不体面行为的意思。1982 年，南非运动员哈伯斯达特在参加芝加哥马拉松赛时获得第三名和 6000 美元奖金。由于他把奖金存在了美国信托基金而没有存在南非业余田径联合会指定的信托基金中，就受到了该机构的制裁，并被取消业余选手资格三年。

由于南非在 1948 年后变本加厉地实行种族隔离制度，逐渐引起国际社会的公愤。南非政府的做法明显违反了追求身体与心灵和谐统一、促进世界和平的体育精神，于是来自国际社会的各种制裁层出不穷。1960 年后，南非选手被禁止参加国际马拉松比赛。由于缺乏高水平比赛，南非马拉松运动水平停滞不前，从 1961 年到 1965 年，无人跑出 2:40:00 以内的成绩。1970 年，国际田联采用了一个变通办法，允许南非选手以个人身份参加国际比赛。1975 年后，南非国内的体育赛事逐渐向黑人选手和女选手开放，虽然经历了从非正式参赛到正式参赛的艰苦历程，但这无疑有助于南非马拉松参赛人数的增加和运动水平的提高。在 1979 年的斯泰伦博斯马拉松比赛中，五位选手同时跑进2:20:00，这在南非马拉松历史上是破天荒头一次。在1980年的斯泰伦博斯马拉松比赛中，三位女选手同时跑进3小时，这预示着南非男女马拉松选手可以比翼齐飞。在按南非标准看来是巨额奖金（5000兰特）的刺激下，南非男选手在1984年很快突破2:10:00，女选手突破2:40:00，南非马拉松水平再次接近世界最好成绩，南非成为仅次于英国和日本的世界第三马拉松大国。在这个过程中，斯泰伦博斯大学贡献了优秀男选手勒格兰戈，开普敦大学贡献了优秀女选手罗雪-凯莉，金山大学贡献了优秀女选手桑贾·范·祖尔。他们的异军突起不但说明大学在培养优秀选手方面能够发挥积极作用，还对在女性中普及长跑运动发挥了不可替代的示范作用。

　　然而，在南非田径1991年重回国际大家庭后，其进步速度却放缓了。一方面因为肯尼亚和埃塞俄比亚等国马拉松选手的成绩突飞猛进，给传统强国的成绩提升施加了巨大压力；另一方面因为在接近人类长距离跑步极限时，任何一点点进步都要付出巨大努力，需要克服许多几乎不可能克服的障碍。另外，和平过渡之后，南非社会处于秩序重组的大变动时期。很多优秀白人选手移居国外，黑人选手在企业效益不彰的时代难以获得良好的训练条件，普通人因为要为维持生计忙碌而无暇进行跑步训练。这都在一定程度上限制了南非马拉松运动的发展。笔者在南非访学期间，在街道上和公路上，很少看到跑者。作为业余跑步爱好者，笔者在比勒陀利亚和约翰内斯堡也被反复警告，为了生命安全，不要在街上和路上跑步。不过，在斯泰伦博斯大学、开普敦大学、金山大学校园，体育运动依然在正常开展着，只是跑者绝大部分是白人男女学生，甚少见到黑人学生跑步。

　　除了在全国各大城市举办的常规马拉松赛事之外，南非还以卓越的超马赛事蜚声世界体坛，吸引了来自世界各地的超马爱好者。

南非的三大超马中最早举办的是同志马拉松（简称"同志马"）。同志马拉松由参加了一战、从东非战场病退回来的老兵维克·克拉普汉姆领导的同志会创办，纳塔尔业余田径和自行车协会协办。之所以取名为同志马拉松主要是为了纪念在战场上结成的男性军人之间的合作、关照等同志情，希望在普通人中把这种生死和治愈之情传承光大。之所以把长度定为56英里而不是正规马拉松的26英里主要是为了发扬战场上步兵负重长途跋涉的勇气和坚韧精神。之所以选在1921年的帝国日（5月24日）开赛，除了要吸引更多普通人参赛之外，还有向在战争中牺牲的英帝国士兵致敬之意。之所以选择在两座城市之间进行比赛，主要是拷贝了英国的从伦敦到布莱顿的马拉松模式（在12小时30分钟内跑完53英里）。不过，长途跋涉和跑步在19世纪的纳塔尔已有传统。从1876年到1914年，从彼得马里茨堡到德班的路上就有许多军人或徒步或跑步，1910年甚至还讨论过要设立正式比赛的提议。因此，同志马拉松的设立就是纳塔尔传统和纪念一战同志情相结合的产物。

1921年5月24日清晨，34名选手迎着朝阳，从彼得马里茨堡出发，一路向下，跑向德班。翌年，90多名选手从德班出发，一路向上，跑向彼得马里茨堡。这就形成了同志马拉松独特的同一线路、不同方向的传统。同志马成功举办的消息迅速传遍世界各地，激发出更多的类似赛事。这无疑提升了南非白人的民族自信心，唤起了南非联邦的自豪感。同志马的办赛经费主要来自社会赞助，但由于两次世界大战之间发生了严重经济危机，赞助越来越少，参赛人数也大大减少，到1940年仅有1名选手参赛。战争期间，停办是不得已的选择，因为在那个受难时期举办任何比赛都会被认为是不爱国、不尊重生命的行为。在战后恢复时期，同志马的参赛人数在1959年第一次超过百人，1969年超过500人。表面上看这是前所未有的繁荣，但实际上只是白人男性的比赛。直到1975年，政府终于允许黑人和妇女参加比赛，与此同时，同志马还吸引和允许外国选手参赛，从而把同志马变成了世界上最伟大的马拉松比赛之一。同志马的参赛选手扩大到学生、公司职员和专业人士，这个变化使路跑逐渐成为商务和专业人士追逐的时尚。

1976年，同志马引进了赞助制度，并采用电视直播，马拉松的商业化不可避免，奖金禁忌也难以为继。1977年，同志马的参赛选手首次突破2000人。不能出国转播比赛的南非广播公司把目光转向并集中于同志马拉松，精湛的转播技术和制作、前金牌选手的专业解说助力同志马成为世界上规模最大、最具吸引力、最优质的超马。同志马逐渐由依靠情怀举办的、赔钱的赛事变成了有理财公司顾问的一项生意，优秀运动员收取出场费逐渐成为家常便饭。1982年，国际田径联合会修改了业余或非职业运动员的定义，从1985年起，参赛运动员不但可以获得各种奖金，还拥有自己的经纪人或经纪公司来提升自己的市场价值。跑步成为改变生活的一种方式，吸引了越来越多的穷苦人参与到这项运动中来。到1989年，参赛人数突破1.2万，黑人运动员山姆·塔巴拉拉第一次夺得冠军。1990年，曼德拉获释，非洲人国民大会等政治团体被解禁，南非逐渐迈进新时代。南非运动员逐渐回到国际赛场，同志马更加国际化，外国运动员相继获得冠军。2000年，参赛人数达到2.5万，同志马成为彩虹之国新南非的体育象征。

南非的三大超马中赛道最美的是两洋马拉松。1970年5月2日，第一届两洋马举办，早于世界上其他著名的城市马拉松，如纽约马拉松（1971年）、柏林马拉松（1974年）、伦敦马拉松（1981年）、东京马拉松（2007年）等。起因是德班出身的运动员为了准备同志马在开普敦进行长度为35英里的训练，后来他提议设立正式比赛，起终点都设在克莱蒙特。这个提议经历曲折最终在1969年得到有关机构的支持，比赛沿着开普半岛，途经印度洋和大西洋以及查普曼峰、康斯坦提亚山峡等著名景点。1972 年，两洋马第一次引入赞助商——开普守卫者报。就像赞助商的名字所示，开普敦市长希望把两洋马的独特气质变成开普敦的传统。于是，此后历届赞助商基本上都是开普敦的企业。有意思的是，两洋马的日期定在复活节那个周末，寓意两洋马是一场朝圣之旅。美丽的赛道和赛事的宗教寓意吸引了大量参赛者，参赛人数从1970 年的 24 人增加到 2019 年的 1.3 万人，50 年间共有 295358 名选手参加了比赛。

1998 年是两洋马历史上的重要转折点。两洋马的起点改在纽兰德的主路上，终点改为开普敦大学橄榄球场，赛道长度变成 56 英里，关门时间由原来的 6 小时改为 6 个半小时。途经的开普敦著名景点更多，包括约瑟芬磨坊、罗德斯豪宅、基尔森博世国家植物园、桌山和魔鬼峰等。除了超马之外，组委会还开发了半程马拉松（总共 245444 人参加）、桌山越野赛（11162 人参加）以及每年吸引4000 多个家庭参与的趣味比赛，如 56 米幼儿跑、2.1 公里跑和 5.6公里跑。多样化的赛事、庞大的参赛人群、热烈活跃的气氛把桌山脚下变成了欢乐的海洋，每年的复活节周末变成了生机勃发的跑步节。两洋马成为开普敦令人神往的美丽风景线。选手们在开普敦感受到了相互陪伴、相互鼓励、相互竞争，既满足了竞争的本能，又收获了友谊和归属感。正所谓"跑一场马，爱一座城"。主办方、赞助商也在选手的奔跑中达成了自己的商业目标，产生了难以估量的社会效益。两洋马拉松把跑者的爱好和商人的事业完美结合，打造出开普敦市一张亮丽的名片。

南非的三大超马中最刺激的当属五大兽马拉松，不过它资历甚浅。虽然从 2005 年开办到现在不足 18 年，但仍以其极具挑战性和原始野性而声名大噪，吸引了越来越多的选手参赛。赛道位于南非林波波省的恩塔贝尼野生动物保护区，那里栖息着 50 多种哺乳动物、300多种植物和近400种鸟类，区内地形和生态复杂多样，有高山、峡谷、草原和森林。之所以称为五大兽马拉松是因为赛道上随时可能遇到犀牛、大象、豹子、狮子和水牛，惊险刺激，其中15—20千米处、25—30千米处的陡坡非常考验跑者的实力。由于比赛极具危险性和刺激性，为了保证参赛者的人身安全，主办方设立了严格的关门时间，在26.5公里处4小时15分关门，在32.5千米处5小时15分关门，全程7小时关门。因此，参赛者不仅是运动高手，还是自然的真爱者。他们通过融入自然获得感知力，在自然中摆脱日常生活规则的束缚，获得精神超脱，从而寻找到本源的自我，体会到永恒的意义和美好。2005年第一届比赛男性完赛者仅37人，女性完赛者仅23人。尽管难度极大，但还是吸引了世界各地的跑者参赛，完赛人数逐年上升。近年来，中国跑者不甘人后，在这个赛道上也留下了自己的身影。当然，五大兽马拉松在主打刺激性和挑战性的同时，也非常重视选手安全，不敢有丝毫的马虎大意。在野兽出没的地方都有持枪安保人员驻守，确保参赛人员万无一失。在短短的18年历史上，不乏由于兽群出入赛道而推迟比赛的先例。因此，五大兽马拉松既是一个让主办方和跑者战战兢兢、小心翼翼的比赛，又是一个充满诱惑、值得奋不顾身、放手一搏的比赛。

南非的地形和气候非常适合进行户外越野，也有很成熟的线路，但是，笔者跟随朋友在周末进行户外活动时看到的几乎全是白人。之所以看不到黑人去越野，主要是因为他们穷。笔者在与自己的临时司机聊天时问他，周末都在干什么？他的回答很直接，休息睡觉。为什么不去周围越野徒步？他的回答更简洁，没钱。深聊之后才知道，他的工资要养活在乡下的一家人，每一分钱都得计划着花。毫无疑问，是贫穷限制了大部分黑人的想象和生活。除此之外，可能还有一个现实的原因，那就是这些地方离城市或乡村居住点比较远，而南非的公共交通极不发达，黑人大都没有私家车，他们即使想去越野，也力有不逮，可望而不可及。

谈到南非历史，无论是什么历史，都绕不开种族主义和种族隔离。南非的马拉松也不例外。虽然在田径运动中，没有明确的种族隔离的法律，但现实中，无论是主管机构还是赛事主办方，都或严格执行与赛事相关领域的种族隔离制度，或按照自己的理解或习惯思维实施种族隔离政策。早在20世纪初，黑人、亚裔人和白人男子就不能同处一个公共空间。在举办同志马的初期，黑人观众只能在路旁固定区域观赛，同时还要像儿童崇拜英雄那样敬仰白人选手。在两次世界大战之间，南非的种族歧视政策升级为种族隔离政策，非洲人只能住在农村，不能成为南非的合法城市居民。在非洲人聚居区，白人官员认为跑步可以消耗非洲人的时间和精力，可以在一定程度上化解反种族隔离运动的冲击，进而使黑人按照白人的生活方式和思维方式生存，最终养成"文明"的习惯。但非国大、南非共产党和南非工商联与白人官员的看法正好相反，他们认为跑步是非洲人进行反种族隔离的政治斗争的形式，是能够证明自己与白人一样具有运动能力的领域。正因为黑人和白人对黑人跑步的政治意涵持有截然相反的认识，因此白人并未完全放开对黑人跑步的限制措施。在纳塔尔，白人在跑步比赛中严扎篱笆，防止非白人渗透进自己的特权领域。这种非人道的做法自然遭到非白人的抵抗，因为非白人普遍营养不良，寿命远低于白人，他们希望通过积极参与体育锻炼提高身体素质。1935年，第一位黑人选手参加了同志马，尽管其成绩没有获得官方认可，但他赢得在路旁观赛的白人观众的喝彩和鼓励。黑人甚至在1937年组织了自己的日照马拉松，虽然只举办了三届（第二次世界大战爆发后无疾而终），但却发出了黑人要求平等参与体育活动的强烈意愿和坚定呼声。1948年后，南非国民党政府实行分别发展政策，白人中原先存在的通过跑步使黑人"文明化"的认识完全被保持白人纯洁性、让黑人完全按照自己的文化生存的思想取代。进入20世纪60年代后，体育主管部门借用集团住区法的有关规定，制定和颁布了第26号公告，禁止没有在城市居住资格的人在城里从事任何公开的娱乐活动。显然，这是对集团住区法的过度延伸和过度利用。南非在体育领域客观上实行种族隔离政策引起国际体育界的强烈反感。1960年，南非运动队在国外第一次遭到反种族隔离示威游行抗议，此后无论是遭到抗议的频率还是强度都日益增加，南非运动员走出国门几乎变得不可能。南非政府虽然举办了南非运动会，但那只是南非运动员与自己人比赛，竞技水平很难迅速提高。在20世纪70年代初，随着国际制裁的强化和国内工会运动的发展以及白人自由派反对声浪的高涨，曾经获得同志马奖牌的部分白人运动员也要求赛事向所有人开放，在同志马中用种族整合取代种族隔离。面对来自各方面的压力和呼声，同志马以政府机构阻拦为由拒绝开放，依然坚持隔离。其实，虽然政府颁布了关于起终点设施利用的隔离设施保留法（*Reservation of Separate Amenities Act*），但无人能限制任何人利用公路和休闲空间。在1973年的同志马比赛中，有选手打出旗帜，要求组委会开放同志马，得到观众的热烈响应和掌声。他们鼓励所有人都来享受跑步的乐趣，反对强加给体育的非体育价值，废除只有白人才能参赛的违背体育精神的措施和做法。但组委会依然不为所动，以同志马是白人私人俱乐部的活动为由继续搪塞。参赛的黑人选手依然没有号码，成绩不被承认，只能走旁边的出口退场。1974年，反种族隔离活动家不顾警察重兵监控，在起点发放传单，号召参赛者戴上黑臂章，甚至扬言要封路，要举办另一场比赛，以抵制同志马。但同志马组委会丝毫不顾场外的抗议，依然我行我素，坚守同志马是完全的白人马拉松的保守僵化原则。

　　1975年是南非马拉松运动的一个重要转折点。在国内外的强大压力下，新上台的沃斯特政府不得不在体育领域逐渐放开种族隔离政策，提出在体育领域实行多元民族主义的政策主张，南非业余田径协会正式允许黑人选手与白人男性选手参加同一比赛。当然，这种放开也是有条件的，是在不对白人政府的基本国策（种族隔离）伤筋动骨的前提下进行的，在一定程度上是做给国际社会看的。在具体的执行过程中，想要参赛的非白人选手必须是官方认定民族的选手，必须通过通行证检查，起终点的休息室、赛道上的补给站等依然实行隔离措施。尽管有这些不合理的限制，但部分非白人选手终于可以名正言顺地参赛。这实在是来之不易的成果。在1975年的同志马中，黑人第一次获得了奖牌。两洋马组委会和赞助商也不甘落后，向体育和休闲部长提出申请，要把两洋马办成多民族赛事。1975年2月26日，这个申请得到批准，但要求非白人必须使用独立的休息室，非白人中成绩达到3小时45分钟以内的才能获得参赛资格。如此严格的规定实际上把绝大部分非白人挡在比赛之外，两洋马只是有限的、多民族参与的比赛。1975年，黑人选手第一次合法出现在两洋马的赛道上，展示自己的能力。

进入20世纪70年代后期，南非马拉松比赛快速发展。南非矿业公司开始培训黑人矿工参与路跑。矿业公司财大气粗，国际联系广泛，其行动对马拉松主办方形成压力，迫使他们在开放上采取进一步措施。1977年9月9日，南非路跑协会成立，它制定规则和标准，培训官员和裁判，在此后20年有力促进了南非马拉松的发展。进入20世纪80年代后，黑人大量参与路跑，逐渐成为赛事的主宰。布鲁斯·福戴斯等优秀运动员继续努力，不但创造了新的赛会纪录，更在体育比赛中发出了要求完全废除种族隔离制度的呼吁。他们不顾国家处于紧急状态、穿戴任何具有非洲人国民大会标志的服装都有被抓进监狱的危险，在参赛时佩戴黑臂章，公开抗议种族隔离政策，要求弘扬马拉松精神，即无论男女、黑白，大家在赛道上相互帮助、相互竞争，相互成全。受他的影响，赛场抗议逐渐普遍化。1994年实现和平过渡后，长达一个世纪的马拉松比赛中的种族主义终于画上了句号，南非马拉松迈入各民族平等参与、大放异彩、美美与共的新阶段。

南非的性别歧视与其他国家的既有共性，也有所不同，那就是它与种族主义紧密纠缠在一起。在通常情况下，马拉松被认为是显示男性气概和维持男性霸权的运动。然而，在20世纪初，由于南非白人数量不多，性别歧视在白人内部表现得并不明显，尤其是经历了英布战争之后，阿非利卡女性得到很大程度上的尊重。另外，尽管顾拜旦反对女性参加体育比赛，但随着国际妇女田径协会在1922年成功举办了国际女子运动会，奥运会也不得不向女性敞开大门（不过，那时女性主要参加短跑项目）。于是，南非白人女性可以参加马拉松比赛，但却是非正式的。尽管如此，相对于黑人选手不能参赛而言，白人女性毕竟可以在白人男性主导的赛事上登台亮相，展示自己的能力。早在1923年，就有女性参加了同志马。尽管南非业余田径协会判定她不符合参赛资格要求，但还是受到媒体和观众的热烈欢迎。在此后三十年，女性完全被禁止参与比赛。因为女性被认为是脆弱的、顺从的，参与马拉松这种高强度的耐力运动会损伤其生育能力，甚至会使其具有某些男性气质而变得不伦不类，失去女性特质。因此，女性只能从事适当的、有节制的运动项目，而马拉松这种极限运动是不适合女性的运动，不论黑人女性还是白人女性。这种认识反映了男性对女性从事田径运动的恐惧和维持自己霸权地位的用心。

这种禁忌自然不能长久，它与种族隔离一样遭到了国内外女权主义者的强烈反对。其实，早在20世纪30年代，欧美妇女就逐渐参与到奥林匹克运动中，并展现出自己独特的能力和魅力。但

这在当时南非的社会环境中并没有引起正面和积极的反响。直到
20世纪60年代末，白人妇女才可以非正式参加比赛。她们有自己
的名字，但没有号码，不能越过终点线，只能在接近终点的地方
跑到路旁结束比赛，也没有官方认可的成绩。1975年，白人女性
正式获得参赛资格，但整个社会舆论依然贬低女性选手。即使是
南非小姐参加路跑，媒体依然不能公正对待她的参与。进入20世
纪80年代后，白人女性在田径运动中活跃起来。与此同时，黑人
女性也在1984年获得正式参赛资格。然而，与白人女性获得认可
需要时间一样，黑人女性虽然获得了参加马拉松比赛的机会，但
要获得平等和尊重，还需要更多时间。不过，黑人女性合法出现
在赛场上并尽情释放自己的能力，展现自己的优雅和美丽，激发
了群众强身健体的热情和干劲，带动了更多人参与马拉松运动。
到2012年，半马参赛选手中女性超过男性，占到55%；到2019
年，在超马比赛中，女性选手占到30%左右。南非各族儿女终于
可以在同一赛道进行公平竞争和相互扶持了，马拉松精神和奥林
匹克精神终于闪耀彩虹之国。

当代伟大的马拉松运动员吉普乔格说，跑步不是为了比赛，
而是为了快乐。当你开始跑步，你就是自由的风，自由地去你想
去的任何地方。不要把跑步当成竞争，你要因为热爱而跑步。毫
无疑问，吉普乔格说出了跑步的真谛。然而，对照南非的跑步史，
这种出自人类天性的热爱的释放和作为天赋人权的自由的实现是
多么艰难。在那个扭曲的历史时期，某些人因为肤色和性别而失
去了锻炼身体和展示自己魅力的机会，这是对人类尊严和天性的
侮辱。虽然这种反人道的问题被从政治和法律上解决了，但其造
成的后果依然影响着曾经遭受歧视的黑人和女性享受运动快乐的
能力。跑马绝不只是中产阶级的专利，但全民健身与消除经济上
的严重贫富分化存在相关关系，尤其是在马拉松比赛已经严重商

业化的时代。换言之，要实现多民族自愿和平等参与马拉松比赛，尚需在经济上进一步消除严重的不平等，进而实现共同富裕。

（本文发表于2023年10月31日的《澎湃新闻·私家历史》）

肯尼亚何以成为长跑王国？

　　在国际田径界，肯尼亚被誉为长跑王国，其卡伦津人被誉为长跑民族，埃滕被誉为长跑训练的"麦加"。自1964年以来，在奥运会、世界田径锦标赛、世界越野锦标赛中，肯尼亚选手在中长跑比赛中，一再刮起旋风，不断刷新世界纪录。1980年后，肯尼亚选手（包括移居海外的肯尼亚选手）囊括了大部分奖牌，而其中绝大部分为卡伦津人选手斩获。在近年的马拉松比赛中，肯尼亚选手独领风骚，吉普乔格不仅在正式比赛中破纪录如履平地，还在维也纳马拉松比赛中跑进2小时以内，虽然这个成绩不被正式承认，但证实了人类"破2"的可能性和实操性。正当人们沉溺于吉普乔格封神的快乐中，一位名不见经传的肯尼亚选手吉普图姆横空出世，在2023年的芝加哥马拉松比赛中跑出了2:00:35的好成绩，创造了新世界纪录。从他冲刺时的轻松表情来看，正式"破2"指日可待（不幸的是，吉普图姆在2024年2月11日因车祸离世）。

　　其实，与欧美国家的优越训练条件和成熟训练体系相比，肯尼亚的甚至可以说比较简陋。在第二次世界大战之前，在肯尼亚仅仅只有传教士办的学校才举办运动会。1949年，英国殖民者阿奇·埃文斯出任殖民地体育委员，并组建肯尼亚田径队，开始参加英联邦运动会。1951年，受英国的影响，埃文斯在英属肯尼亚成立了肯尼亚业余田径协会，并与宗主国的相应协会对接，为肯尼亚运动员出国参加各种比赛创造条件。肯尼亚独立后，其田协无为而治，放任自流，主要原因在于经费和人手极度缺乏。对于来自国际社会的经纪人，肯尼亚田协只在乎能否收到注册费，对其如何运作则不加任何规范和干预。

与非洲其他民族的身体条件相比，卡伦津人并没有多少特殊之处。在第二次世界大战之前，根据1904年在美国圣路易斯举办的世界博览会上的运动项目测试结果，人们普遍认为黑人在田径运动方面毫无天赋，也没有能力充分利用和分配自己的身体资源。然而，自欧文斯1935年在一小时内连续创造三项世界纪录始，黑人选手在短跑项目上异军突起，震惊世界田径界。于是，人们开始认为黑人运动员的成功在于其与生俱来的强健体魄和动物般的运动天赋，是独特的生理特征造就了这些短跑天才。然而，这种解释并不能证明不同地方的黑人在不同项目上展现出来的多样性特长。当肯尼亚选手在中长跑项目上崛起后，有些专家甚至希望找到他们擅长长跑的独特基因，这自然是无功而返，也广为肯尼亚和埃塞俄比亚等国选手所不齿。

就开展中长跑运动的政治经济环境而言，肯尼亚也并不理想。早在殖民统治时期，英国殖民者就把基库尤人、卢希亚人、陆奥人等农业民族强行迁入以游牧为生的、卡伦津人世代生活的地区，与此同时采取分而治之的政策，导致这些民族之间矛盾加深。1964年肯尼亚独立，基库尤人肯雅塔当选总理，后任一党制国家的总统直至1978年去世。在此期间，基库尤人明里暗里得到各种优待，更多的基库尤人迁徙到裂谷省，卡伦津人的土地和利益实际上被进一步蚕食。1978年后，卡伦津人莫伊担任总统，并实行独裁统治，但由于卡伦津人并不是人口占多数的民族，因而在他们生活的裂谷省经常与基库尤人发生激烈冲突。虽然裂谷省25万—30万基库尤人在1991—1994年流离失所，但卡伦津人也难以安居乐业。世纪之交，肯尼亚开始民主化，其政治实际上按照地方民族主义发展，族际关系更加复杂多变。在这样的政治脉络中，虽然经济一度保持了较高增长率，但不同民族并非公平和平等受益。一般而言，这样的社会环境并不能让运动员安心训练和参赛。

然而，正是在如此环境中，肯尼亚选手却一再惊艳世界。为什么肯尼亚选手能在国际中长跑界一飞冲天，长时间独占鳌头呢？卡伦津人有什么制胜秘诀吗？具体来说，肯尼亚选手的成功不是任何单一因素决定的，相反却是一些平常的因素，甚至按常理来看不利的因素完美组合、相互作用的结果。换言之，如果把这些因素单列出来，其他国家或民族也都具备，但能把这些因素组合起来并发挥正能量的只有肯尼亚一家。

中长跑运动是人与环境的互动。在合适的环境中奔跑，人的能量能够得到最经济和最大程度的发挥；从这个环境中走出来的越来越多的成功选手反过来又赋能环境，使之成为渴望成功的选手心目中的训练圣地。肯尼亚选手主要生活在大裂谷地区、内罗毕西北300多公里的埃尔多雷特，尤其是埃滕训练基地。那里属高原丘陵地形，虽处于热带地区，但因为平均海拔高达2400米而并不炎热，昼夜温差较大；由于地处内陆、远离城市，选手能够集中精力进行训练和调整；由于土路较多，且多有起伏，非常适合运动员进行多样化训练，也能够有效提升训练时的好奇心和新鲜感，从而在不知不觉中完成大运动量训练。这样的环境一方面可以最大程度消减在闹市区经常发生的无谓能量消耗，另一方面又能激发运动员的无限潜能，从而使运动员的训练积极性和有效性得到最大限度的提升。这里的训练普遍能让运动员如虎添翼，一旦下到平原比赛，其成绩基本上都能得到较大幅度的提升。

从埃滕走出去的世界冠军的心得体会和奇闻轶事给埃滕基地注入更多正能量，进而披上了神秘的色彩。约翰·恩古基在1986年成名后，他与众不同的、18公里长的山地训练路线逐渐成为其他选手热衷的训练路线。该线路以其丰富的地形变化和类似实战的训练效果赢得选手们青睐，在这种环境中训练的选手也像恩古基一样取得了不俗的成绩。恩古基在世界越野锦标赛上实现了三连冠，其他6位选手也都进入前七名。1998年，128名肯尼亚选手创造了217个2小时20分以内的马拉松成绩，比上一年多出54个。1999年，肯尼亚女子世界冠军罗娜·基普拉加特在埃滕创办了高原训练中心，为肯尼亚女性提供良好的训练环境。中心周围有泥土路和小山丘，中心有田径训练场和健身房以及具备基本卫生条件的宿舍。随着肯尼亚选手的成绩越来越好，训练中心的声誉也是水涨船高，出现一床难求的局面。后来，为了满足世界各国男女长跑运动员的强劲需求，中心扩建为罗娜体育学院，并向所有运动员开放。埃滕的训练环境因为更多优秀运动员的加持而变得更为神奇，产生了在这里训练似乎就能获得与那些世界冠军一样能力的效应。

良好的训练基础和文化氛围使肯尼亚选手能在相对比较愉快的情绪下完成高质量的训练。不像经济相对发达的东部沿海地区，肯尼亚西部地区相对比较闭塞，教育和交通等基础设施缺乏，卡伦津人孩子们上下学都是在比较崎岖的山路上跑步进行的，这种具有一定时间限制的、群体性的、玩闹中完成的跑步既为他们打下了良好的体能基础，也造就了在放松中争胜的心态。进入训练营后，其训练计划往往体现出高强度与低密度、专项训练与休息恢复、集体训练与个人自主训练相结合的特点。与欧美普遍流行的备赛期间的长时间高强度训练相比，肯尼亚选手每天训练的时间并不是最长的，但强度很大，尤其是安排了一定量的上坡跑；每周还有至少一天休息，另外，训练开始和结束时都安排了非洲运动员喜欢的激活和拉伸体操，融趣味性于运动中。在进行长距离训练时，肯尼亚运动员喜欢成群结队一起跑，在训练中相互鼓励、相互竞争、相互帮助，从而形成高水平的运动员群体。一般情况下，训练营的生活是单调枯燥的，然而，肯尼亚训练营的这种独特文化使之成为一个生机勃勃、和谐喜乐的家园。运动员在这里不但能够提高竞技水平，还能享受专注、宁静和进步的生活。

渴求脱贫是卡伦津人运动员坚持奔跑的不竭动力。卡伦津人是游牧民族，大体上逐水草而居，大量基库尤人迁入后，抢占了适合农耕的土地，卡伦津人的流动牧场面积持续缩小，载畜量下降。但卡伦津人的生育率不降反升，这就导致其总体上更加贫困。越是贫困，更多的孩子们需要跑步上学和放牧，这无形中在青少年中扩大了跑者群体。把这些业余跑步苗子转化成职业长跑运动员的动力来自通过跑步改变命运的感召和诱惑。独立初期，在国内成绩好，可以加入军队体育队，换来令人羡慕的、稳定的职业，生活不但能够得到保障，还能出人头地，成为在社会上受人尊敬的人。在国际比赛中获得金牌，回国后将被授予更大荣誉，甚至被誉为民族英雄，成为民族团结的象征和民众崇拜的对象。在国际经纪人渗入肯尼亚中长跑运动后，潜力雄厚的优秀选手不但可以获得美国大学的奖学金，还可以通过频繁参加各种比赛挣取优厚奖金。尽管在扣除税收等之后运动员所得有限，但这足以在肯尼亚西部山区改变全家人甚至整个家族的经济状况，从而使其不但生活条件远远超出当地人的平均水准，而且成为其他人羡慕的成功化身。正是这些通过跑步改变整个家族地位的成功运动员的榜样作用，使一代又一代的跑步苗子刻苦训练，期待有朝一日得到经纪人和教练的青睐，进而走上国际赛场，创造出属于自己的运动成绩、财富和荣誉。这无疑是那些只擅长跑步而没有其他优势和出路的穷人孩子的最好选择。

然而，这些成就肯尼亚长跑王国美誉的因素在时代发生变化后，也可能造成出人意料的问题和困扰，其中冲击最大的因素是外国经纪人的无序挖人和博斯曼转会规则的影响。从20世纪80年代开始，美国大学疯狂从肯尼亚吸纳中长跑选手。这些选手由于接受了美国大学的奖学金而不得不按照美国大学的需要安排训练周期和参赛计划，客观上导致肯尼亚高水平选手不能满足为国争光的需要，甚至出现为了参加商业比赛而不愿代表国家出征的现象。博斯曼转会规则出台后，一些财大气粗而运动水平不高的国家就通过引进肯尼亚高水平选手入籍的方式来迅速提高自己国家的运动地位。1992年，肯尼亚800米优秀选手威尔森·基普凯特移民丹麦，三次为丹麦夺得该项目世界冠军。此后，肯尼亚优秀运动员移民国外的现象成规模出现，直接威胁到肯尼亚在某些项目上的垄断和霸主地位。2003年，肯尼亚3000米障碍赛运动员切罗诺入籍卡塔尔，并在巴黎世界田径锦标赛上把肯尼亚人垄断了12年的冠军收入卡塔尔囊中，肯尼亚获得的奖牌数也大幅度下降。与此同时，肯尼亚在世界越野锦标赛上的表现也大不如前。这种情况在肯尼亚国内掀起轩然大波。单纯从国家利益角度考虑，这些选手似乎太顾及小我而忽视了大我，但从个人权利角度来看，他们都有权选择自己的国籍。这是一对矛盾，但并不是不可调和的冲突。虽然肯尼亚优秀的长跑运动苗子源源不断，但架不住优秀选手成规模流失，因此，肯尼亚长跑王国地位的维持和光大需要解决好选手个人利益和国家利益的矛盾。

痛定思痛，肯尼亚田协不得不直面现实，探索一条留住优秀选手的可行之法。肯尼亚田协采取了多种措施，实际效果比较好的主要是：用事业留人，改善管理和服务，让优秀选手感受到为国争光的自豪和尊重；设立各种奖励，让选手得到实惠，使其在国内也能凭自己的刻苦训练和骄人成绩实现改善家族生活状况的目标；规范优秀选手流动制度，使其合法有序，从而实现选手、经纪人、肯尼亚（输出国）和引进国之间的多赢。这些改进措施的实施不但捍卫和巩固了肯尼亚中长跑王国的地位，也为世界中长跑事业的发展贡献了肯尼亚力量。显然，这是全球化在体育领域的客观反映，虽然经历了一点曲折，但在公平竞争的赛场上，最终实践了肯尼亚选手和世界其他国家的选手一同创造辉煌历史的体育精神。与殖民时代的历史相比，肯尼亚人不但能自己做主，还能创造世界纪录。虽然田径赛场上依然沿用欧美国家确立的规则，但肯尼亚人就是在他们的规则中展示了自己无与伦比的能力。他们的成绩代表了人类能够企及的极限，因而具有了普遍意义和价值。

不仅如此，肯尼亚田协还与时俱进，在环境保护等方面进行创新尝试，从而为肯尼亚中长跑品牌添加了更高的附加值和道德感召力，使其更加光彩夺目。2015年在巴黎召开的第21届联合国气候变化会议上通过了《巴黎协定》，要求各方共同应对，把全球平均气温较工业化前水平升高控制在2摄氏度之内，并为把升温控制在1.5摄氏度之内而努力，同时，还要求各方尽快实现温室气体排放达峰，并在本世纪下半叶实现温室气体净零排放。要达成这个目标，不仅需要各国政府迅速行动起来，扎实推进减排，也需要群众团体积极投入。作为管理14亿跑者的世界田联积极响应联合国的号召，签署了相关文件，推出了自己的可持续战略，承诺在2030年前所有项目和活动实现碳中和。2021年8月13日，肯尼亚田联签署了联合国气候行动体育框架文件，这是世界田联所有成员国中的第一个。肯尼亚之所以能成为第一个，原因在于肯尼亚具有坚实的保护环境的意识和行动基础。从1972年起，联合国环境规划署就设在肯尼亚首都内罗毕。2004年，肯尼亚人万佳丽·马塔伊就因为植树获得了诺贝尔和平奖。另外，肯尼亚各民族传统文化中都有敬畏和珍爱自然的内容。肯尼亚田联的作为不但得到广大运动员的支持和响应，也在日益国际化的体育运动和比赛中彰显了肯尼亚传统文化的环保价值。在中长跑运动的绿色化方面，肯尼亚走在前列，这与他们取得的竞赛成绩和尊崇地位是相称的。

总览世界跑步史，一个群体取代另一个群体，各领风骚几十年，似乎是常态。无论是先前的英国人、芬兰人还是澳大利亚人，他们取得领先地位似乎与他们的经济发展和技术革新相匹配。然而，肯尼亚运动员的崛起却呈现出另一种景象，这是环境、文化和经济奇特组合结出的硕果。虽然在全球化时代不可避免会受到世界市场的影响，但与时俱进的品行让它在环保时代再次挺立潮头，引领未来。

（本文发表于2023年11月28日的《澎湃新闻·私家历史》）

人类世与非洲

　　人类世是人类活动超越地质营力成为地球环境变化的主要动力的一个时代，大约以1950年为界区别于全新世。与全新世相比，人类世的地球环境系统发生了巨大变化，除了表现最为突出的温室气体排放导致全球气候变暖之外，整个生态系统（包括陆地和海洋）也遭到了不可逆的破坏。地球环境系统的变化转而反噬人类，对人类系统形成严重冲击。一般情况下，说到全球环境变化的责任，首先想到的就是先发工业化国家和新兴经济体，非洲因为欠发达而被认为对全球环境变化贡献不大，因而在全球环境治理中也无足轻重。确实，就温室气体排放而言，非洲远比世界主要排放国（2017年，中国、美国、欧盟、印度、俄国和日本的二氧化碳排放量占世界总量的68%）和亚太地区（2014年，亚太地区的二氧化碳排放量超过欧洲和中亚、中东和北非、撒哈拉以南非洲和拉美与加勒比海地区的总和）的排放要少得多，但这并不能说明非洲在全球环境系统及其治理中不重要，相反，非洲是全球环境系统的一个有机组成部分，也是对全球环境变化最为敏感的部分之一。

　　其实，自工业化从英国启动以来，非洲自然环境的压力就越来越大。非洲的主要殖民国家，无论是英国、法国还是比利时、葡萄牙和德国，无不把非洲作为原料产地，或者直接掠夺自然资源，如矿产资源，或者通过建立种植园等方式促进经济作物种植和出口。与此同时，为了霸占更多土地和制造更多廉价流动劳工，非洲人或者被赶进面积狭小的保留地或者进入城市周围的棚户区。前者造成矿区的植被环境破坏、水和空气污染以及种植园生物多样性减少和土壤肥力下降，后者导致保留地土壤侵蚀和牧场退化以及城市边缘地带环境恶化，疾病流行。第一次世界大战后，英国和法国先后推出了殖民地开发计划，对非洲的掠夺力度进一步加大，在世界市场驱动之下，非洲对自然环境的索取和破坏增强。殖民统治和开发一方面促使非洲经济向商品经济转化，另一方面造成了较为严重的环境破坏。显然，这一时期非洲对全球环境变化的影响是复杂的，但主要责任在殖民者和宗主国，非洲人既是殖民主义、帝国主义和种族主义的受害者，也是殖民者和宗主国掠夺和破坏非洲环境的工具。

第二次世界大战后，非洲国家相继赢得独立，工业化、城市化和农业商品化都迅速发展，对环境的影响也呈现出"大加速"之势。工业化既是现代化的应有之义，也是现代化的动力。非洲也不例外，它在消除贫困、促使社会进步方面发挥了积极作用，但也造成严重的环境影响，加剧了对自然资源和能源的利用密度和强度（全球矿产贮备的30%在非洲，非洲的黄金储量占世界总储量的40%，铬和铂占90%，石油占12%，天然气占8%），产生了污染和废弃物。与先发工业化国家相比，非洲工业化是原工业化和现代工业化叠加的，它带来的环境问题也是旧的环境问题（如森林滥伐和土壤侵蚀等）与新问题（如日益增加的温室气体和废弃物以及化学污染等）混杂。根据联合国的统计，非洲四大地区工业发展最快的9个国家（埃及、阿尔及利亚、南非、安哥拉、赞比亚、肯尼亚、刚果民主共和国、加纳、尼日利亚）中有7个位居非洲九大污染排放国的前列，刚果民主共和国和赞比亚虽然分别位列第16和第20，但也位居本地区污染排放大国的前列。南非是非洲第一排放大国，2010年人均排放9.2公吨。阿尔及利亚是第二排放大国，2020年人均大约3.7公吨。虽然这个数字并不高，但非洲国家的人口增长率高（年均2.7%）、城市化速度快，城市基础设施建设跟不上城市人口增长的速度，形成严重的环境卫生问题和大气与水污染问题，室内空气污染和室外大气污染共同推高了温室气体排放。空气污染导致死亡率日益攀升，到2019年，整个非洲因此而有110万人丧生，超过艾滋病造成的死亡人数，空气污染成为导致非洲人死亡的第一杀手。另外，空气污染及其引发的疾病对经济发展造成损失。2019年，埃塞俄比亚因此损失30亿美元，占国内生产总值的1.16%；加纳损失16亿美元，占国内生产总值的0.95%；卢旺达损失3.49亿美元，占国内生产总值的1.19%。$PM_{2.5}$的大量排放造成非洲1.96亿儿童的智商受到影响。可以说，工业化和城市化造成的环境污染和破坏不但导致非洲人生命和财产损失，还削弱了非洲未来发展的基础和可持续性。

非洲还是一个发展中的、以农业为主的大陆，70%的人口以农为生，农业产值占国内生产总值的25%，有些国家甚至占一半以上。农业和农村的环境问题不但影响范围大，而且与国计民生息息相关。独立以后，随着人口的迅速增长，非洲国家旧有的土地制度并没有发生根本性变化，人地矛盾越发突出。外国资本控制或与国际市场关系密切的本国资本控制的大农场都以满足国际市场需要的经济作物种植为主业，而当地少地的农民为了满足自己的生计不得不压缩休耕期或者进行密集种植，导致土壤肥力衰减，同时由于贫困土地肥力得不到必要补充，致使农业生产非常脆弱，农民生活水平得不到明显改善。另外，在非洲普遍存在的烧荒方式，虽然比较适合当地土壤和生产状况，但也造成大范围的空气污染。笔者在津巴布韦看到的烧荒景象令人震撼，对因此而造成的烟霾依然记忆犹新。在南非看到的更加令人担忧，约翰内斯堡国际机场附近清晨空气中弥漫着呛人的烧荒烟气。非洲农业生产在全球农业造成的温室气体排放中占15%，比欧洲的13%高，但比美洲的25%低。更为让人忧心的是非洲大量的靠天吃饭的农业（占全部农业的96%）在面对全球气候变暖时基本上没有适应能力。近年来经常发生极端天气事件，如干旱、洪水、热浪、热带气旋、山火等。气温升高导致水源减少，农作物产量下降。据测算，到2050年，非洲农业产量将因气候变化而下降10%—20%，尤其是作为非洲人主食之一的玉米下降幅度更大，有些国家甚至可能超过30%。这无疑会进一步恶化本来就不乐观的粮食安全，也会把国内生产总值的增长率每年降低2%。气候变化还会加快沙漠化，缩小陆地植被覆盖面积，影响淡水和海洋环境，危及非洲人通常使用的生物质能源。尽管室内使用生物质能源导致非洲每年有60万人死亡，但更为严峻的是非洲电力覆盖率只有42%，不到全世界平均数的一半，14个国家电力覆盖率不到20%，大约6亿人口完全没有用电。如果全球气温继续升高，这部分人将会永远生活在夜的黑暗之中。

尽管非洲对全球环境系统变化贡献较小，在国际气候谈判和环境治理中也很少有人谴责非洲，但是非洲并不是没有贡献，更不是不受影响，相反，它急需提升应变能力，增强产业结构和生活方式的韧性。非盟提出的整体政策宗旨就是在应对气候变化中促进非洲的经济转型。就农业和农村而言，非盟提出了建设应对气候变化的智慧农业、提升生态系统的韧性、善用可再生能源资源的政策倡议。应对气候变化的智慧农业的目标是三赢，即持续增加农业生产率和收入，适应和建设应对气候变化的韧性，减少温室气体排放。具体做法是通过技术创新种植耐热耐旱的新品种，采用综合性防病措施提高水土质量，通过推广数字技术来提升农业生产效率，降低收获后销售成本，通过建立农业保险制度保障小农的收益，等等。提升非洲脆弱的生态系统韧性的途径是以自然为基础创新自然资源管理。具体而言，就是把政府政策和民间智慧结合，把自然选择和技术进步结合，既减少对生态系统的破坏，又增强水土涵养能力和生物多样性，使地表环境更绿，使海洋环境更蓝。善用可再生能源资源首先要避免低效污染式利用，然后通过投入资金和技术形成高效可持续的利用再生能源资源的模式。

非洲工业化和城市化应对全球环境系统变化之路在于绿色化。虽然非洲的工业化还处于起步阶段，但它因为尚未形成路径依赖而易于向绿色工业化发展。一方面，工业可以通过减少生产过程、流通链和供应链对全球环境系统的影响来增强应对环境变化的能力和韧性；另一方面，企业可以通过发明和利用绿色技术减少资源消耗、减少废弃物排放、进而循环利用资源，并最终在为市场提供绿色产品和服务的同时履行自己的社会责任，成为绿色企业。非洲的城市化仍在加速发展，其绿化已经刻不容缓。一方面，应对老城的基础设施和生产生活模式进行绿色化改造，另一方面，应对新建城区完全按照环境友好的原则来设计和建设。智慧城市应该成为未来非洲城市化的发展目标。

虽然非洲仍是发展中大陆，但非洲的野生动植物保护总体上是值得肯定的。然而，在人类世，地球上没有一个区域能够避开气候变化的影响。非洲的生态系统也受到了有毒化学品使用、气温升高、栖息地碎化、外来物种入侵、新病流行等因素的冲击，而所有这些因素背后的推动力都是不合理的人类活动。因此，继续保护非洲大陆的生物多样性和生态系统的健康稳定也不容忽视。在确认那些未曾受到人类影响的小型生态系统基础上，以此为基线设计保护区和保护原则；在扩大保护面积和种类的同时，提高保护质量，同时增强保护区的自我造血功能，使之走上可持续发展的道路。

　　非洲的环境问题是人类世时代全球环境问题的一个有机组成部分，其环境治理不仅需要非洲国家通力合作，也需要非洲与世界其他国家、地区和组织相互协调。非盟是团结非洲国家推行可持续发展战略和协调非洲国家在国际环境治理中的立场的不二组织。非盟设立了参加《联合国气候变化框架公约》缔约国大会的非洲谈判小组，它执行非盟大会、非洲国家气候变化首脑委员会和非洲环境与自然资源部长会议确定的方针。从1995年柏林缔约国大会开始，非洲国家就在全球气候谈判中以一个声音发言，随后在联合国的气候变化政策制定中发挥重要作用。例如，基于自己排放较少以及面临的独特环境危害，非洲国家提出适应优先于减少的政策主张。在哥本哈根缔约国大会上，在非洲国家的主张和坚持下，形成了对发展中国家克服气候变化影响的援助到2020年额外增加300亿美元的共识。另外，在非洲国家的努力下，联合国扩大了"减少森林滥伐和森林退化导致的温室气体排放议程"所涉及的范围，要求为环境保护、可持续森林管理、增强碳存储能力、海岸带社会保护红树林等提供激励性资金投入。显然，非洲国家从自己的国情和洲情出发，在重视地球环境系统健康的同时，也切实兼顾自己的现实利益和长远利益。

　　2023年9月4日，非盟委员会组织的第一届非洲气候峰会在内罗毕开幕。经过三天的热烈讨论，发布了非洲领导人关于气候变化和行动呼唤的内罗毕宣言。宣言重申，非洲对全球气候变暖贡献最小，但受到的危害最大。尽管如此，非洲国家不愿停留在抱怨和一味要求援助上，而是要积极参与全球气候治理，并贡献非洲方案。那就是把气候治理和发展议程结合起来，在共同但有区别的责任基础上联合实现巴黎协定和联合国2030可持续发展的目标。具体而言，就是要积极吸引绿色投资，推动绿色工业化和绿色增长，改善非洲人在城乡的生产和生活条件，使非洲国家到2050年成为稳定的中等收入国家，同时以碳交易和碳融资等方式推动能源转型和全球经济去碳化，在公正基础上共享繁荣。为此，发达工业化国家必须信守承诺，按时支付每年1000亿美元气候治理基金，同时通过减免关税和转移支付、债务重组等方式改变不平等的国际经济体系对非洲环境和经济发展的负面影响。非洲国家的这些主张在阿联酋召开的《联合国气候变化框架公约》第28次缔约方大会上得到一定程度上的积极响应，在减缓、适应、损失与损害、公正转型等方面达成共识，在财政支持受害最大的发展中国家应对气候变化方面也取得了一定进展。这说明，非洲在全球环境治理中并不是像某些工业化国家的人士所说的那样（"以后发来讹诈先发"），而是日渐成为全球治理体系中的自主自为力量。

在人类活动成为推动地球环境系统变化的主导力量的人类世，人类生产和生活水平发展到前所未有的高度。然而，这个世界并不是平等的。非洲虽然资源环境丰富，但仍是发展中大陆。500多年的殖民统治无疑对地球环境系统的变化产生了影响，独立后的追赶型发展对非洲环境和地球环境系统影响越来越大，然而比起发达工业化国家和新兴经济体，这个贡献仍然很有限。因而，非洲在人类世应对地球环境系统变化进程中，其责任和重点自然有所不同，发展仍是第一要务。通过发挥"后发优势"并在国际社会的全面和慷慨援助下，非洲实现从传统发展向可持续发展、从非洲发展向影响全球发展的飞跃是可以预期的。

（本文简版以《从人类世视角看非洲》
发表于2024年7月10日的《中国社会科学报》）

篇四

—— 书评导读 ——

构建跑步的全球史

评托尔·戈塔斯的《跑步大历史》

跑步，表面上看是一项简单的肌肉运动，是人都会跑步，但实际上，跑步并不简单，并非所有人都会跑善跑，跑步是一项复杂的生理、心理和社会运动。对跑步的研究也从不同视角展开。最常见的是从运动生理学或训练学角度探索既能跑得健康又能取得好成绩的"秘诀"，各种名为《跑步圣经》、《跑步宝典》等的书籍层出不穷，训练方法不断革新，这无疑有效推动了跑步运动的发展和竞技水平的提高。当作为竞技体育的跑步和大众运动的跑步成为社会风潮之后，对跑步的研究就不再局限于狭义的体育科学范围内，而是从大体育的新视角进行全面研究，包括体育休闲学、身体社会学、运动心理学、社会心理学、体育经济学，甚至现象哲学等不同领域。显然，这种视角的变化既体现了跑步的社会属性，也展示了跑步的综合性。

但是，无论跑步多么多元和复杂，都不能缺少历时性。换言之，对跑步的认识必须重视其纵向演变，必须探讨它的起源、发生和发展，总结其阶段性特点。然而，在传统的历史编撰中，并没有跑步的专门位置。直到历史学碎片化之后，各种先前被忽视的历史活动纷纷登上历史舞台，体育史也是其中一员。在丰富多彩、趣味横生的体育史中，奥运会、足球、NBA等因其世界性和参与性强而得到较多研究，跑步相对来说受到冷落。日本作家、"无冕之王"村上春树出版了《当我谈跑步时我谈些什么》，带动了对马拉松的哲学甚至道德思考。这也给跑步史研究提供了一个新的思路。挪威作家、体育文化史专家托尔·戈塔斯的《跑步大历史》就是从不同方面刻画世界跑步史全景的一部著作。[①]它的横空出世把跑步研究带入了新境界。

跑步逐渐进入历史

任何一种事物都其来有自。不过，是否发掘其历史，那是人的事儿。地球上的万事万物几乎都与人相关，但人是按自己的标准来衡量什么历史该写，什么历史该被忽视甚至无视。人们曾经认为，最值得记录的是王朝、帝国和民族国家的治乱兴衰，与此相关的政治、文化等成为历史研究和编撰的主题，历史因此而被约化成政治史、外交史和思想文化史，被认为是雕虫小技的跑步上不了台面。在体育科学研究中，体育史是可有可无的陪衬，因为它与训练和竞赛并无直接关联。然而，这种情况在20世纪六七十年代发生了变化。经过短暂的恢复，西方国家迅速进入丰裕社会，户外休闲和慢跑成为时尚。任何时尚若想常态化，就必须搞清楚它的来龙去脉，体育史研究应运而生。

社会生活多元化要求历史学做出回应。一些先前处于边缘、不被重视的社会活动逐渐成为热点，经济、阶级、族裔、性别、环

---

① Thor Gotaas, *Running: A Global History*, Reaktion Books, 2012. 中译本见［挪］托尔·戈塔斯著，张翎译：《跑步大历史》，生活·读书·新知三联书店，2022年。

境、体育、休闲等逐渐进入历史研究。历史研究也受到法国年鉴学派和后现代主义的深刻影响，正在发生社会科学和文化转向。政治和外交事件虽然醒目，但被看成是短期发生的，而对历史发挥重要影响的因素还需要从长时段和中时段等结构性因素中去寻找。另外，无论是思想观念还是历史记载，在很大程度上是社会的建构，是权力作用的结果。于是，历史编撰需要在解构的前提下进行重构。

在这种社会和学术氛围中诞生的体育史研究自然不同凡响。在户外休闲活动中，越野和慢跑是重要组成部分，在田径运动会和综合运动会上，短跑成为王中王。最早的研究主要表现为对明星运动员的训练方法和传奇的发掘，其成果成为跑步爱好者喜闻乐见的学习材料。这与跑步尚未形成与平权运动、环境运动、反主流文化运动一样的社会运动，在很大程度上与个人的追求和活动的形态相适应。随着跑步运动的普及，尤其是非洲运动员的崛起，诸如马拉松史等专项跑步史研究蓬勃发展。冷战结束后，原来社会主义阵营跑步运动的神秘面纱逐渐被揭开，为从全球视角研究跑步史提供了条件。东亚的崛起为认识不同文化背景下跑步运动的文化特性提供了新的素材。换言之，跑步史将不再只是起源于希腊的、白种人擅长的绅士运动，而是来自世界各地的具有不同文化底蕴的不同种族、阶层和性别的人共同参与的大合唱。

作为大历史的跑步史

《跑步大历史》的原书名是《跑步全球史》，但中文译本改成了《跑步大历史》。这既是适应中国读者需要的改动，也符合全书的主要内容，是合理的改动。在中文历史学语境下，大历史是个既有明确渊源但又有点滥用的名词。它源自美籍华人学者黄仁宇的"大历史观"，而不是克里斯蒂安和斯皮尔等人的"大历史流派"。黄仁宇的大历史作为方法和理论大体上包括如下几个方面：第一是从长时段研究历史，超越了仅仅从政治事件出发的短时段研究，从而发现历史演变的大趋势。第二是以小见大，从具体的人物联系到政治、经济、社会和文化等方面，对历史进行全面解剖。第三是强调技术在历史上的重要性，尤其是数目字管理在历史转型中发挥的关键作用。大历史概念传入中国后逐渐被泛化，似乎研究范围广一点就是大历史。这虽然不能完全说错，但毕竟不太准确和具体。

跑步大历史表现在不同方面。第一，跑步起源于人类的进化过程中，是人区别于猿的一种本质特性。先前的部分跑步史认为，跑步源于希波战役后菲迪皮茨跑步送信的壮举，但其实在此之前，无论是古埃及还是古两河流域都有与军事、宗教以及沟通信息相关的跑步活动，甚至奴隶和国王还会同场竞技，但这还不是跑步的源头。真正让人跑起来的动力是环境变化之后为了生存的不得已而为。200多万年前，气候变化导致森林面积缩小，草原成为从树上下到地上的南方古猿的生存环境。为了获得猎物，直立人必须比动物跑得更快。在狩猎过程中，直立人发展出适合跑步的生理结构和能力。反过来说，正是跑步在一定程度上让猿变成了人。于是，跑步史实际上就是人类进化史的一部分。

第二，在人类历史进程中，跑步经历了从生产活动到沟通信息的方式再到体育健身和休闲娱乐方式的转变。如前所述，在狩猎采集阶段，跑步是一种维持生计的方式。可以说，但凡成功的狩猎者，都是高明的跑者。随着定居农耕和城市的出现，城邦和王国的统治范围逐渐扩大，信息传递成为维持统一的重要方式。信使不仅是受过专门训练的跑者，还是受人尊敬的职业。与此同时，跑步也成为军事训练的重要内容，无论是步兵还是骑兵。为了检验信使的跑步能力和士兵的勇气，还发展出人与动物赛跑等比赛形式。在工业革命之后，尤其是19世纪末期，跑步发展成了多种形式的专项体育运动，这是在物质生活丰富之后各种活动受到工业化影响而逐渐专业化和标准化的产物。进入20世纪70年代之后，跑步在维持竞技体育追求"更快、更高、更强"的体育精神的同时逐渐大众化，成为普通人强身健体、休闲娱乐的内容。跑步的原始生产性几乎消失殆尽，但它无论作为竞技体育还是大众体育都已经形成产业，具有了一种与时代相适应的新的生产性。换言之，跑步随着人类历史的发展而发生了螺旋式上升的变化。

第三，在跑步从生产和军事训练活动转向体育活动的进程中，测距和记时技术发挥了关键作用。无论是在生产活动还是在军事训练中，跑步都要比出胜负，但它是具体的、一次性的，在更大范围没有可比性。这既不利于组织更大规模的比赛，也不利于激发更多的人参与，与工业革命后经济社会的迅速发展和国际化程度的提高不相适应。制约它发展的症结在于不能准确测距和计时。工业革命的发展为跑步比赛所需技术进步提供了条件，精确到秒的计时钟表和以米为单位的测距技术相继发明出来，并应用到跑步比赛中。这就使比赛能够在规范化和标准化的条件下进行，从而使比赛成绩具有可记录性和可复查性，进而使比赛具有公平性和不断突破的动力。测距和计时的客观性也使不同种族、不同文化、不同阶层、不同性别的跑者同场竞技成为可能，跑步变成了与生产和军事训练活动有所不同的体育运动，也就是我们今天熟悉的运动。

作为全球史的跑步史

作为健身运动，跑步是个人的兴趣爱好。作为竞技体育，跑步不仅是实现自我突破和价值的运动，也是振奋民族精神的载体。尽管跑步具有多种人文特性，但它作为一种人类的本质属性，自然使跑步史具有全球性。尤其在跑步成为现代竞技体育的重要组成部分之后，其全球性和代表性更为突出。

全球史既是超越民族国家史的一种宏大叙事，也是以全球事务为研究对象的新史学范式。与先前的普遍史、世界史不同的是，全球史在很大程度上是对全球化进程的历史学回应，是人类从地球之外观察地球历史的一种新认识。其核心是从横向上探索具有全球性影响的历史因素的作用，探讨分布于不同地域和文明中的历史因素之间相互作用的关系，进而发现全球历史演进的新动力。

托尔·戈塔斯的《跑步大历史》本意是写一部跑步的全球史，也就是把跑步作为一个全球现象探讨来自不同区域和文化的跑者及其文化之间的相互影响，进而探讨跑步运动在竞争中的发展动力。跑步作为人类的本性，从理论上讲，凡是有人的地方都存在跑步活动，不论是作为生产活动还是作为体育运动。但是，在人类进化过程中，由于地域环境、文化应对等不同而形成了不同的人种和社会，也形成了千姿百态的跑步文化。例如印度发展出人象赛跑，佛教文化中形成了"神行"和"回峰行"等跑步形式，印第安人形成了跑者与自然融为一体的神秘文化等。这些文化并无高低贵贱之分，而是竞相争艳。但是，随着殖民主义扩张和西方现代性的霸权的建立，亚非拉的跑步文化逐渐被淹没或被贴上野蛮行为的标签，以英国为代表的西方跑步文化成为一种培养绅士气质的文明活动。来自殖民地和半殖民地的土著跑者被按照西方社会的猎奇心理和异国情调欣赏取向塑造成具有超凡奔跑能力的动物。与此同时，宗主国还向殖民地移植自己的跑步文化，形成体育帝国主义，希冀塑造出认同西方跑步文化的土著跑者。这种跑步的强制同化或全球化实际上是通过制造他者野蛮性从而强化自我优越性的体育东方主义，这自然不会促进真正意义上的跑步全球化。现代体育形成后，在作为竞技体育的跑步中，黑人异军突起。与此同时，形成了似是而非的人种论和跑步民族主义。前者把黑人的跑步成就归结于独特的身体构造，后者把跑步成就上升到提振民族精神的高度。跑步变成了一种文化建构，从不同立场出发建构出为不同目的服务的话语。但是，不管跑步世界存在多少不平等，跑步最终把不同种族、不同文化、不同环境中的跑者联结成一体，形成了跑步全球史。

全球跑步运动发展的动力来自不同跑步文化的交流与互动，尽管这种交流并非一直是公平和对等的。在前现代，跑步文化的交流是局部的，受制于不同文化之间的距离，更何况有关古代跑步文化的文字资料非常有限导致对其所知不多。尽管如此，相邻文化之间的交流不管是以和平竞赛的方式还是以战争较量的方式，甚至是恶心对方的方式出现，都在一定程度上促进了以争胜为目的的跑步的发展和普及。进入到现代体育阶段，体现体育精神的破纪录成为跑步比赛的目标。来自不同环境、种族、性别和文化的跑者都为挑战人类极限、刷新世界纪录而战。在这个过程中，不同跑步文化相互借鉴学习，共同冲击同一个目标，但也出现了为破纪录而使用兴奋剂等不符合体育精神的现象。在这里，不同社会制度、不同文化背景、不同人种出身似乎都无一例外。冷战结束后，不同跑步文化之间的交流与融合给跑步事业注入了新动能。典型例子就是全世界的马拉松选手几乎都去肯尼亚的训练基地取经交流，既利用当地特有的环境，又学习当地跑步文化中的吃苦和自律精神。其实，肯尼亚的跑步文化是自己的传统、西方现代体育文化和时代精神相结合的产物，其本身就是不同跑步文化相互作用的产物。毫无疑问，这种进一步的深入交流促进了马拉松竞赛水平的提高和马拉松运动的普及。2018 年 11 月 14 日下午，世界纪录保持者吉普乔格来到北京大学五四体育场，给耐克高校精英马拉松公路接力跑选拔赛之北京大学站鸣枪，并与参赛选手和观众互动。这种偶像级选手的到来不仅激励了中国跑者，而且传播了他的体育文化，其集中体现在他给北大学生的现场题词中："持续跑步，相信自己，挑战自我，奋勇争胜"。由此可见，跑步文化的交流逐渐改变了跑步运动由西方发达国家主导的不平等局面，正在走向平等和互利共赢的新境界。

特点和需要改进之处

作家撰写的跑步史不能等同于历史学家撰写的跑步史。相对于专业历史学著作，托尔·戈塔斯的《跑步大历史》自有特点。第一，可读性强。对不同跑步文化的叙述，细节丰富生动；对著名跑者的刻画，性格丰满，栩栩如生；对跑步史的过程梳理，有始有终，线索清晰。第二，内容丰富，涉及跑步的方方面面和历史上的很多重要概念和议题，发人深思，余味无穷。第三，新见不少，成果突出。无论是分析视角还是观点都有独到之处，在某种程度上是符合时代精神和时代需要的一部跑步史。

尽管这是一部视野宏大的跑步全球史，显示了作者的雄心和野心，但仍有一些需要进一步思考或改进之处。第一，撰写跑步的全球史需要在对全球各地的跑步史基本了解的基础上进行综合，作者在这方面进行了力所能及的努力，但仍显不够。其中的原因或许是先行的研究不足，或许是作者有意无意的忽视，或许是受制于作者位置性的束缚。前者主要表现在对前现代某些区域的跑步文化缺乏研究，后者表现在作为挪威人的作者对北欧的重视和对亚洲的忽视。20世纪末中国女子中长跑运动的狂飙突起是引人注目的事件，对这个现象的忽视大概不是材料和研究不够所能解释的。第二，在跑步史中，作为竞技运动的跑步和作为大众健身运动的跑步就其目标、功能、意义等都有很大不同，在近400页（英文版）的跑步全球史中，要描述清楚并不容易。采用分类的方法，在时间序列中分别叙述可能是一个值得尝试的办法。第三，全书的章节安排似乎还可以更集中和清晰。现有的每章似乎都可以独立成篇，全书似乎是把各篇凑到一起组成的。尽管大体上是按照时间顺序排列的，但第一章"古代信使跑手"和第二章"人类的原始特性"在时间上就有点颠倒。类似这样的都可以进行调整。

总之，托尔·戈塔斯的《跑步大历史》是在先行研究有限的基础上做出的符合时代精神的、野心勃勃的尝试。作为第一部跑步全球史，自然还存在一些需要改进之处。但对希望轻松了解多方面跑步史的读者而言，这仍是一部值得阅读的书。

（本文简版以《跑步文化是如何形成的？》为题发表于2022年11月6日的《新京报·书评周刊》）

从日本看英帝国史

评秋田茂的《极简英帝国史：来自亚洲的思考》

在世界历史上，英帝国曾经是一个独特的存在。在它的鼎盛时期，英帝国的面积是英国面积的 125 倍，人口占世界总人口的 1/4。如果以英格兰人和苏格兰人从 17 世纪初移居爱尔兰的阿尔斯塔地区算起，英帝国经历了兴起、形成、扩展、衰落、崩溃等各个阶段，到 1997 年香港回归中国而终结。在这近 400 年的时间里，英帝国在世界历史舞台上展演了一曲悲欢离合、跌宕起伏的戏剧，时而威武雄壮、傲视群雄，时而离心离德、无可奈何。但是，这部由英国人与殖民地、附属国人民共同谱写、内容丰富多彩的戏剧，曾经被或从宗主国视角、或从殖民地角度，肢解得单调乏味，令人兴味索然。近年来，英帝国史研究经历了"网络"或"文化"转向，复杂的历史在很大程度上得以重构。与历史本身的复杂相对应的是历史编撰的大部头和多卷本，这对专业历史学者自然是求之不得的，但在当今这样一个全球化和生活节奏不断加速的时代，对绝大多数读者而言，一本简明扼要、视角新颖、适合时代需要、兼顾学术性和可读性的著作既是学习世界历史知识的需要，也是从历史关照现实和思考未来的需要。秋田茂教授的《极简英帝国史：来自亚洲的思考》就是这样一部著作。

独特视角：从亚洲出发的全球史

在传统的历史叙述中，最常采用的视角就是民族国家史和世界史。民族国家史以民族国家为基本单位，叙述它的兴衰存亡史。世界史名义上叙述整个世界的历史，但在实际上却变成了世界上大国历史的混合体，或者把纷繁复杂的历史简化成几种生产方式去套各大国或地区的历史。显然，英帝国既不是一个民族国家，也不是一个世界整体，而是介于这两者之间的客观存在。第一次世界大战后，随着民族主义的兴起，民族主义史学逐渐变成以反对殖民主义和帝国主义的民族解放运动为主的历史，并与帝国史学和殖民史学针锋相对。这种两极对立的思维随着殖民帝国的崩溃和新世界体系的建立而发生变化，逐渐被纳入到世界体系理论中，演变成从宗主国看世界的世界体系和从殖民地看世界的依附论。有意思的是，这两种看似相反的视角最后在某种程度上达致殊途同归，前者发展出边缘可以上升为半边缘或半中心的观点，后者提出了依附性发展的新解释。显然，其中蕴含的还是欧美中心论，对获得民族独立的先前的殖民地和保护国、现在的广大发展中国家来说，这并不是一个可以心甘情愿接受的理论。

就英帝国史研究而言，有两部书是不可忽略的，那就是八卷本的《剑桥英帝国史》和五卷本的《牛津英帝国史》。前者出版于1929年到1959年，前三卷是按时间顺序对英帝国史进行概览，后五卷是按不同的殖民地和自治领进行分别论述。虽然第三卷直到1959年才出版，但仍然按原计划将叙述截至1925年。由此可以看出，这是在英帝国史发生转折之前策划的丛书，因而它既不是完整的英帝国通史，还洋溢着盲目乐观的情绪，在很大程度上反映出19

世纪盛行的帝国史观和殖民史观。其中最突出的就是忠于和弘扬建立英帝国的崇高目的，强烈信仰英帝国对于人类历史和未来的巨大价值，坚守英国中心的观点和盎格鲁-撒克逊价值观。[①]后者出版于1999年，此后还陆续出版了系列指南，从专题角度对按时间顺序叙述英帝国史的欠缺进行补充，对通史中不能深入论述的主题进行深入分析。根据总主编罗杰·刘易斯的阐述，编辑五卷本《牛津英帝国史》的目的是提供一个英帝国兴衰的全面概览，探讨英帝国主义对于统治者和被统治者的含义，研究作为世界历史的一个主题的英帝国史的意义。[②]与主要在二战期间成书的《剑桥英帝国史》相比，《牛津英帝国史》不但是一部完整的通史，还根据时代需要拓宽了研究范围，更重要的是对英帝国史做出了比较客观的论述，既看到了作为统治者的英国人的历史作用，也没有忽视作为被统治者的重要贡献。进入新世纪后，英帝国史研究在拓展主题的过程中逐渐形成新的范式，例如网络理论，就是把英帝国看成一个由网络形成的整体，在这个整体中，任何一个节点都可能成为中心。[③]换言之，这个整体也可能是无中心的。这就有效突破了英帝国史研究中的欧洲中心论或两极对立的观点，使之进入到一个新境界。

日本自明治维新以来，一直关注英国史和英帝国史研究。日本成为帝国主义国家之后，与英国在国际事务和瓜分殖民地上多有合

[①] Ronald Robinson, "Oxford in Imperial Historiography", in Frederick Madden and D. K. Fieldhouse(eds.), *Oxford and the Idea of Commonwealth: Essays Presented to Sir Edgar Williams*, Croom Helm, 1982, p.33.

[②] Wm. Roger Louis, "Forward", in William Beinart and Lotte Hughes(eds.), *Environment and Empire*, Oxford University Press, 2017.

[③] T. Ballantyne, "Race and the Webs of Empire: Aryanism from India to the Pacific", *Journal of Colonialism and Colonial History*, 2 (2001), pp.1-25; G. Barton and B. Bennett, "Environmental Conservation and Deforestation in British India 1855-1947: A Reinterpretation", *Itinerario*, 32 (2008), pp.83-104.doi:10.1017/S016511530000200X.

作。战后日本兴起的现代化理论和马克思主义史学都视英国为原型，探求日本和东亚史中与英国史的相同和相异之处。然而，随着日本的再次快速崛起，日本学术界不再满足于在解释历史时跟在后面亦步亦趋，转而寻求日本和东亚历史的主体性。运用今西锦司的生态学理论，梅棹忠夫提出了文明的生态史观，指出日本进入近代不是模仿英国，而是与英国平行并进的结果。[①]在此基础上，川胜平太利用沃勒斯坦的世界体系理论，提出了文明的海洋史观，指出资本主义是从亚洲海域孕育的，日本的工业化是从进口替代的脱中华化转向出口导向的主导东亚经济的工业化。[②]这些先行研究传递的最重要的思考在于从日本和东亚出发重新思考近现代世界史以及凸显日本和东亚在其中的作用，进而对其重新定位，最终形成与日本在世界的经济地位相称的学术地位。

秋田茂也采用了这种思路，从亚洲出发考察英帝国史。与此同时，他还借鉴了全球史的思路，注重对英帝国内外的联系性和不同地域以及不同类型的殖民地的比较。例如，英国工业革命无疑是英国和英帝国历史发展中一个非常重要的事件，但从不同视角观察会得出不同结论。简单来说，如果从英国史内部来解释，就会强调技术和制度创新的主导作用，强调工业革命导致英帝国从重商主义向自由贸易帝国的转变。但从全球史视角来观察英国工业革命，就会强调全球贸易带来的资本积累、市场需求等，进而发现英国工业革命其实就是为了应对来自亚洲物产的冲击而实行的进口替代工业化，从而凸显了亚洲贸易和物产的重要性，并在一定程度上消解了

---

① ［日］梅棹忠夫著，王子今译：《文明的生态史观》，上海三联书店，1988年。

② 川勝平太：『文明の海洋史観』，中公叢書，1997年。川勝平太、濱下武志：『海と資本主義』，東洋経済新報社，2003年。川勝平太：『資本主義は海洋アジアから』，日本経済新聞出版社，2012年。

欧洲中心论。①扩而广之，从这两个视角出发，就能勾画出一幅与英国人编撰的英帝国史不同的画卷。其独特之处在于：第一，凸显了亚洲，尤其是东亚和印度在英帝国兴衰中的能动的重要作用。第二，从与亚洲的联系出发重新认识了英帝国扩张和收缩的动力。第三，以印度为重点重构了作为有形帝国一部分的南亚与作为无形帝国一部分的东亚之间的复杂关系。第四，通过发掘英帝国史中的亚洲为理解战后亚洲的崛起提供了历史依据。

主要内容：全球经济史叙述

1984年，日本举办了社会经济史学会的大会，主题是近代亚洲贸易圈的形成与构造。受到角山荣学术影响的杉原薰、滨下武志、川胜平太从不同角度和地域入手，集中研究亚洲经济圈或亚洲内部贸易圈。杉原薰以印度为重点探讨亚洲内部贸易，进而把它与亚洲与欧洲的贸易进行比较，得出了在1880年前亚洲内部贸易超过亚欧贸易的结论，反驳了认为欧洲东来迫使亚洲进入近代的传统观点。②滨下武志以中国为重点探讨以朝贡贸易为核心的亚洲经济圈的历史，揭示了欧洲殖民者东来时在经济上不得不借助于亚洲经济圈的、被隐藏的历史。③川胜平太以日本为重点分析了日本工业化的独特道路，指出日本工业化在经历了江户时代的勤勉革命基础上

---

① ［日］秋田茂著，郭海良译：《极简英帝国史：来自亚洲的思考》，东方出版中心，2020年，第66—73页。

② 杉原薰：『アジア間貿易の形成と構造』，ミネルヴァ書房，1996年。Kaoru Sugihara, *Japan, China, and the growth of the Asian international economy, 1850–1949*, Oxford University Press, 2005.

③ 濱下武志、川勝平太編：『アジア交易圏と日本工業化1500—1900』，リブロポート，1991年。［日］滨下武志著，朱荫贵、欧阳菲、虞和平译：《近代中国的国际契机：朝贡贸易体系与近代亚洲经济圈》，中国社会科学院出版社，1999年。

利用亚洲区内贸易、以物产组合的方式实现了进口替代和出口导向，走出了一条独特道路。[1]尽管他们的研究各有重点，观点也不尽相同，但都通过研究亚洲区内贸易发现了亚洲历史的连续性和自主性，挑战了传统的、只见人和制度不见物产的、带有明显欧洲中心论色彩的观点。

社会经济史学派的研究成果在日本内外产生了重要学术影响。在日本学术界，引发了在世界经济史中如何思考亚洲、如何思考日本在亚洲和世界的地位的讨论。在这个过程中，逐渐形成了大陆亚洲和海洋亚洲的划分，逐渐清晰了日本在亚洲地域秩序中的位置，进而为日本向何处去找出了顺理成章的历史依据。[2]换言之，日本的世界经济史研究之一个目的就是给作为"半主权国家"的日本找寻建立在历史基础上的出路，同时突出日本在世界经济史上的重要地位。在国际学术界，日本学者的研究对"加州学派"的崛起起到了奠基作用。加州学派学者通过比较研究和注重整体联系而改变了中西出现大分流的时间和动力。在比较中，彭慕兰提出了英格兰和中国江南分流中偶然因素发挥的重要作用，在很大程度上突破了欧洲中心论。[3]在整体研究中，贡德·弗兰克刻画了1800年前亚洲经济的核心地位和欧洲如何在亚洲贸易中获利的过程和原理，其实就是从全球史的视角重新认识了欧亚的不同角色和地位变化。[4]

---

[1] 川勝平太：『日本文明と近代西洋：「鎖国」再考』，NHKブックス，1991年。A. J. H. Latham, Heita Kawakatsu(eds.), *Intra-Asian Trade and the World Market*, Routledge, 2006.

[2] ［日］白石隆著，齐珮译：《海洋帝国：如何思考亚洲》，上海译文出版社，2018年。川勝平太：『富国有徳論』，紀伊國屋書店，1995年。

[3] ［美］彭慕兰著，史建云译：《大分流：欧洲、中国及现代世界经济的发展》，江苏人民出版社，2004年。

[4] ［德］贡德·弗兰克著，刘北成译：《白银资本：重视经济全球化中的东方》，中央编译出版社，2003年。

从秋田教授的学术简历来看，他也是这场交响乐的、不可缺少的合奏者之一。在20世纪后期，他主要研究英帝国和印度的经济关系史。进入新世纪后，研究范围扩大，从全球史视角关注亚洲国际经济关系和亚欧分流问题。[①]另外，他还积极译介欧美学者的相关研究成果，也曾两次赴英国伦敦大学访问研究，用英文发表自己的学术研究成果。从这个角度看，他的研究实际上已经完全汇入了相关研究的国际潮流，2012年出版的《极简英帝国史：来自亚洲的思考》[②]就是这个潮流中独具特色的成果。

就经济史而言，英帝国史主要包括三个维度：帝国内部的经济联系及其升级，英帝国与世界其他地区的经济关系，帝国经济与政治、军事和战略等的关系。英帝国内部的经济关系涉及贸易、物产和金融。这三方面的此消彼长不但带动了英国经济结构的变化，也推动了英帝国的扩张、收缩甚至崩溃。其中，英国与印度殖民地、印度殖民地与作为非正式帝国的中国和日本的经济关系，或者说英帝国与亚洲贸易圈的经济关系无论是对英国经济还是对英帝国经济的演变都发挥了重要作用。虽然英帝国是一个世界性帝国，但它与其他国家，尤其是西班牙、葡萄牙、荷兰、法国、美国、日本之间的经济关系也是不容忽视的。具体而言，正是在与同时期的欧洲殖民国家的经济竞争中建立了英帝国，正是在与美帝国的金融竞争中瓦解了英帝国。其中英日同盟在金融上帮助日本战胜了俄罗斯帝国，但在太平洋战争中日本反噬了英帝国，在战后的对外援助（科伦坡计划）中甚至逐渐改变由英国主导的局面。经济在帝国的盈缩

---

① Shigeru Akita ed., *Gentlemanly Capitalism, Imperialism and Global History*, Palgrave-Macmillan, 2002. Shigeru Akita and Nicholas J. White(eds.), *The International Order of Asia in the 1930s and 1950s*, Ashgate Publishing Limited, 2010.

② 秋田茂：『イギリス帝国の歴史——アジアから考える』，中央公論新社，2012年。中文翻译书名时加入了日文书名中没有的"极简"二字。

中有时独立发挥作用，但在很多情况下是与政治、军事、战略和外交等共同作用的。殖民是赚或赔不但影响了帝国的殖民政策，也在很大程度上决定了帝国的组成形式。但经济情况并不是影响帝国的唯一的因素，在很多情况下战略考虑、殖民地的反抗、军事力量的对比等都与经济关系共同发挥作用。

总之，在构建英帝国史时，秋田教授注重经济史和经济联系的作用，这是吸收了日本经济史研究和加州学派的成果的结果，在一定程度上改变了英帝国史研究注重政治和军事以及战略因素作用的现状，但在强调生产、贸易和金融作用的同时，也并没有忽视其他因素以及内外关系的作用。换言之，《极简英帝国史》是建立在全球经济史基础上的、突出了英帝国与亚洲经济联系的整体史。

简明扼要：学术史与场景感的融合

在有限的篇幅中勾画出英帝国的兴衰史并不是一件容易的事，要兼顾学术性和可读性更是难上加难的事。《极简英帝国史》从理解国际局势变化的现实需要出发提出理解英帝国史的必要性，吸引了各个层次读者的注意。然而，历史学家的著作不能不重视学术性，但又不能用专题著作的写法来写，作者采用了把学术史介绍和场景化写作结合的方式来平衡学术性与可读性之间的张力。学术史介绍使读者能够把作者的研究置于学术谱系中来认识，也为读者进一步深入思考提供了线索和可能。场景化既增添了读者的阅读兴趣，获得身临其境之感，又有助于深入历史现场，形成历史思维，加深对历史解释的理解。可以说，《极简英帝国史》是一部重点和特点突出、读起来不累又发人深思的、简明扼要的英帝国通史。

作为深受殖民主义和帝国主义之苦的民族和国家，中国的殖民主义史研究经历了不同的发展阶段。随着反殖民主义的民族解放运动的兴起，中国学术界重在揭露和批判殖民主义和殖民统治的罪恶，论证民族解放运动的合理性和正义性。①随着改革开放的展开，中国学术界逐渐把研究重点转向殖民主义和现代化的关系，在"双重使命"理论指导下改变了重在揭批殖民主义破坏性的导向，转而适当发掘其建设性的一面，并在这两者之间建立辩证统一关系。②就英帝国史而言，虽然这个名词耳熟能详，但真正的学术研究相对比较滞后，大都是在殖民主义史的框架下从先前的殖民地和保护国出发对英帝国史的某个方面进行专题研究，③同时也翻译了一些国外学者出版的著作。④直到2019年，才出版了中国学者系统研究英帝国史、由钱乘旦教授主编的八卷本著作。⑤这为中国读者全面认识英帝国史及其对世界的影响提供了参考文献。

即使如此，在全球化和快节奏的时代，以经济史为重点、从亚洲出发的《极简英帝国史》仍是不可替代的，值得中国读者阅读和

---

① 艾周昌、程纯：《早期殖民主义侵略史》，人民出版社，1982年。严中平：《老殖民主义史话选》，北京出版社，1984年。

② 这是国家社科基金重点项目的研究成果。本来是由罗荣渠教授设计和申请的，但后来他不幸去世，项目就由教研室的同事合作完成。出版了四卷本的成果，分别是高岱、郑家馨：《殖民主义史：总论卷》，北京大学出版社，2003年。郑家馨主编：《殖民主义史：非洲卷》，北京大学出版社，2000年。林承节主编：《殖民主义史：南亚卷》，北京大学出版社，1999年。梁志明主编：《殖民主义史：东南亚卷》，北京大学出版社，1999年。

③ 陈启能主编：《大英帝国从殖民地撤退前后》，方志出版社，2007年。张顺洪等：《大英帝国的瓦解：英国的非殖民化与香港问题》，社会科学文献出版社，1997年。

④ ［英］杜德著，王丕烈译：《英帝国的危机》，五十年代出版社，1951年。［英］P.J.马歇尔主编，樊新志译：《剑桥插图大英帝国史》，世界知识出版社，2018年。［英］罗伯特·巴尔曼·莫厄特著，严旭译：《大英帝国简史》，华文出版社，2021年。

⑤ 钱乘旦教授用20多年的时间，一边培养相关人才，一边进行学术积累，终于在2011年正式启动撰项目，2019年出版成果。钱乘旦主编：《英帝国史》（第1—8卷），江苏人民出版社，2019年。他把英帝国通史分为八个阶段，分别是启动、形成、发展、转型、巅峰、危机、衰落、终结。这八个阶段分别对应八卷。

进一步思考。

（本文以《全球经济史视野下的英帝国》为题
发表于2022年8月7日的《澎湃新闻·私家历史》）

韩国的斯密型增长

评俞正镐的《是什么缔造了汉江奇迹》

战后东亚创造了发展奇迹，其中一个重要组成部分是韩国创造了汉江奇迹。与日本的第二次崛起相比，韩国的发展基础甚为薄弱；与中国改革开放后的高速发展相比，韩国的密度和强度更大；与其他三个小龙相比，韩国的发展更具发展型国家的特点。因此，韩国的经济高速增长被称为"人为的奇迹"，即政府引领的韩国人在最不可能成功的韩国创造了经济奇迹。[1]由于韩国经济起飞主要发生在朴正熙执政时期，因此，沃伦诺夫的观点在很大程度上受到朴正熙思想的影响。朴正熙认为，在与朝鲜已经开始的"千里马运动"的竞赛中，韩国必须通过人的革命来实现经济的高速发展和经济自主，进而通过重建社会实现民族统一，即胜共统一。[2]随着朴正熙遇刺身亡和随后开始的韩国民主化，对韩国经济发展的动力的认识逐渐多元化。就其侧重点不同，大体上可以分为三种，分别

---

① ［美］乔恩·沃伦诺夫著，罗龙、郇庆晨译：《人为的奇迹：南朝鲜的经济振兴》，华夏出版社，1989年。

② ［韩］朴正熙著，陈琦伟等译：《我们国家的道路》，华夏出版社，1988年。

是：强调政府在经济发展中的主导作用的发展型国家理论，强调儒家文化在韩国经济发展中的关键作用的多元现代性理论，强调全要素生产率和投资回报的协同作用对韩国经济发展的基础贡献的经济学理论。这三个流派大体上与对东亚奇迹或东亚模式的主流认识相对应。

所谓发展型国家主要指发展型政权通过政商合作和实施产业政策推动经济发展。发展型国家主要包括四方面内容，分别是发展优先的理念，具有高度自主性的经济官僚机构，密切合作的政商关系，以及有所选择和侧重的产业政策。朴正熙政府就是典型的发展型政权，他以军人的管理方式，通过发挥技术官僚的作用，成功实施了重点各不相同的多个五年计划，创造了韩国的经济发展奇迹。[①]尤其是与自由市场经济国家的历史经验相比，韩国的这个特点格外突出。韩国经验也成为其他后发国家实施赶超战略的学习榜样。但是，在战后的第三世界，许多国家都曾形成了类似于韩国的官僚威权政府，但都没有在经济发展方面取得类似于汉江边上的奇迹那样的亮眼成就，于是学者们不得不把关注点转向韩国文化和社会的底色方面，探讨儒家文化和宗教对韩国现代化的重要影响。这个思路无疑受到了马克斯·韦伯的影响，因为韦伯在《新教伦理与资本主义精神》中强调了新教伦理在资本主义发展中发挥的重要作用，在《儒教与道教》中否定了在儒家文化中产生资本主义的可能性。多元现代性流派顺着韦伯的思路，反过来在韩国发展中寻找儒家文化和宗教的积极作用和不利影响。韩国的世袭制亲属关系、宗教信仰、对权威的尊崇、对合法秩序的遵守等文化特点都有利于国家在推动经济发展时降低交易成本，提高效率，屡次创造出出人意

---

① ［美］禹贞恩著，曹海军译：《发展型国家》，吉林出版集团责任有限公司，2008年。尹保云：《韩国为什么成功：朴正熙政权与韩国现代化》，文津出版社，1993年。

料的经济增长率。①毫无疑问，这种有利于经济发展的文化传统是经过选择和适应的新儒家思想，或亚洲价值观，而不是真正传统的儒家思想。新儒家的道德价值促进了农业经济的发展，但并不能引发工业革命，不过在东亚融入资本主义世界体系后，新儒家却能够融会资本主义并推动韩国经济发展。②不过，探寻经济增长的奥秘从经济学入手似乎更为专业。通过对多国增长的计量经济学分析，发现是较高的TFP增长率和较高的资本存量增长率共同作用，使得韩国不同于其他国家的经济发展（与发展中国家相比，韩国的这两个因素增长率都高；与发达国家相比，韩国的TFP增长率几乎与之持平，而资本存量增长率远高于发达国家）。而韩国在这两个方面之所以能一马当先，关键不在于政府采取出口导向工业化等改革政策，而在于在改革开始时相对较高的受教育水平提高了改革的有效性。③显然，这种观点与诺贝尔经济学奖获得者克鲁格曼的观点完全相反。克鲁格曼认为，东亚奇迹只是一个神话，因为东亚经济高速增长主要是靠资本和劳动力投入实现的，是汗水经济，而不是通过全要素生产率的提高实现的。④

　　这三种不同的观点都是从比较视野出发，采用排除法，找到了自认为的、韩国高速发展的动力和秘密。然而，经济增长不等于经济发展，经济增长更不等于汉江奇迹。因为经济增长是一个可以用GDP来衡量的单一因素，而经济发展不仅涉及GDP的增

---

① Norman Jacobs, *The Korean Road to Modernization and Development*, University of Illinois Press, 1985.

② Yi Tae-Jin, *The Dynamics of Confucianism and Modernization in Korean History*, East Asia Program, Cornell University, 2007.

③ ［美］巴里·艾肯格林、［美］德怀特·铂金斯、［韩］申宽浩著，任泽平、张彩婷译：《从奇迹到成熟：韩国转型经验》，人民出版社，2015年，第33、46页。

④ Paul Krugman, "The Myth of Asian Miracle", *Foreign Affairs*, Nov./Dec., 1994.

长，还包括用基尼系数和恩格尔系数等来衡量的经济全面进步，汉江奇迹更是一个反映韩国整体转型和各方面快速变化的概括，甚至还具有与朝鲜进行竞争的冷战意识形态色彩。俞正镐的《是什么缔造了汉江奇迹》就是从经济学的视角来探讨韩国经济高速增长的动力，并在对相关观点做出回应的基础上提出自己的见解。①

俞正镐在研究时首先明确了一个前提，那就是市场经济并不是一点都不要国家的规制，相反，国家通过制定符合市场规律的政策来规范和监管市场经济的运行。换言之，规制市场不等于政府干预，某些规制市场的措施虽然也是政府制定并执行的，但那是为了维护市场秩序或为市场正常运行创造条件。例如，韩国政府保证了宏观经济的稳定，对基础设施和人力资本进行投资，保持经济政策的外向性等。在此基础上，政府对不同行业和市场的干预才是需要研究的重点。

针对韩国经济高速增长是因为韩国政府推行出口导向战略的主流观点，俞正镐经过仔细研究发现，在韩国政府于20世纪60年代中期实施出口导向战略之前，韩国的出口已经从1961年开始大幅度增长，另外，外贸在带动韩国经济增长方面并没有突出作用，因为与此同时进口保护政策仍然没有废除，两项相抵，只能说韩国出口是在类似于自由贸易环境中进行的经济活动，而不是通过提供额外的优惠来促进出口。为什么出口会先于出口导向战略实行而高速增长，关键在于政府通过外汇管理制度改革消除了阻碍出口的障碍，同时发挥了韩国劳动密集型产业的比较优势。换言之，韩国政府只是扫清了阻碍市场经济发展的障碍，从而释放出

① Junho Yoo, *What Made Korea's Rapid Growth Possible?*, Routledge, 2020. 中文本是［韩］俞正镐著，芳菊译：《是什么缔造了汉江奇迹》，江苏人民出版社，2024年。

经济增长的潜力。

针对韩国经济高速增长和产业结构迅速升级是由政府实行的重化工业政策带动的主流观点，俞正镐进行了深入分析后发现，1973年实行的重化工业促进计划（钢铁、有色金属、电子、化工、通用机械和造船）确实在一定程度上改变了产业结构，但它带来的负面影响更大，其中最为严重的是导致了20世纪70年代末韩国出口和投资的双双负增长，最终迫使朴正熙政权不得不在1979年4月颁布全面稳定计划，终止重化工业运动。具体而言，政府对重化工业的保护和鼓励政策抑制了韩国最具出口竞争力，也是出口主力的轻工业和服务业的发展，来自出口的所得和外国贷款被迫流向制造业虽然增加了制造业的固定资本投资率的迅速上涨，但生产和获利周期长的制造业并未能迅速带动经济高速增长，因为人为保护的、幼稚的韩国重化工业并不能迅速抢占国际市场份额。相反，终止重化工业运动后，韩国的轻工业和服务业迅速恢复了投资和出口双双增长的强劲势头。

那么，真正带动韩国经济高速增长的动力是什么呢？如果说探讨前面两个问题只需要在东亚区域内进行共时性比较的话，那么要回答这个问题非得在全球进行历时性比较不可。韩国的经济潜力和比较优势只有在广大的世界市场上才能转化为经济高速增长的成果。先发工业化国家如英国在经济增长时其外贸在某种程度上是利用殖民主义体系，在另外的程度上是利用世界市场进行的。如果以1990年国际美元计算，根据麦迪逊的统计，1820年世界出口总额是73亿美元，英国占15.5%，是11亿美元，占英国国内生产总值的3.1%。到韩国经济迅速增长的1961年，世界出口量比1820年增长了100多倍，而韩国出口只有4090万美元，占国内总产值的1.8%。到1973年，世界出口总额增长到17970亿美元，韩国出口为79亿美元，占世界出口总额的0.4%，但占国内生产总值的24%。这说明市场规模的扩大是韩国出口扩大以及出口带动经济增长的主要动力。另外，一国工业化开始时的市场规模每增加1%，该国工业化所用年数就减少0.35%。这足以说明为什么荷兰和丹麦等国完成工业化花费了大约一个世纪，而韩国只用了大约20年。因此，后发国家利用世界市场规模扩大不但增加了具有比较优势的产品的出口，还提高了生产率，从而有效促进了经济的高速增长。

显然，俞正镐通过反驳国家干预的发展型国家理论和观点，重回亚当·斯密的古典经济学理论，同时也暗示韩国经济高速增长实际上就是斯密型增长。具体而言，生产率的提高取决于通过分工发挥比较优势，而分工的程度取决于国内和国际市场的规模。反过来，国际市场规模的扩大成就了韩国经济的高速增长。当然，不能忽略的是韩国政府奉行积极推进国际贸易的政策，但这不是政府干预，而是为市场有效发挥作用创造条件和提供保障。如此一来，汉江奇迹就不是汉江奇迹，东亚奇迹也不是东亚奇迹，它们都是20世纪的奇迹。

俞正镐采用这种层层剥笋式的研究方法直达促成韩国经济高速增长的核心，其逻辑关系非常清晰，也有数据支持，观点得以削尖，但很容易造成片面的深刻，尤其是在把韩国经验普遍化时。具体而言，把汉江奇迹扩而广之到东亚奇迹，把汉江奇迹和东亚奇迹转化为20世纪的奇迹，都会出现过度普遍化或过度简单化的问题。历史发展是非常复杂的，并不是用排除法就可以简单解析的。面对俞正镐过度普遍化的观点，人们还是要问，同样面对规模扩大的世界市场，其他国家，例如无论是工业化基础还是与国际市场的联系都比韩国强的菲律宾等，为什么没有像韩国一样形成经济高速增长？毫无疑问，经济增长是历史发展的重要组成部分，对这个重要领域的分析不能孤立进行，需要放在整体史的框架中进行研究，需要与政治、文化、社会、环境等联系起来进行综合分析，需要把外部因素和内部动力结合起来进行全面认识。也只有在进行综合分析之后，其历史经验和教训才具有更大的借鉴意义。

（本文发表于2024年3月25日的《财经》）

走向可持续的新东亚模式

评金炯基的《东亚模式：转型与持续可能性》

在战后世界历史中，最引人注目的重大事件之一是东亚的崛起。东亚经济的高速发展在很大程度上改变了世界历史的格局，促使世界经济的重心从大西洋转向太平洋。然而，如何认识东亚崛起的性质、动力和未来却是个聚讼纷纭的问题。在是否存在东亚模式问题上，以世界银行为代表的一派主张，无论从历史实际还是从理论探索上都形成了独特的东亚发展模式；[①]而以克鲁格曼为代表的一派持完全相反的观点，认为所谓东亚模式只是一个"迷思"，1997年的金融危机似乎从现实证实了不存在一个独特的东亚模式，从全要素生产率来衡量也只能证明东亚发展只是过去苏联经济模式的翻版。[②]就东亚经济发展的动力而言，存在着新古典经济学、凯恩斯经济学、新政治经济学和注重东亚传统文化作用等不同流派之

① 世界银行工作人员编，财政部世界银行业务司译：《东亚奇迹：经济增长与公共政策》，中国财政经济出版社，1994年。［美］约瑟夫·E.斯蒂格里茨著，王玉清、朱文晖等译：《东亚奇迹的反思》，中国人民大学出版社，2003年。

② Paul Krugman, "The Myth of Asian Miracle", *Foreign Affairs*, Nov./Dec., 1994.

争。新古典经济学强调市场在东亚发展中的基础性作用，凯恩斯经济学强调国家和产业政策在推动经济发展中的关键作用，新政治经济学以发展型国家概念调和了产业政策和市场在东亚经济发展中的不同作用，文化派超脱国家与市场，发掘了传统文化在东亚经济起飞中的独特作用，并以此为基础区别于世界其他地方的经济发展。亚洲金融危机似乎证实了克鲁格曼的观点，但东亚国家迅速从危机中恢复过来，甚至转危为机，为世界经济发展注入新动能。东亚模式是继续强化自己的独特性还是向欧美模式靠拢，是引领世界经济发展还是成为一个历史现象，都是实业界、政治家和学术界共同关心的大问题。韩国国立庆北大学经济与贸易学院原院长金炯基教授在 2023 年出版的《东亚模式：转型与持续可能性》中给出了明确答案。①

从东亚模式到可持续的新东亚模式

在金炯基的书中，存在着四种经济发展模式，分别是英美模式、莱茵模式、北欧模式和东亚模式。这四种模式的划分依据是他自己开发的一个由五种因素组成的模型，包括国家（国家类型和政策范式）、劳动力（劳动制度和劳动力市场）、公司（公司体制和产品市场）、金融（金融体制和金融市场）等四个内部因素和一个外部因素——外贸（贸易体制和世界市场）。与欧美的三种模式相比，东亚模式的主要内容是：东亚国家是奉行经济发展第一的产业政策的威权型和发展型国家，区别于注重福利的莱茵、北欧模式和注重市场调节和总需求管理的英美模式。与欧美的公开公正的股东资本主义治理模式不同，东亚企业往往采用基于关系

---

① Kyungkee Kim, *The East Asian Model: Transformation and Sustainability*, Routledge, 2023.

的契约和内部人管理的利益相关者公司治理模式。与欧美金融主要从股市直接获利或通过参与制造业获取短期效益不同，东亚金融以银行为基础，通过提供长期资本支持产业发展。与欧美的激烈竞争就业和产业工会不同，东亚劳动以长期稳定就业、年功序列和企业工会等方式参与企业内部治理。与已经处于世界体系核心位置的先发工业化国家不同，东亚国家的对外经济联系经历了从最初的保护或进口替代战略向基于产业政策的开放或出口导向战略的转变。

然而，东亚模式并不是铁板一块，可以划分为先发的日本模式、追赶的韩国模式和独特的中国模式。用前述五因素模型来衡量，中、日、韩模式各具特点。首先，中、日、韩都是发展型国家，但中、韩、日的国家能力分别处于很强、强和中等的不同等级上，国家的产业政策也表现出指令（国家发改委）、指导（经济企划院）和协商（通产省）的不同性质。其次，中、日、韩主导企业的结构也不相同，日本是银行主导的J型企业集团，韩国是家族主导的K型财阀，中国是国企主导的C型集团公司。第三，就金融而言，日本主要银行理性贷款，韩国银行发放政策性贷款，中国国有银行支持国企。第四，中、日、韩的劳动制度也有很大差异，日本采用终身雇佣和年功序列制度，在采用丰田制（反泰勒制）和企业工会基础上协调劳资矛盾；韩国采用长期雇佣但低工资制，采用泰勒制管理方法；中国广泛采用合同制、低工资制和泰勒制，提高工作效率。第五，就对外经济关系而言，日本积极引进先进技术，对资金实行中等强度的控制；韩国积极吸收外国贷款和先进技术，对资金实行严格控制；中国积极吸引外国直接投资，对资金实行非常严格的控制。总之，日本通过企业式规制推动协调的市场经济发展，韩国通过国家规制推动规制的市场经济发展，中国通过国家规制推动社会主义市场经济发展。

　　与东亚模式的形成相伴的是东亚的经济高速增长，然而，东亚奇迹并不是一劳永逸的，相反，日、韩、中经济相继转向中速甚至低速发展，展露出不可持续性。日本在1974年首次出现负增长后，进入中速发展阶段，1991年泡沫破裂后，进入"失去的二十年"阶段。韩国在1997年金融危机之后，也经历了20年的低速增长。中国在2012年宣布进入"经济发展新常态"，由高速增长转向中低速增长。为了尽快走出危机，东亚国家相继采取市场化、自由化、私有化、灵活化的改革措施，推动东亚模式的转型。就国家模式而言，东亚国家都强化市场的作用，弱化或改善政府在经济发展中的作用。日本把公营公司私有化，注重发挥市场的作用，削弱政府对企业的干预；韩国的市场化与民主化相辅相成，并在世界银行和国际货币基金组织指导下实现自由化；中国明确了建设社会主义市场经济战略，让多种所有制并存，并让市场在资源配置中发挥基础性作用。就金融体制而言，东亚国家都推动金融自由化。日元升值后，日本的金融自由化速度加快，其资本自由化指数一度与美国持平，资本的自由化带动企业资金由主要从银行获得变成主要从市场获得。韩国金融自由化最为彻底，其资本自由化指数超过美国。中国采取审慎的金融自由化措施，主要增加利率的灵活性，同时增加和完善股市。就公司治理体系而言，通过引入股东资本主义把企业经营的主要目标变成了股东价值的最大化。日本企业的银行持股下降，企业集团逐渐衰落，机构和股东持股增加，形成追求利润为主要目标的控股公司体制。韩国由家族主导的财阀逐渐变成了多元股东控股、职业经理人经营的新型企业，其中外资占比显著增加，韩国企业股权民主化和国际化同步进行。中国不但壮大了私有企业，还对国有企业进行了股份制改造，形成了一些混合所有制的企业。就劳动制度而言，东亚国家都逐渐弱化了终身雇佣制，增加了合同制和非正式用工的份额，改革了年功序列制度，加大了绩效工资和奖金的份额。

显然，这些改革都是为了让东亚经济走出危机，同时解决社会和生态不可持续的问题。但现实情况是金融主导的粗放型增长会导致经济周期性波动，失业率和贫富差距加大，资源密集的高碳型增长不但恶化生存环境，还会影响企业效益并造成国际负面影响。衡量经济是否可持续的指标包括：全要素生产率、资本回报率、国家竞争力、生产率增长与工资增长之间的关系、人口动态和财政可持续性等，其中最主要的是前两项。就全要素生产率而言，日本从1990年、韩国和中国从2010年增长放缓，对经济发展贡献率下降。就资本回报率而言，进入新世纪后中、日、韩持续下降，2010年后甚至低于美国。这说明，东亚国家经济的竞争力有限，可持续性不足。衡量社会是否可持续的指标包括：就业、工资和收入差异、性别和区域差距、基尼系数等，其中主要的是就业和收入是否平等和基尼系数是否在安全范围内。就业领域存在的地区和性别差异、生产行业和服务行业的差异、大型垄断企业和中小企业以及正规就业和非正规就业之间的差异等等，都会造成工资和收入差距，导致市场收入的基尼系数增大，尽管政府会采用税收转移支付和提升社会福利程度来平抑市场收入基尼系数和可支配收入基尼系数之间的差距，但在投资和外贸驱动、福利政策服从于产业政策的经济发展中，比起其他三个模式，东亚模式中的两个基尼系数自20世纪90年代以来持续扩大，两个系数之间的差距的改善并不明显。换言之，两极分化在扩大，阶级冲突加剧，社会凝聚力下降，在经济不可持续基础上发生社会发展不可持续。除此之外，更为根本的是东亚赖以生存的环境不可持续。衡量生态是否可持续的指标是绿色增长指标，主要包括二氧化碳排放量、二氧化碳强度和二氧化碳生产率以及能源转换的动力和效果。在这些方面，日本已经达到经合组织的平均水平，而韩国和中国总体上低于美国、德国和瑞典的水平。中国虽然在降低二氧化碳强度方面成效显著，但仍然高于世界平均水平，二氧化碳生产率与世界平均水平相比仍有较大差距。生态不可持续不仅削弱东亚发展的基础，还会在很大程度上造成并加剧全球性环境问题。因此，东亚模式需要进一步转型。

体制改革是推动东亚从不可持续模式向可持续模式转型的推手。具体而言，就是从作为模型构成因素的五个方面进行改革，把增长机制从失业型转向就业型、从金融主导型转向创新主导型、从两极分化型转向福利制度型、从没有灵活性的劳动力市场转向富有弹性安全的劳动力市场，从不平等的布雷顿森林体系转向公正繁荣的世界经济秩序，最终使国家超越发展型国家和新自由主义国家，转向福利国家。改革要达到的目标是形成可持续发展的新东亚模式。就知识主导增长而言，知识创新将在经济发展全过程中发挥主导作用，同时有利于保障形成两极分化最小化的社会市场经济和低碳绿色经济。就市场经济而言，各市场主体的共生将成为其主要特征，创意经济、合作经济和清洁经济是其主要内容。创造性思维将克服资源局限等客观因素，成为经济增长的主要引擎。信任和合作不但能够降低交易成本，还能促进公平，进而共享经济成果。清洁经济不但能够实现生产系统的去物质化和去毒化，还能调节人与自然的关系。显然，共生市场经济能够从某些方面超越东亚模式中的三种不可持续性。与此同时，国家在功能和制度建设上需要强化公共性，不仅要弥补市场失灵的缺陷，还要在为全民谋福利方面更加主动作为，尤其是在教育上向低工资阶层倾斜，以便从源头上消除社会的两极分化。但是，这并不是要建设大政府，恰恰相反，在推动经济发展和福利社会建设上尤其要注重发挥地方和公民社会的作用，从而有效降低城乡差别和贫富差距，形成国家与社会协调的福利—就业—环境友好—可持续增长的良性循环。

毫无疑问，金炯基用自己建构的框架分析了东亚模式的过去和现在，在全面衡量其可持续性之后得出结论，即现有的东亚模式尽管已经发生转型，但在经济、社会和生态方面仍然是不可持续的。经济学家的研究当然不会停留在找出问题的层面上，解决问题才是经济学研究的主要目的。金炯基提出了解决东亚模式不可持续性的思路，那就是通过体制改革建设新东亚模式，这个新模式在经济增长、社会发展和生态平衡等方面都是可持续的。

从经济学视角破解"欧美中心论"的新尝试

"欧美中心论"是世界史和东亚史研究中一个根深蒂固的核心观点和指南。"欧洲中心论"主要指欧洲人和欧洲文明是优越的，以此为出发点从时间隧道来观察世界其他人种和文明，形成了与欧洲的理性、进步、高尚等相对立的世界其他地方的感性、静止、堕落等二元对立思维，世界其他地方想要进步，就得学习欧洲。不同的思想流派、人类学家和历史学家等分别从人种、环境、理性、技术、社会等方面塑造了欧洲奇迹，制造了与其截然相反的非欧洲形象。显然，"欧洲中心论"不仅仅是把欧洲历史普遍化，还形成了一种思维定势，成为似乎放之四海而皆准的真理。[①]"欧洲中心论"的形成与1415年开始的殖民主义、启蒙运动、东方主义等等相辅相成，使之从一种学术观点和大众认知逐渐变成了先发工业化国家的官方意识形态。随着美国的崛起和霸权建立，"欧洲中心论"逐渐演化成"欧美中心论"，其重心也从欧洲经验转向美国经验。"欧美中心论"的具体表现形式也随之发生变化。

第二次世界大战后，"欧美中心论"以新的面貌出现，那就是

---

① 参看［美］J.M.布劳特著，谭荣根译：《殖民者的世界模式：地理传播主义和欧洲中心主义史观》，社会科学文献出版社，2002年。

世界体系论、现代化和现代性以及发展论。毫无疑问，这些新变种都是建立在启蒙思想的基本原理基础上的，但都被赋予了与时代变化相适应的新内容。①例如，以罗斯托为代表的现代化论者所倡导的现代化实际上就是美国化，现代性就是以欧美价值观为基础的一系列被人为普遍化的特性。②发展逐渐成为西方的一种信仰，并以发展经济学、发展社会学、发展政治学等为理论基础，以发展援助为手段，逐渐变成了发展中国家的意识形态。③所有这些都把人类历史简化为欧美式的，非欧美国家要想现代化或发展，就必须走欧美走过的老路或按他们设计的模式走。因此，冷战结束后，苏联式现代性④终结，美国学者福山乐观地提出了"历史终结论"，⑤意味着欧美模式一统天下，"欧美中心论"真正、彻底变成了普世模式。

然而，无论是从历史现实还是从理论分析来看，"欧美中心论"都名不副实。欧美的崛起带给世界其他区域的是殖民主义，而不是欧美式的美好愿景。二战后，欧美的援助也没有让发展中国家成为发达国家（东亚的崛起是个例外，但越来越多的研究证明东亚崛起不是模仿欧美的结果），相反那些完全按照世界银行和国际货币基

---

① 参看［埃及］萨米尔·阿明著，王麟进等译：《自由主义病毒/欧洲中心论批评》，社会科学文献出版社，2007年。

② 参看［美］W.W.罗斯托著，郭熙保、王松茂译：《经济增长的阶段：非共产党宣言》，中国社会科学出版社，2001年；［美］W.W.罗斯托著，贺力平等译：《从起飞进入持续增长的经济学》，四川人民出版社，2000年。

③ 参看［瑞士］吉尔贝·李斯特著，陆象淦译：《发展的迷思：一个西方信仰的历史》，社会科学文献出版社，2011年。

④ ［挪］文安立著，牛可等译：《全球冷战：美苏对第三世界的干涉与当代世界的形成》，世界图书出版公司，2012年。

⑤ 参看［美］弗朗西斯·福山著，黄胜强、许铭原译：《历史的终结及最后之人》，中国社会科学出版社，2003年。

金组织以及欧美国家的要求进行结构调整和新自由主义改革的国家
反而进一步沉沦。理论与现实的严重反差促使对"欧美中心论"进
行深刻反思。其实，自"欧美中心论"诞生之日起，对它的解构就
一直在进行。在非西方民族主义兴起后，这一解构更加猛烈和
深化。

　　亚非拉民族主义的兴起通常被认为是利用西欧的民族主义来寻
求自己的独立，是"打着红旗反红旗"，但实际上，亚非拉民族主
义都是在发掘和弘扬自己光辉灿烂的传统基础上、以反种族主义的
形式出现的，后来甚至走向"非洲中心论"等另一个极端。[①]这种
反其道而行之的思路并没有突破"欧美中心论"的逻辑，即萨义德
通过采用权力话语分析方法揭示出来的东方学中存在的二元对立思
维。[②]后现代主义和后殖民主义兴起后，反思欧美经验的普世性成
为主攻焦点，萨米尔·阿明、J.M.布劳特等分别从不同角度研究发
现欧洲在1492年之前的发展水平并不比其他地方高，约翰·霍布
森和杰克·古迪等认为，西方的崛起具有先前被忽略的东方起
源，[③]查克拉巴蒂等或对欧洲经验进行"否思"，或把他还原成地方
性经验，[④]彭慕兰和贡德·弗兰克认为，1800年前西欧并不比亚洲
先进，只是因为偶然的因素，西欧才超越了亚洲。[⑤]

---

① 参看［美］马丁·伯尔纳著，郝田虎、程英等译：《黑色雅典娜：古典文明的亚非之根》，
　　南京大学出版社，2020年。

② ［美］爱德华·W.萨义德著，王宇根译：《东方学》，生活·读书·新知三联书店，2007年。

③ ［英］约翰·霍布森著，孙建党译：《西方文明的东方起源》，山东画报出版社，2009年。
　　［英］杰克·古迪著，沈毅译：《西方中的东方》，浙江大学出版社，2012年。

④ Dipesh Chakrabarty, *Provincializing Europe: Postcolonial Thought and Historical Difference*, Princeton University Press, 2000.

⑤ ［美］彭慕兰著，史建云译：《大分流：欧洲、中国及现代世界经济的发展》，江苏人民出
　　版社，2003年。［德］贡德·弗兰克著，刘北成译：《白银资本：重视经济全球化中的东
　　方》，中央编译出版社，2000年。

如果说前述主要是从起源和形成上解构"欧洲中心论",那么对现代化和发展的解构就是某种程度上从性质和传播上重新认识现代世界历史,并为观察未来世界走向提供了基本思路。雷迅马从社会科学与美国对第三世界政策的形成和执行方面,把现代化定性为意识形态,①阿图罗·埃斯科瓦尔等解构了作为话语的发展,②S.N.艾森斯塔德和夏德明等提出多元现代性,从文化上颠覆了一元现代性的"欧美中心论"霸权。③其中杜维明和杜赞奇更进一步,杜维明从东亚价值出发主张多元现代性,④杜赞奇主张用亚洲传统价值克服现代性的危机,从而通向可持续的未来。⑤不过,主张多元现代性的大多是从文化出发,在经济上是否可行仍是未知数。金炯基的《东亚模式:转型与持续可能性》在一定程度上从经济上证明了多元现代性的存在。

金炯基不但认同存在东亚模式,还把欧美模式分成三个模式。英美模式、莱茵模式、北欧模式的存在说明欧美模式并不是完全同质的,欧美经验也并不整齐划一。进而言之,把欧美作为与非欧美对立的一极似乎也有点过于简单化。更重要的是,虽然东亚模式仍在转型过程中,也不断吸收欧美模式的优点,但这不是要向欧美模式靠拢,而是在东亚模式基础上形成新东亚模式。换言之,新东亚模式具有经济、社会和生态可持续性,仍然是不同于

① [美]雷迅马著,牛可译:《作为意识形态的现代化:社会科学与美国对第三世界政策》,中央编译出版社,2003年。

② [美]阿图罗·埃斯科瓦尔著,叶敬忠译:《遭遇发展:第三世界的形成与瓦解》,社会科学文献出版社,2011年。

③ [德]多明尼克·萨赫森迈尔、[德]任斯·理德尔、[以]S.N.艾森斯塔德编著,郭少棠、王为理译:《多元现代性的反思:欧洲、中国及其他的阐释》,商务印书馆,2017年。

④ [美]杜维明:《东亚价值与多元现代性》,中国社会科学出版社,2001年。

⑤ [美]杜赞奇著,黄彦杰译:《全球现代性的危机:亚洲传统和可持续的未来》,商务印书馆,2017年。

欧美模式的、具有东亚特点的可持续发展模式。显然，金炯基从经济发展角度在一定程度上解构了"欧美中心论"，为重新认识全球化时代的世界历史复杂性和多样性及其未来走向提供了一个有力的基础。

需要深入讨论的问题和可能的新思路

从可持续性角度衡量东亚模式并提出通向可持续新模式的制度改革措施无疑是本书的又一个亮点，但是可持续性仍是一个有争议的概念，也尚未形成用于衡量是否具有可持续性的统一标准。因而，笔者更愿意采用日本学界的常用词——持续可能性。就生态可持续性而言，二氧化碳排放量、二氧化碳强度和二氧化碳生产率当然很重要，但并不全面，因为生态是一个由不同因素组成的有机整体，水圈、生物圈、土壤圈和岩石圈与大气圈一样，都是人须臾不能离开的，也是不可忽略的环境。另外，尽管并不全面，但日本在环境治理中取得的成绩得到了肯定，而韩国和中国的环境治理成效尽管不如日本那么明显，但确实没有得到完整体现，这源于作者采用的比较单一的衡量标准。例如，中国在植树造林、降低沙尘暴发生率和吸收温室气体的成果、在利用太阳能和新能源汽车及其对全球温室气体排放治理所发挥的积极作用等都没有得到充分估计。

需要重点反思的是，作者的基本思路和理论基础还是国家与市场的博弈。尽管采用了五因素组成的模型的分析框架，但基本上还在国家与市场之间摇摆。具体而言，东亚模式是发展型国家主导、市场为辅的高速增长，当增长放缓之后就要转过来注重发挥市场的作用、放松政府管制，最终通过协调国家和市场通向可持续的新东亚模式。这个思路背后隐藏的是经济人和理性经济人（企业）的假说，即在规范市场实现个人和企业利益最大化，进而实现社会利益。如果市场不能发挥看不见的手的作用或出现市场失灵，那就要发挥国家的作用，规范市场。一旦出现国家失灵，就要再次发挥市场作用。换言之，就是在市场和国家之间寻求平衡。环境经济学试图把资源环境纳入经济价值创造过程，尤其是想把环境外部性内部化，从而把经济人和理性经济人变成环境人和理性环境人，进而实现经济生态化和生态经济化。尽管环境经济学尚未解决谁来代表后代人参与现在的经济的难题，但它无疑要比传统经济学更贴近环境时代经济发展的需要。换言之，研究东亚模式的可持续性需要采用环境经济学的新思路。

进而言之，东亚模式再次转型后之所以依然是东亚模式，是可持续的新东亚模式，而不是欧美模式，关键在于其文化底色不同于欧美。虽然作者也曾提到文化在东亚模式中的重要性，但基本上并没有把它作为一个因素或变量纳入分析框架，以文化为部分基础的社会组织在环境治理中的作用也没有得到应有的重视。当然，在以统计数字和模型为基础的经济分析中，要把这两个因素纳入并不容易，但不考虑这两个变量肯定是不合理的。如果能形成环境、市场、社会、国家和文化合成的分析框架或模型，对东亚模式的转型和新东亚模式的形成的分析将会更全面、更具说服力。

东亚经济发展改变了战后世界格局，对东亚模式的认识也正在改变理解世界历史的固有模式。金炯基的《东亚模式：转型与持续可能性》用自己的解释框架，重点分析了东亚模式的转型和未来走向，回应了关于东亚模式的争论，在一定程度上突破了"欧美中心论"。然而，研究这样一个具有重大现实意义和理论价值的问题，尤其是涉及持续可能性问题，在汲取环境经济学的已有成果基础上提出更加全面综合的分析框架和创新思路是必不可少的。尽管这个创新会很不完善，但肯定是值得尝试的。

（本文发表于2024年4月6日的《澎湃新闻·上海书评》）

重构奥斯曼帝国史

评阿兰·米哈伊尔的《奥斯曼的树下：奥斯曼帝国、埃及与环境史》

奥斯曼帝国（1300—1922年）是世界历史上延续时间最长、影响最大的帝国之一。它在某些方面上承拜占庭帝国、蒙古帝国和阿拉伯帝国，形成跨越三洲三海之庞大帝国，周围环伺着哈布斯堡王朝、罗曼诺夫王朝、萨法维王朝和大英帝国。无论就其重要性还是复杂性而言，都是值得重点研究的对象。然而，与对其前后左右的其他帝国的研究相比，对奥斯曼帝国的研究尚属欠发达。世纪之交，随着国际局势发生深刻变化，对帝国和帝国史的研究突然提速，奥斯曼帝国史研究乘势而起，主导范式发生了从衰落论向帝国研究的转向，同时也形成了奥斯曼帝国史研究的"环境转向"。阿兰·米哈伊尔的《奥斯曼的树下：奥斯曼帝国、埃及与环境史》就是在这波浪潮中涌现出来的一部具有方法论意义的、创新性的综合性著作。①

---

① Alan Mikhail, *Under Osman's Tree: The Ottoman Empire, Egypt, and Environmental History*, The University of Chicago Press, 2017. 中译本见［美］阿兰·米哈伊尔著，白贤达译：《奥斯曼的树下：奥斯曼帝国、埃及与环境史》，东方出版中心，2023年。

作为解释框架和方法论的环境史

根据科林·伊姆博的研究，早在1983年，威廉·格里斯沃德就建议从气候变化角度研究奥斯曼帝国的历史变化。这可以说是从环境史角度研究奥斯曼帝国史的萌芽。从环境史研究领域的发展来看，直到2011年，约翰·麦克尼尔还认为，中东仍是环境史研究的黑洞，是需要开拓的新研究区域。[1]不过，到21世纪的第二个十年，一系列重要的中东环境史著作相继出版，其中与奥斯曼帝国环境史有关的包括：戴安娜·戴维斯和埃德蒙·伯克三世主编的《中东和北非的环境想象》，山姆·怀特的《近代早期奥斯曼帝国的叛乱气候》，阿兰·米哈伊尔的《奥斯曼埃及的自然和帝国》、《奥斯曼埃及的动物》，纽凯特·瓦里克的《近代早期地中海世界的瘟疫与帝国：以奥斯曼为例，1347—1600》。[2]这些环境史著作的集中出版形成了较强的学术冲击力，以致于乔治·川布尔四世认为中东史研究中出现了环境转向。[3]《奥斯曼的树下》就是米哈伊尔在综合前两本专题著作和若干篇论文研究成果的基础上，做出的更具理论

[1] John R. McNeill, "Future Research Needs in Environmental History: Regions, Eras, and Themes", in Kimberly Coulter, Christof Mauch(eds.), *The Future of Environmental History: Needs and Opportunities*, Munich, 2011, p.13.

[2] Diana Davis, Edmund Burke III (eds.), *Environmental Imaginaries of the Middle East and North Africa*, Ohio University Press, 2011. Sam White, *The Climate of Rebellion in the Early Modern Ottoman Empire*, Cambridge University Press, 2011. Alan Mikhail, *Nature and Empire in Ottoman Egypt*, Cambridge University Press, 2011; *The Animal in Ottoman Egypt*, Oxford University Press, 2014. Nukhet Varlik, *Plague and Empire in the Early Modern Mediterranean World: The Ottoman Experience, 1347-1600*, Cambridge University Press, 2015.

[3] George R. Trumbull IV, "The Environmental Turn in the Middle East History", *International Journal of the Middle East Studies*, Vol.49, No.1, 2017 p.173.

探索和启示意义的新成果。

从《奥斯曼的树下》这个书名就可以看出，它是以奥斯曼之梦中的树隐喻环境，采用环境史的解释框架和方法，探讨奥斯曼帝国的复杂历史。先前的奥斯曼历史研究主要关注政治史和文化史，形成衰落论。认为奥斯曼帝国从1300年开始崛起，1566年达到鼎盛，之后一路走衰，在19世纪虽然开展了一系列改革但最终并未实现现代化，而是在第一次世界大战后土崩瓦解。这个范式虽然是从长时段和整体观察奥斯曼帝国的历史变迁，但并不能反映奥斯曼帝国多样族群、宗教和文化的现实。换言之，衰落论对历史进行了简单化的处理，意在弥补其不足的地方经济史研究的兴起。奥斯曼帝国大体上主要包括巴尔干地区、安纳托利亚地区、阿拉伯地区、北非地区等，各地区的经济状况和特点并不相同，在帝国体系中的作用和地位也有差异。因此，从理论上讲，对具有不同优势和功能的地区的生产、流通、税收、贸易等进行具体研究就能为重新综合认识奥斯曼帝国历史变迁和内部冲突奠定坚实基础。确实，地方经济史研究显示，各区域的发展轨迹与衰败论并不吻合，这在某种程度上破解了占主导地位的范式，同时为新观点的出现打开了通道。在这个思路的延长线上，就会发现不同区域的自然环境是历史发展的一个不可忽视的因素，它与处在不同阶层的人以及其他区域的人发生了复杂的互动作用，而这种关系造就了奥斯曼帝国的历史发展之路。

与惯常历史研究的解释框架和方法论相比，《奥斯曼的树下》中的环境史具有三个重要特点。一是承认环境的历史能动性，二是从整体考察历史，三是强调促成历史发展各因素之间的有机联系。

以环境史为解释框架和方法论意味着环境成为历史的创造者，创造历史的主体由单纯的人变成了人和环境。于是，全书四个部分的标题就变成了水、劳动力、动物和自然元素。奥斯曼帝国的历史不再仅仅是人的历史,而是人与环境相互作用的历史,其中环境发挥了不可或缺的重要作用,但这绝不意味着环境决定论或气候决定论。环境不仅为帝国提供了必不可少的资源(财富之源),还以独特的方式影响了帝国的统治方式的转型,在一定程度上改变了埃及行省在帝国的位置和命运。

以环境史为解释框架和方法论意味着奥斯曼帝国是一个生态体系,不同区域的生态因为有机联系而变成一个整体。安纳托利亚的森林、埃及的水系和土地以及牲畜、来自苏丹和中亚的病菌和瘟疫、冰岛火山爆发的效应等都在帝国汇聚,或通过商品链连接在一起,或通过传染链产生毁灭性后果,或通过遥相关发挥作用。而支撑和推动这些联系的是能量流动,能量之源在于太阳、地球及其复杂关系。例如,冰岛火山爆发就是来自地球内部的能量导致的,火山通过地球大气系统传导到奥斯曼帝国和世界其他地方,造成气候变冷和水位下降,进而影响粮食收成,诱发政治动荡。显然,这个生态体系既是灌区的、行省的,也是帝国的,还是全球的。

以环境史为解释框架和方法论意味着无论是环境还是人都在动态的相互作用中发挥作用。奥斯曼埃及的水、土地和牲畜与古埃及的很不相同,奥斯曼征服埃及实际上继承了埃及人利用尼罗河水和土地的产物,这时的埃及环境并不是纯粹的自然环境,而是被埃及人作用过的混杂环境。这样的环境在奥斯曼帝国统治时期,继续因为粮食流通和人口增长等而变化,这些变化既是人为作用的结果,也是全球环境变化影响的结果。反过来,奥斯曼帝国和埃及行省都在利用环境中既维持了统治,又促进了发展,增强了国力,进而形成对环境的更大程度的干预。然而,这种变化并不是直线正向的,有时会发生意想不到的转向,18世纪后期的环境恶化既是不以人的意志为转移的结果，也导致了埃及行省的离心甚至独立倾向。发掘和重视环境与人的这种有机联系和相互作用是环境史作为解释框架和方法论的独特贡献。

构建新型历史

以环境史为解释框架和方法论，《奥斯曼的树下》构建了不同于传统历史的新型历史。这种构建更多的是通过颠覆或修正先前流行的一些主导性观点完成的。不过，这都是建立在发现新史料或重新解读旧史料基础上的。中东环境史研究之所以起步晚，一个重要的原因在于史料匮乏，准确地说，是现成的或整理好的史料不多。其实，与其他文明古国一样，奥斯曼帝国也留下了丰富的史料，只是这些使用不同文字写成、表现为不同形式的史料需要发掘整理并采用新思维进行解读。奥斯曼帝国政府档案包括土地勘测、基建工程、农村土地纠纷、瘟疫流行等记录，不仅内容丰富而且系统。用多种语言写成的地方志不仅提供了丰富的地方性知识，而且提供了与中央政府不同的地方取向，为全面认识和理解奥斯曼帝国提供了可能。考古新发现、地质学和气候学研究新成果等等也为奥斯曼帝国环境史研究提供了新史料、新线索甚至新思路。随着史料的积累和增多，如何解读史料成为能否利用好史料的关键，最新的环境史研究成果有助于突破解读史料的既有思路。原有的思路或者把人凌驾于环境之上，强调人的主观能动性，或者从人类社会发展角度出发，强调文明的衰落。这两种思路都既忽视了人作为环境一部分的特性，也忽视了环境的脆弱性、韧性和能动性。《奥斯曼的树下》对史料进行了情景化处理、辅之以审慎的实验或模型方法、注重对具体案例的分析等等，进而对历史上的人与环境的关系进行动态的、辩证的认识，最终构建了新型的奥斯曼帝国史。

构建新型历史绕不开从纵向上对历史进行分期，在分期中体现对历史大势的认识。在既有的奥斯曼帝国史研究中，影响最大的是衰落论。①它把奥斯曼帝国历史分为两个阶段，分别是1300—1566年的上升时期和1566—1922年的衰落时期。在前一时期，在十位能力超群的素丹领导下，奥斯曼帝国迅速扩张，在苏莱曼大帝时期冲向巅峰，此后帝国开始走下坡路，无能和腐败造成对帝国的控制日益松懈，最终导致帝国崩溃。衰落论之后，还短暂出现了现代化论，它也把奥斯曼帝国分为两个阶段，那就是以18世纪的改革为分界，前一个阶段是传统时期，传统农业社会达致顶峰后，需要突破，以应对日益增强的殖民侵略；后一个阶段是走向现代化阶段，通过一系列的西化改革企图赶上先发的现代化国家，但不幸的是，颟顸的素丹的专制统治使之无法完全西化，最后只能在民族主义的冲击下走向崩溃。无论是衰落论还是现代化论，都对奥斯曼帝国历史进行了具有目的论的线性进步的分析，过多强调了历史的断裂性。到20世纪90年代，奥斯曼帝国史研究发生了"帝国转向"，其主要内容在纵向上表现为重视历史的持续性，在将奥斯曼帝国历史划分为诸如爱的时代、探索时代、革命时代、教派分立时代等等不同阶段中凸显历史的复杂性和多样性，呈现历史进程中的危机、调适、改革与变迁。②《奥斯曼的树下》打破了前述各种历史分期，以18世纪与19世纪之交为界，把奥斯曼埃及和奥斯曼帝国历史划分为两个阶段，前一阶段是埃及行省与帝国中央政府密切合作、利用埃及环境优势和地方性知识成为帝国粮食供应基地和核心区的时

---

① ［美］唐纳德·夸特：《奥斯曼帝国历史书写中的"衰落论"及其转变》，昝涛主编：《奥斯曼—土耳其研究：学术史的回顾与展望》，江苏人民出版社，2022年，第105—108页。

② ［美］艾伦·米哈伊尔、［美］克里斯汀·M.菲里欧：《奥斯曼帝国与帝国转向》，昝涛主编：《奥斯曼—土耳其研究：学术史的回顾与展望》，江苏人民出版社，2022年，第122、130、134页。

期，后一阶段从自给农业转向商品农业、大地产和劳动密集型经济的时期，这种转变促成了默罕默德·阿里的崛起和埃及与奥斯曼帝国关系的巨变。造成这种阶段性变化的根本原因不是传统的素丹无能、殖民主义入侵或民族主义传入等内外因素，而是诸如冰岛火山爆发、埃及气候变冷、瘟疫流行等造成原有的能源体系失衡、役畜大幅度减少和强迫劳动增加等复杂因素。

构建新型历史也需要从横向上分析历史的结构，在结构和比较中把握帝国的规模变化和整合程度。在既往的奥斯曼帝国史研究中，有些学者借用世界体系理论及其分析方法，以中心与边缘为框架认识奥斯曼帝国的历史，指出奥斯曼帝国以不平等交换方式被纳入世界经济体系，自然也就处于边缘地位。这不但给奥斯曼帝国在全球史中进行定位，还转换认识角度，认为奥斯曼帝国的衰落是由不平等的世界体系，尤其是作为中心的殖民宗主国造成的。帝国转向之后，凯伦·巴基通过比较帝国史研究为解释奥斯曼帝国的长期稳定性建立了轮毂与辐条模式。轮毂指代帝国中心，即伊斯坦布尔的帝国政府，辐条代表边缘地区，即帝国各行省政府。从理论上讲，行省都向心，扩而广之，帝国臣民和外部世界也都必须向心。[①]这个模式道出了奥斯曼帝国结构的一个方面的特点，但并不全面，也不能充分说明这个幅员辽阔，具有环境、生产、民族、文化等多样性的帝国的稳定性。《奥斯曼的树下》正视并立足于这些多样性，发现了帝国不同行省之间的资源和商品流动路线和机制，也重塑了帝国政府和行省甚至不同商品产区之间的联系，厘清了各自的职责和义务，从而形成了认识帝国格局的生态网络结构新模

---

① ［美］艾伦·米哈伊尔、［美］克里斯汀·M.菲里欧：《奥斯曼帝国与帝国转向》，昝涛主编：《奥斯曼—土耳其研究：学术史的回顾与展望》，江苏人民出版社，2022年，第135—136页。

式。必须指出的是，这个网络并不是孤立的，相反它与外部世界是有机联系在一起的，因此奥斯曼帝国的生态网络结构既是帝国的，也是全球的。另外，在这个生态网络结构中，如果非要找到一个中心，那么它是因时因事而异的。例如，如果要找帝国的粮食中心，那毫无疑问是埃及；如果要找帝国的木材中心，那就是安纳托利亚东南部；等等。因此，帝国生态网络结构是无中心或多中心的，是通过有机联系形成的多元结构，而非二元结构。

构建新型历史需要对历史的性质和发展动力做出明确判断。在奥斯曼帝国史研究中，一个根深蒂固的观点是魏特夫提出的东方专制主义。他以东方普遍存在的、需要组织大量劳动力进行建设和维护的治水工程为依据，认定东方帝国是专制帝国。跨越两河流域和尼罗河流域的奥斯曼帝国自然也不例外。另一个影响比较大的对奥斯曼帝国定性的观点是欧洲病夫。它认为，奥斯曼帝国与欧洲帝国相仿，但不健康，内部存在许多诸如腐败等侵蚀帝国肌体的因素。显然，这两种观点都是典型东方主义的。帝国转向之后，奥斯曼帝国史研究在关注地方性基础上重新认识帝国的复杂性，期冀给帝国史以新的定性。《奥斯曼的树下》把关注重点从政治、经济和精英转向环境史，突出了地方和农民以及环境因素在奥斯曼帝国史上发挥的作用，从而建构出一个与传统的奥斯曼帝国历史迥然不同的新型历史，即庞大的生态系统史。其中，乡村社会不仅仅是帝国统治的基础，同时也享有自己的权利；帝国政府毫无疑问控制着地方和乡村社会，但同时需要地方政府和乡村社会的配合。这样的帝国既不是完全专制的，也不是僵化腐朽的，相反却是生机勃勃的和理性的统一有机体。其中，地方与中央、农民与各级统治者、埃及与汉志和安纳托利亚以及冰岛和苏丹、人与动物、森林、疾病、水源、土壤和气候等都既是帝国这个统一有机体的不可或缺的组成部分，也在帝国生态系统中发挥着各自不可取代的作用。推动这种帝国史发展的动力是社会、经济、政治、文化和环境因素相互交织的网络，是多因素的综合作用。其中，环境因素的作用至少不亚于官僚政治、贸易和战争，有时还更加重要。同样，18世纪和19世纪之交的转型也是这个网络发生变化的结果，其中环境变化的作用尤其关键。

引申出来的问题

显然，《奥斯曼的树下》在很大程度上已经达到了以环境史为解释框架和方法论构建奥斯曼帝国史研究新体系的目标，也为理解其他帝国史提供了一个可以进行比较的新参照。但是，要验证这个体系的动力机制是否具有强大的解释力，把研究范围局限在19世纪初之前是不够的。换言之，这个动力机制能否有效解释奥斯曼埃及历史的转型还是有必要深入思考的问题。从这个意义上说，如果该研究的时限能够扩展到19世纪末埃及沦为殖民地，或许对动力机制的认识会更全面，更具解释力。顺着这个思路，有两个问题值得深入思考。

第一，环境是有韧性和恢复力的，当冰岛火山爆发的环境影响逐渐平复之后，动物的数量、河流的水位都会得到恢复，但生产方式和能源结构并没有回到从前，这说明用前述的网络结构动力解释奥斯曼帝国的历史转型是不充分的，棉花引入造成的种植结构的变化及其形成的生产方式的"路径依赖"也是不能忽视的。

第二，埃及在19世纪的变化，不仅涉及殖民主义和帝国主义侵略，还涉及民族主义的成长，这也是奥斯曼帝国崩解以及在此基础上蜕变出若干民族国家的历史现实。如何以环境史为解释框架认识这些主导性的历史话题无疑是需要深入探讨的问题，这也是为实现环境史主流化不得不做的研究。

2012年，阿兰·米哈伊尔还在呼吁中东是全球环境史研究中急需填补的空白之一。[1]2017年，《奥斯曼的树下》的出版在某种程度上填补了这个空白。在埃德蒙·伯克三世从深层历史观察中东环境变迁的论述中，奥斯曼帝国时期是环境发生危机的时期，与此同时，现代性也逐渐在奥斯曼帝国出现。[2]《奥斯曼的树下》修正了埃德蒙·伯克三世对奥斯曼帝国环境变化的整体判断，形成了对奥斯曼帝国和奥斯曼埃及历史的、有别于传统观点的新认识。尽管其环境史的解释框架和方法论和奥斯曼生态系统史的新建构还需要通过扩展时间规模来进一步完善，但无疑为从帝国内部和世界帝国比较角度深化奥斯曼帝国史研究奠定了基础，提供了新起点。

（本文发表于2024年1月27日的《澎湃新闻·上海书评》）

---

[1] Alan Mikhail, "The Middle East in Global Environmental History", in J. R. McNeill and Erin Steward Mauldin (eds.), *A Companion to Global Environmental History*, Wiley-Blackwell, 2012, p.167.

[2] Edmund Burke III, "The Transformation of the Middle Eastern Environment, 1500 B.C.E-2000 C.E", in Edmund Burke III and Kenneth Pomeranz (eds.), *The Environment and World History*, The University of California Press, 2009, pp.81-110.

白令吉亚的变与不变

评芭丝谢芭·德穆思《浮动的海岸：一部白令海峡的环境史》

在我的想象中，环境史有两类，分别是作为查漏补缺的、狭义的环境史，和按照历史新思维构建的、广义的环境史。自环境史研究诞生以来，前者比比皆是，后者尚付阙如，以致无论在教学还是指导博士生研究环境史过程中，都不能给他们提供一个学习和模仿广义环境史的范本。2019年出版的《浮动的海岸：白令海峡环境史》既能满足学生的需求，又为推进广义环境史研究提供了良好的新起点。①

历史的本质：超越人类中心主义

该书的问题意识是：当自然或环境进入历史时，历史的本质是什么？具体而言，就是在自然塑造了人的前提下，人又如何被这个

---

① Bathsheba Demuth, *Floating Coast: An Environmental History of the Bering Strait*, W W Norton & Co, 2019. 中译本见［美］芭丝谢芭·德穆思著，刘晓卉译：《浮动的海岸：一部白令海峡的环境史》，译林出版社，2022年。

世界重塑？显然，这是要在环境整体中探讨人与环境的相互作用的历史。这个问题意识的产生既来自作者自18岁以来多次在白令吉亚生活、工作和研究的现场体验，也来自对传统历史学的反思。在独特的北极环境中，作者体会到了自然的伟岸，在与当地人一起工作和生活中，作者受到了当地人关于环境的知识的影响。这些都让作者不得不放下来自工业社会的惯习，转而从整体认识人在环境中的位置和作用。也正是在这样的环境中，自柯林伍德以来把环境剔除出历史编撰的传统史学思维变得不合时宜，建构一种新型历史成为作者要完成的任务。

全书按空间分为五个部分，依次从海洋越过海岸到陆地，从地表到地下，最后重新回到海洋。从空间上把海陆连为白令吉亚，从时间上涵盖了从19世纪中期到现在的全过程。正是在这样的"时间地图"环境中，当地人（因纽皮亚特人、尤皮克人、楚克奇人）、美国人、苏联人和鲸鱼、海象、狐狸以及黄金和锡矿等上演了复杂精彩的，融环境、经济、社会和文化于一体的多幕生态戏剧。19世纪后半期（1848—1900），美国捕鲸者闯入北太平洋，在捕猎弓头鲸的同时对当地人的环境文化形成侵蚀。当弓头鲸被猎杀殆尽，美国人和俄国人以及苏联人在20世纪的大部分时间里集中猎捕沿海的海象和狐狸（1870—1960），在内地猎杀和饲养驯鹿（1880—1970），在地下开采黄金和锡矿（1900—1980），进而对当地人的环境文化进行资本主义或社会主义的改造。在鲸鱼得到短暂恢复之后，美苏重新开始捕鲸，尤其是灰鲸（1920—1990），但也形成了保护性捕猎和滥捕鲸鱼两种不同的生产方式。

在结论部分，作者论述了国际资本在21世纪对白令吉亚的开发，并回答了自己在前言中提出的问题，指出当自然成为历史的一部分之后，历史就变成了线性时间和周期性时间交织、人与自然都在变化、冲突与和谐并存的混杂体。美苏并不能用线性时间取代或征服周期性时间，白令吉亚终究不能成为他们理想中的白令吉亚。从这个结论可以看出，该书超脱了人类中心主义的历史观及其人为的边界，建构了新型的历史，即广义的环境史。

两条线索：能量和时间

环境史研究环境整体中人与自然相互作用的历史。在具体研究和构建环境史的过程中，由于人文学科和自然科学的分野，环境史通常变成了人类社会按照社会规律征服和利用自然的历史或自然依照自然规律自主演进的历史，两者并不融通。大历史的倡导者曾经提出用能量流动打通自然和社会之鸿沟的主张，但由于它把人类及其文明演进置于宇宙大爆炸以来的历史中，虽然有利于破除人类中心主义的偏见，但也不易被传统历史学接受，认为过于自然科学化或弱化了人的能动性。尽管环境史学家克罗斯比和斯米尔都探讨了能量与人类文明演进的关系，但都集中于人类利用能量的历史，缺乏从自然与人互动的角度对能量流动进行深入分析。①《浮动的海岸》把自然与人类经济用能量流动连接起来，打破了人与自然两分的格局。

无论是有机物还是无机物，都是来自太阳的能量通过光合作用积聚的结果。浮游生物通过营养级联和食物链供养了动植物，动植物利用了因四季变化而盈缩的环境，形成海洋和陆地的顶级群落。部分来自地表动植物和地球运动的能量在地下形成化石能源和矿物质。在这样的环境中，有机物在自然规律作用下发生着

---

① ［英］阿尔弗雷德·克劳士比著，王正林、王权译：《人类能源史：危机与希望》，中国青年出版社，2009年。［加］瓦茨拉夫·斯米尔著，吴玲玲、李竹译：《能量与文明》，九州出版社，2020年。

周期性变化，维持着平衡；当地人既是自然的一部分，又以文化的方式利用着自然，把自然中的能量转化为人的能量，进而形成新的能量聚集体。这种动态平衡在美国人和俄国人到来后发生了剧烈变化。捕鲸者利用人的能量和风的能量把鲸脂和鲸须变成照明、润滑、穿戴等所需的能量。对海象和皮毛的追求一方面为世界市场提供了人类需要的能量，另一方面也通过投入酒、糖、面粉和步枪等简化了当地环境，改变了当地人生产和生活中的能量流动。对地下矿藏的开采不但利用了地质时代形成的能量，还为世界市场和国际社会提供了能量。白令吉亚的能量在来自世界市场的能量作用下变成了世界能量，自然能量因为被注入了人类的意志而变成了文化能量。

与能量流动相关的是时间的变化。自然的能量流动体现的是周期性循环的时间，而现代人（不论是美国人还是苏联人）相信体现进步的线性时间。与白令吉亚能量的输入和输出相关的是两种时间的博弈。在海洋，作为顶级群落的鲸鱼以某些海洋生物为食，但在生命周期结束后以鲸落的方式滋养其他海洋生物。在陆地，地衣、桤木树叶与狐狸、驯鹿以及狼等形成的生态系统也会发生周期性的波动（驯鹿种群每10—20年会发生数量升降，每百年中会发生1—2次种群崩溃），形成短缺与丰裕的循环。当地人形成了通过灵魂把人与自然联系起来的生态智慧，其中既有隐含在神话和传说中的周期性时间，也有表现为贪婪和战争的线性时间。前者是常态，后者是不常见的变态。

美国人和俄国人、苏联人到来后，把自己的线性时间强加给白令吉亚的环境和当地人。线性时间以过去为起点，立足现在，放眼未来。他们据此把白令吉亚的环境视为静止的、需要开发的客观存在；把当地人文化视为落后的、需要改变的传统。美国人带来了资本增殖的观念，按市场需求安排生产。苏联人带来了计划经济的观念，按国家需要推动生产。无论这两种方式有何不同，它们都体现出现代性的取向，都要用具有目的性的进步取代周期性的平衡。

两种时间在白令吉亚的相遇产生了复杂的结果。美国人似乎达到了追逐利润的目标，但也导致部分物种濒危或灭绝，生态系统紊乱，同时侵蚀了与环境共存的当地人文化。为了持续获取利润，不得不对环境和当地人进行保护。苏联对环境的加速利用和人为密集改造在一定程度上满足了国家需求，但这种"人定胜天"式改造完全无视环境的自身演变规律，对当地人文化的社会主义改造表面上使之成为了无产阶级和社会主义新人，但本质上变成了无根的漂浮者。线性时间扰乱了周期性时间，但并没有重回周期性时间。更为重要的是，白令吉亚的环境是北极环境，现代性改造不能改变它的本质。在这种特殊环境中，无论是资本主义美国还是社会主义苏联都表现出无力感。换言之，人类的线性时间最终都无法跳出环境的周期性时间。进而言之，冷战结束，历史虽然没有终结，但苏联不存在了，美国也不是从前的美国，而白令吉亚的环境还是那个环境。

自然的能动性及其书写

环境史区别于传统史学的根本在于如何对待自然的历史能动性以及与自然相互作用的人。传统史学是以人为中心的史学，人是具有社会性和历史能动性的存在，是创造历史的主角，人的自然性被忽略甚或成为需要克服的野蛮性。这种认识和人与自然两分的二元论互为表里、相互强化。自然被排除在历史之外，或成为历史发生的舞台、背景。在这个语境中，自然是静止的、被动的。环境史诞生后，人的自然属性逐渐被再发现。有些偏重于生态学的环境史学家甚至把人等同于一般有机体，有些依然坚持二元论思维的环境史学家甚至把环境史研究的主要内容改为历史上自然与文化的关系。这两种思路都走向了极端，前者忽略了人不同于一般生物体的社会性，后者把文化变成了脱离人的客体。其实，环境史就是在环境整体中、人与环境的其他部分之间相互作用的历史。在环境整体中，还有一部分是尚未与人作用的环境，虽然这部分已经越来越少。从这个思维出发，保护环境不仅是保护人，更是保护整体环境；研究环境史不仅是重新反思人的历史，更是建构新的整体史。

人的能动性指主观能动性，是意志支配下的认识、改造世界的行为活动。尽管它脱离了生物本能的控制与约束，但也不能随意活动，而是受限于客观世界。传统史学就是建立在这种人特有的主观能动性基础上的人类中心主义史学。然而，随着历史认识范围的扩大，先是人的无意识活动进入历史，然后非人的环境成为历史不可忽略的一部分。尽管这只是狭义的环境史，但打开了传统史学的封闭边疆，使之成为一个开放的领域和学科。人不再是可以离开环境的独立存在，也不再是没有自然性的纯粹社会体。在此基础上，能动性不再是人的专利，人也不是无所不能的人。换言之，自然的能动性在人的局限性中被发现，并得到赋权，或自然作为历史的能动主体得以合法化。

环境的能动性体现在如下方面。首先，环境造人。环境变迁为人猿分别提供了动力，没有环境的变化，就不会有人的诞生和进化。其次，自然按自己的规律运行，虽然会受到人类的影响，但终究是一支自在自为的力量。第三，自然在与人的相互作用过程中发挥自己的能动性，参与历史的创造和演进。第四，环境不仅仅给人类活动设置了范围，还在很大程度上制约着人类活动的力度和强度。在《浮动的海岸》中，白令吉亚的环境比较独特，是典型的极地海陆环境。一年大部分时间气温低，冰天雪地，地面植被只是在春夏时间才能微弱生长。动物要么多脂多毛，要么季节性移动。依赖自然的当地人发展出适应当地环境的文化，在敬畏自然的基础上既依照自然的节律生活，又形成了为争夺资源环境而进行的竞争和冲突。换言之，自然环境孕育出人类文明发生的可能性和高度，当地人在适应和改造环境中被重塑，成为了既融入自然又独具特点的环境之有机组成部分。美国人和俄国人、苏联人带着自己的现代文化来到白令吉亚，一方面按照自己的价值观利用和改造当地自然环境，获取利润，改造当地人的文化，另一方面这种外来文化因为不适应当地环境而无法落地生根。这反映了主要产生于温带的文化对寒带和亚寒带环境的不适性和破坏性，也折射出当地环境的历史能动性。换言之，是当地环境保证了白令吉亚最终还是白令吉亚，而不是美国人或俄国人、苏联人心目中的白令吉亚，尽管当地人的独特文化已经被侵蚀。

历史是由人书写的，自然并不能自己发声，需要人把它带入历史书写。持二元论的历史学家带入历史的自然只能是作为人类改造和利用的基础和对象的自然，持整体论的历史学家带入历史的自然是和人相互作用的能动力量。把后者具体化有两种思路，一是换位思考，从自然的角度观察自然和人类活动，另一种是以天参天，在环境整体中认识自然和人类活动。显然，《浮动的海岸》采用了后一种思路，并以拟人化的方式把自然刻画成会呼吸、有情绪变化的，甚至有智慧的鲜活形象。在作者笔下，鲸是有感情、会学习的社会生物，可以利用自己的智慧躲避人类的捕杀；海冰是会唱歌的存在，其喜怒哀乐在一定程度上影响着鲸鱼和捕鲸者的生死存亡；寂静的苔原因驯鹿和狼的活动而成为能量输入和输出的动态环境。之所以能做出这样的描述，除了作者具有整体意识之外，更重要的在于作者的切身体验。通常情况下，历史学家是很理性的，即使具有浪漫情怀，也要依据各种史料进行推理或想象。如此刻画自然，尤其是200多年这样一个短时段的自然，很难完全反映它的变化和灵动，更难打动读者。作者在白令吉亚这种极端环境中的生活和观察经历，让她融入当地环境，让她感受到环境的节律和伟力，让她认识到了人的局限性。这种感受与登山家进入死亡高度后所收获的感受一样。显然，在极限环境中，极地环境和高山都是不以人的意志为转移的存在，也是具有自主性和个性的存在。人只有尊重环境才能得到环境的恩准。正是这种对环境的尊重，才能促成人与环境的相互成就，也能让历史学家笔下的自然活起来，亲切起来。

将能量进行到底

在《浮动的海岸》中，能量流动是把环境和人类进行连接的纽带，也是两者相互作用的动力。就环境与经济之间的关系而言，能量流动体现得比较明显，但就环境与政治、文化之间的关系而言，其中的能量流动比较隐蔽或间接。只有发现和书写了这一方面的能量流动，才能改造传统史学中最重要的两部分，即人与人形成的社会和人在追寻自己的过程中形成的精神世界。

另外，由于环境作为自为的力量进入历史，它的能量流动和时空运行秩序也成为历史的有机组成部分，并发挥着不可替代的作用，因此人类中心主义史学中的评价标准和取向就不完全适应新型的环境史。换言之，广义环境史需要把自然规律和社会规律融为一体的新型历史评判体系。当然，一部书不可能解决所有重大问题，但如果能让读者在阅读这部书时意识到这些需要进一步探索的问题，那么，这种发人深省的启发性无疑也是《浮动的海岸》做出的引人注目的学术贡献。

总之，《浮动的海岸》是环境史研究兴起五十多年来的重要成果，是探索和书写广义环境史的成功尝试，也为未来环境史学的发展提供了有益的启示。

（本文发表于2022年7月9日的《澎湃新闻·上海书评》）

拉美的可持续性

评肖恩·威廉·米勒的《被入侵的天堂：拉丁美洲环境史》

 拉丁美洲无论是就自然风光还是历史文化而言都是个迷人的地方，但无论是对中国知识界还是普通读者而言，拉丁美洲环境史都是一个几乎完全陌生的领域。这当然与拉丁美洲环境史研究的现状有关。在英语世界的拉丁美洲环境史研究中，迄今为止，仅仅出版了三本以拉丁美洲为研究对象的环境史著作，分别是 2004 年由ABC-CLIO 出版、Kevin Hillstrom 和 Laurie Collier Hillstrom 主编的《拉丁美洲和加勒比：一个大陆的环境问题概况》；2007 年由剑桥大学出版社出版、Shawn William Miller 撰写的《拉丁美洲环境史》；2018 年在纽约出版，由 John Soluri、Claudia Leal 和 Jose Augusto Padua主编的《鲜活的历史：现代拉丁美洲环境史》。[①]《拉丁美洲和加勒

---

① Kevin Hillstrom, Laurie Collier Hillstrom, *Latin America and the Caribbean: A Continental Overview of Environmental Issues*, ABC-CLIO, Inc., 2004. Shawn William Miller, *An Environmental History of Latin America*, Cambridge University Press, 2007.需要说明的是，Shawn William Miller 这本书的英文书名中并没有中文版中的"被入侵的天堂"这个主标题。John Soluri, Claudia Leal, Jose Augusto Padua (eds.), *A Living Past: Environmental Histories of Modern Latin America*, Berghahn Books, 2018.

比：一个大陆的环境问题概况》虽然位列《自然与社会》系列丛书，但与该系列中其他地区的书名都以环境史命名相比，这本书的书名却很独特。它不是从历史角度来分析拉丁美洲人与环境关系的变化，而是从科学家的视角出发描述了拉丁美洲环境问题（人口和土地利用、生物多样性、保护区和国家公园、森林、农业、淡水、海洋和海岸带、能源和运输、空气质量和大气、环境行动主义）的现状。《鲜活的历史：现代拉丁美洲环境史》是由欧洲环境史学会和慕尼黑大学蕾切尔·卡森环境与社会研究中心合作编辑的《历史中的环境：国际视野》丛书中的一种。它集中了活跃在当今国际环境史学界的多位学者，在广泛吸收先行研究成果的基础上，对拉丁美洲500多年环境史中的重要主题进行了深入研究。显然，这两本书各有特点和侧重，但都不适合用于普及知识和大众阅读。《被入侵的天堂：拉丁美洲环境史》是《拉美研究新视角》丛书中的一种，是肖恩·威廉·米勒在杨百翰大学多年讲授《1500年以来的世界文明》、《自然和历史》、《征服和殖民时期的拉丁美洲》等课程基础上凝练出来的一本简明扼要的拉美环境通史。[1]因而，与前两本著作不同，这是一本适合普及拉美环境史的书，是一本适合大学课堂教学的参考书，是一本可以用于与世界其他地域的环境史进行比较的基础读本。

构建拉丁美洲环境史的分析框架

对21世纪初的拉丁美洲研究而言，环境史还是一个新兴的分支学科和研究领域，可以借鉴和吸收的研究成果相对较少。但是，世界其他地域和国家的环境史研究已经积累了相当丰厚的学术研究

---

[1] ［美］肖恩·威廉·米勒著，谷蕾、李小燕译：《被入侵的天堂：拉丁美洲环境史》，江苏人民出版社，2022年。

成果。其中，约翰·麦克尼尔的环境史定义对米勒影响最大。他不但接受了麦克尼尔对"环境的其他部分"的认识，还采纳了他的弱人类中心主义立场。[1]表现为既承认人类及其文化和环境都是历史舞台上相互作用的演员，又把关注重点放在人类如何为自己营造一个热带家园上，进而把衡量人类与自然关系发展的标准——可持续性——局限于文明范围内。在这个理论基础上，米勒认为，拉丁美洲环境史就是新热带地区人类与自然的关系史。其中人类更多的是以文化的形式出现，文化与自然虽然各自演化，但也相互作用。另外，如果人类以个体形式出现，他就与自然一样，具有血肉之躯和同样的染色体，而人类设计用于对付自然的文化反过来也会对自己形成潜在威胁。由此可见，在米勒的环境史定义中，人既是文化的人，也是自然的人，既是群体的人，也是个体的人；自然既是按自己的规律进化的自然，也是与人相互作用的自然；人与自然的相互作用，既可能相互促进，也可能相互伤害，既可能是人利用自然，也可能是自然制约人类。

通史的问题意识和分析框架与专题著作的既有相同之处，也有自己的特色。《被入侵的天堂》的主要任务是阐述从墨西哥和加勒比海到美洲最南端的生物区域、时间跨度达600多年的多个热带文明的特征及其可持续性。分析框架由四个维度和三个阶段组成。四个维度分别是人口、技术、对待自然的态度和对待消费的态度。需要说明的是，这四个维度都不是孤立存在的，而是相互关联的，并随着时间和历史环境的变化而发挥不同权重的作用。三个阶段分别是殖民前、征服和殖民时期、殖民后。立足于这个分析框架，全书分为七章。第一章以图皮人和亚马孙人、阿兹特克人、印加人的文

---

[1] John R. McNeill, "Oberservations on the Nature and Culture of Environmental History", *History and Theory*, Theme Issue 42, 2003.

明为例，分析四个维度的变化和影响，主要是对待自然和消费的态度和实践对文明可持续性的影响。第二章和第三章分别从哥伦布大交换和西属美洲与葡属美洲的资源输出等方面分析了殖民经济的可持续性。第四章至第七章从热带决定论（Tropical Determinism）、人类决心（Human Determination）、城市环境和环境主义（Environmentalism）四个方面分析了殖民后拉丁美洲环境史，突出了人类对待自然态度的两次变化带来的文明可持续性的危机和转机。第一次转变是从独立初的种族主义和热带决定论向人类决心的转变，其突出表现是从移山到河流改道以及城市建设等人为环境的构建。第二次转变是从人类中心主义向环境主义的转变，拉美的环境主义是从人的生存出发、关注文明的可持续性的、功利性的环保主义。需要说明的是，这两次转变并非前后相继的两次断裂，而是大致上相互交错发生的、仍在继续的过程。最后，以失去了苏联的化石能源供应、受到美国长期制裁的古巴从传统工业化和工业化农业向有机农业的转变作为全书的尾声，这似乎暗含着拉美的未来在于注重可持续性、重建人与自然关系的新文明的孕育。

在比较中突出拉美环境史的特色

比较是历史研究中常用的方法。在其他区域的环境史研究相对比较成熟而拉美的环境史研究相对比较弱小的情况下，比较更易于出真知。在《被入侵的天堂：拉丁美洲环境史》中，比较几乎随处可见。比较从两个维度上展开，分别是时间上的前后比较和空间上的拉美与欧美发达工业化国家以及亚非等发展中国家和地区的比较。在传统的世界史中，哥伦布到达之前的美洲被想象成由生态印第安人生存的原始之地，是相对于旧世界的新世界。米勒比较了1492年前后美洲的人口、技术和人对自然和消费的态度变化，认为

1492年之前的美洲在人与自然关系方面与欧亚非旧世界并无本质不同，甚至文明比中国和印度的还要久远，或可与埃及文明比肩。相反，1492年后的美洲人口大幅度下降，原来行之有效的农林业、梯田和浮田耕作法等虽然继续沿用，但加入了来自伊比利亚半岛的农耕技术，对待自然和消费的态度发生巨大变化，从维持生计的有节制的消费变成了融合了生计需要和商品交换需要的混杂消费。无论是从纵向还是从横向比较来看，1492年后的美洲才是真正的新世界，不但形成了新生态，还形成了新文化和新民族认同。环境主义也是经常被用来进行比较研究的主题。先行的研究要么重在发现环境主义的非美国起源，要么旨在发现美国与非洲、印度环境主义的不同。[①]米勒以是否具有普遍性区分了作为先驱的环境保护和流行的环境主义。在前一个阶段，通过与其他地区的比较，发现不仅印加人和阿兹特克人制定了自己独特的森林和野生动物等自然资源保护政策，而且伊比利亚殖民者也带来了他们的环保意识，并在英属东加勒比殖民地率先兴起了以干化理论为主的科学环境保护。在后一个阶段，受到美国的影响和关注，拉美的环境主义虽然缺乏保护荒野的内容，但在文本上并不滞后。在现实中，许多拉美国家的国家公园、保护区和保留地面积甚至已经远远超过发达国家，但与发达国家禁止民众利用国家公园中的资源环境不同，拉美的国家公园通过允许民众利用来增强民族认同。拉美环境主义的真正问题在于有法不依，而造成这种状况的原因是贫穷和民主制的不成熟。显

---

① Richard Grove, *Green Imperialism: Colonial Expansion, Tropical Island Edens and the Origins of Environmentalism, 1600–1860*, Cambridge University Press, 1995. Gregory Barton, *Empire Forestry and the Origins of Environmentalism*, Cambridge University Press, 2002. Ramachandra Guha, *Environmentalism: A Global History*, Longman, 2000. Christof Mauch, Nathan Stoltzfus, Douglas R. Weiner (eds.), *Shades of Green: Environmental Activism around the Globe*, Rowman & Littlefield Publishers, Inc., 2006.

然，拉美的环境主义与发达国家的形成了鲜明对照。

比较得出的新认识在某种程度上颠覆了先前形成的"约定俗成的常识"。在先行的世界环境史研究中，从克罗斯比到理查兹都认为，殖民征服和掠夺造成了殖民地的生态替代和环境破坏，其基本动力是殖民者及其背后资本的贪得无厌的本性。[①]米勒通过研究发现，殖民征服在拉丁美洲虽然造成了印第安人口的大量损失，但并未导致其他物种的消失和被替代，相反拉美的生物多样性大幅度增加，甚至由于人口减少而出现原来被人工改造过的自然重新野化（如1542—1914年的亚马孙）的现象。进而言之，这种现象的发生在一定程度上是由殖民者的贪婪造成的，因为他们霸占了大量土地企图建立种植园，但在劳动力不足的情况下，这种贪欲反而起到了客观上保护环境的作用。在传统的拉丁美洲史研究中，一般认为，由于人口大量损失而城市衰落，其经济重心建立在种植园基础上，并在此基础上孕育出后来的考迪罗统治。在《被入侵的天堂》中，城市是拉美人的宜居地，是文明的产物，其可持续性决定着文明的成败。虽然印第安人的文明几乎被毁灭，但城市化并未完全中断，只是更多的以实践罗马人的城市理想的方式加速发展。到17世纪初，西属美洲的城镇化率达到48%，到19世纪后期，拉美的城市人口激增，进入20世纪中期，拉美城市化爆炸性增长，在世界城市化进程中独占鳌头。世纪之交，拉美城镇化率达到80%，百万以上人口的大城市超过60个。这种远超世界其他国家和地区的城市化速度也造成了更为密集和严重的交通、卫生和环境问题，墨西哥城这个

---

① ［美］艾尔弗雷德·W.克罗斯比著，郑明萱译：《哥伦布大交换：1492年以后的生物影响和文化冲击》，中国环境科学出版社，2010年；［美］艾尔弗雷德·W.克罗斯比著，许友民等译：《生态扩张主义：欧洲900—1900年的生态扩张》，辽宁教育出版社，2001年。John F. Richards, *The Unending Frontier: An Environmental History of the Early Modern World*, University of California Press, 2003.

超大城市的严重环境问题就是拉美城市化的一个缩影。由此可见，拉美的城市化和城乡结构并未脱离正常轨道，但它的速度和强度远远高于世界其他地区（包括先发工业化国家和其他发展中国家），或许这为重新认识拉美的经济和政治史提供了一个新的切入点。

引人入胜的叙事模式

在阅读《被入侵的天堂》时，笔者不由得想起自己在美国不同层次的大学历史学课堂上听课和参与教学的经历和体验。笔者访问的美国大学的历史课一般是50分钟一次课，这样的排课保证学生能够集中精力听讲，并保持对未知世界的好奇心。但这对教师的教学提出了更高要求，那就是在短时间内讲授的内容要能够吸引住学生，同时授课形式要生动活泼，适合青年学生的特点。有经验的老师通常一次课选取一个既具典型性又有延展性的历史故事进行讲授，其间穿插很多提问，鼓励学生参与并启发学生思考。一堂课结束时，大多数同学都如醉如痴，意犹未尽，期待下一堂课尽快到来。

《被入侵的天堂》中的每一章都由若干个故事组成。在对不同故事的描述和剖析中，回答了每章中作者提出的若干个层层递进的问题。另外，作者还以假设的方式提出问题，启发读者发挥历史想象力，进而在利用和解析史料中形成历史认识和结论。这样的阅读不但能够让读者了解拉美环境史，还能体会历史研究的奥秘，形成历史感和历史思维。显然，这样的环境史著作读起来不但让人兴味盎然，甚至还能产生一种穿越时空的历史体验。

需要进一步思考的问题

《被入侵的天堂》的英文版是2007年出版的，讨论其中需要进一步思考的问题必须回到当时的学术情境中，否则就会产生以今天的学术发展苛求作者的错觉。但是，毕竟是现在评这本书，因此提出的问题即使在当下也应该值得思考。从这两个角度出发，有两个问题需要注意。一个是拉美的可持续性，另一个是拉美环境和文化变化与世界体系的关系。

在《被入侵的天堂》中，可持续性是衡量文明的标准。显然它不同于传统历史学的进步或发展标准。但是，作者仅仅把可持续性局限在文明之内，或者如果涉及了自然，也只是人类感受到自然被破坏产生了对人类及其文明的危害导致文明的不可持续。从人类中心主义视角来看，这种界定已经迈出了突破性的可喜一步，但是从环境史的视角来看，尚不到位。因为自然不仅仅是与人作用的，它还自成一体，按自己的规律运行。当人类对它的作用超过它的承载力和自我修复能力，自然不仅不可持续，还会崩溃。在人类价值观作用下，某些自然的不可持续并不会对人类文明立即产生革命性影响，但却会对它所在的生态系统产生不可弥补的影响。因此，在定义可持续性时，还要包括自然或生态体系的可持续性。只有把文明和自然的可持续性统一起来，并以它为标准才能既衡量出过往文明的得失，也能预示未来的走向。就拉美的自然或生态体系而言，除了森林、耕地、水域、大气、河流、山脉、城市等环境之外，还要关注牧场和草原以及畜牧业。事实上，畜牧业也是拉美部分国家的重要产业，对其环境史的研究在 2007 年之前也已产出了重要学术成果。《被入侵的天堂》在 2008 年获得拉美史大会颁发的埃莉诺·麦维尔奖。正是麦维尔早在 1994 年就出版了研究殖民时期墨西哥养羊业的环境后果的名著《羊灾：征服墨西哥的环境影响》。① 换言

---

① Elinor Melville, *A Plague of Sheep: Environmental Consequences of the Conquest of Mexico*, Cambridge University Press, 1994.

之，无论是从现实需要还是从学术积淀来看，都可以把拉美可持续性界定得更全面、更具普遍性。

　　拉美史研究有两条路径，大体上可以概括为内在论和外在论。所谓内在论，就是从拉美内部因素分析拉美历史和发展。所谓外在论，就是从拉美与外部世界的联系分析拉美历史和发展，依附论是其代表。[①]《被入侵的天堂》大体上采用了内在论的视角，并做出了深刻分析。但是，拉丁美洲这600多年的环境史与世界市场密不可分。除了300多年的殖民征服和统治之外，拉美深受帝国主义和新殖民主义的影响，突出表现就是资源榨取主义和新榨取主义以及依附性发展。早在20世纪60年代，依附论就在拉美兴起，并对国际社会科学研究产生了重要影响。随着研究的深入，依附论经历了从激进依附论到结构主义依附论再到依附性发展理论的转变，解决问题的办法也经历了从革命到改良再到利用性发展的转变。虽然依附论主要关注发展，但其中不可避免要涉及资源环境利用。因而，依附论探讨的问题和环境史有共同之处或交集。换言之，无论是从全面分析拉美环境史的演变动力还是从与主流理论对话的角度来看，都应该对世界市场和世界体系与拉美环境史的关系进行深入研究。

　　总之，《被入侵的天堂》是一部富有新见、引人入胜、具有时代学术特点的拉美环境史著作，同时也是一部富有启发性、能够引起更为广泛深入思考的基础读物。

（本文发表于2023年2月1日的《澎湃新闻·上海书评》）

[①] ［阿根廷］劳尔·普雷维什：《外围资本主义》，商务印书馆，2015年。［巴西］塞尔索·富尔塔多：《巴西经济的形成》，社科文献出版社，2002年。［巴西］特奥托尼奥·多斯桑托斯：《帝国主义与依附》，社科文献出版社，1992年。

南非的人与环境

《环境、权力与不公：一部南部非洲的历史》导读

在世界环境史版图中，非洲是一个重要的、不可缺少的有机组成部分。在非洲环境史研究中，南非环境史研究无疑走在前列。与非洲其他区域的环境史研究主要由外国学者推动相比，南非环境史研究是两条腿走路，本土学者和外国学者共同发力，使之不仅与国际环境史研究交相共振，而且贡献了南非的成果和独特性。美国学者南希·雅各布斯的《环境、权力与不公：一部南部非洲的历史》就是这部交响乐中承上启下、动人心弦的华章。①

视角

2003年，在南非史研究领域，几乎同时出版了两部重要著作，分别是英国牛津大学塞西尔·罗德斯种族关系讲席教授威廉·贝纳特的《南非环境保护的兴起：1770—1950年的殖民者、牲畜和环

---

① ［美］南希·J.雅各布斯著，王富银译：《环境、权力与不公：一部南部非洲的历史》，江苏人民出版社，2020年。

境》,和美国布朗大学助理教授南希·雅各布斯的《环境、权力与
不公:一部南部非洲的历史》。威廉是研究南非社会史和环境史的
新一代领军人物,在此之前已经出版了专著《庞多兰的政治经济学
(1860—1930年)》和合著《环境与历史:美国和南非驯化自然的
比较》。从他的学术轨迹和脉络中可以发现,1979年在淑娜·马科
斯指导下从伦敦大学获得博士学位时,深受英国左派社会史研究的
影响[1],注重研究南非农村社会分化和反抗。但在研究农村流动劳
工的产生和发展过程中,逐渐发现种族歧视和国家权力并不是促使
农村贫困化的唯一原因,自然环境以及获取资源的机会也是不可或
缺的因素。顺着这样的思路,他从社会史研究转向了环境史研究,
先后以《南部非洲研究》杂志为平台组织了多次研讨会,探讨农村
反抗的环境根源以及环境保护的思想渊源等。《南非环境保护的兴
起》就是深入研究环境史的结晶。南希1995年在印第安纳大学
(布卢明顿)获得历史学博士学位,《环境、权力与不公:一部南部
非洲的历史》就是在博士论文基础上充实修改而成。与威廉从社会
史进入环境史的路径不同,美国的南非史研究中并没有强烈的社会
史研究传统[2],但早在20世纪70年代兴起的美国环境史研究在80
年代后期出现了社会转向,尤其是在城市环境史研究中对种族、阶
级和性别给予特别的重视。南希的博士生导师菲利斯·马丁并不擅
长南非史,也不研究环境史,但她研究布拉柴维尔城市史,比属刚
果的妇女史等。从某种程度上说,她也是把美国的历史学"碎片

[1] Jonatan Hyslop, "E. P. Thompson in South Africa: The Practice and Politics of Social History in an Era of Revolt and Transition, 1976–2012", *International Review of Social History*, Vol.61, No.1, 2016. Martin Legassick, Alexander C. Lichtenstein, "The Past and Present of Marxist Historiography in South Africa", *Radical History Review*, Issue 82, 2002.

[2] Leonard Thompson, "The Study of South African History in the United States", *The International Journal of African Historical Studies*, Vol. 25, No. 1, 1992.

化"应用于非洲史研究的实践者。在她的指导下，南希自然从美国环境史研究的新潮流出发，研究南非历史。由此可见，虽然美英南非史研究的学术传统不同，但殊途同归，都走向了把社会史与环境史相结合的研究路径。

然而，与美国环境史研究的社会转向不同的是，南希把时间跨度延伸到工业化之前，把关键词由正义（Justice）转化为不公（Injustice）。即早在殖民统治之前，非洲人社会就存在着对自然资源占有和使用的不公，并在此基础上形成了社会分化，主要体现为阶层和性别的分野。殖民入侵之后，随着白人对河流上游和泉眼所在地的抢占，社会分化中加入了种族维度。处于不同集团的人利用资源环境的方式即生产方式和再生产方式也很不相同。在这两个进程中，权力既是联结人与环境的枢纽，也是促动人与人关系变化的关键。换言之，南希在借鉴美国环境史已有研究成果时，还把它与库鲁曼的历史结合，形成了自己独特的社会环境史视角。

与国内的非洲史研究不同，他们都采用了地区研究（Local history）的视角。威廉以卡鲁和东开普地区为重点，南希聚焦于南非西北部、临近卡拉哈里沙漠的库鲁曼。英国是老牌殖民帝国，在它的南非史研究中，先后形成了殖民史、帝国史、共和史、自由主义史和新社会史等范式，[①]研究的内容逐渐由在南非的白人（阿非利卡人和英裔白人）向土著转变，研究的地域从白人居住的城市和农场向黑人保留地转变，研究的范围从以白人为代表的整体（以偏概全）南非史向地区史转变。换言之，地区史研究是南非历史研究走向深入和具体化的需要和结果。威廉从做博士论文起就聚焦于农民反抗较为激烈的地区，在关注旱灾和疾病的基础上深入当地环境，

---

① 林晃史：『南アフリカ史研究の変遷——「自由主義歴史学派」の形成を中心として』，『アフリカ研究』，第17号，1978年3月。

从纵向挖掘，建构出反映当地风土人情的，融环境、生产、社会、科学和保护于一炉的环境史。当然，地区的选择要依据主题来选取最具典型性的地方，从而使地区史研究能够折射出普遍性，进而形成具有代表性的南非环境史。①这是通过解剖麻雀认识五脏俱全的雀类的路径。由于美国制裁南非种族主义政府以及美国学者在研究南非时的矛盾心理（政治正确和历史研究客观性的张力），美国的南非研究不可能像英国那样，而是要采用美国式的路径。具体而言，就是利用美国和南非都有明显的边疆扩张的历史的共性，相互映照，进行边疆史的比较研究。边疆不仅仅是边界地区，更是不同种族、文化、生产方式、环境观等的交会区。在与美国边疆史研究的对照中，南非形成的白人霸权主张逐渐被消解。在与南非边疆史研究的对照中，所谓"美国精神"也需要重新认识。②美国的环境史研究虽然是环境主义运动兴起和历史研究分化共同作用的结果，但它的学术渊源是边疆史学。在这种学术背景中，南希自然而然就选择了曾经是边疆区的库鲁曼作为自己研究的基地和对象。从地理和环境方面看，库鲁曼位于卡拉哈里沙漠边缘，是一个生态交错区。从种族构成来看，是茨瓦纳人和白人殖民者的混居区。从生产和生活方式来看，是狩猎采集、放牧和流动农耕与定居农耕、矿业开采、服务经济等的转型区。从文化来看，是传教士和殖民官员代表的英国殖民文化与非洲文化博弈之地。从政治上看，是实施殖民与种族歧视、隔离与"分别发展"，以及反殖民、反隔离的前哨阵地。从18世纪到20世纪，在库鲁曼这块在传统历史研究中并不起

---

① William Beinart, *The Rise of Conservation in South Africa: Settlers, Livestocks, and Environment 1770–1950*, Oxford University Press, 2003.

② Howard Lamar, Leonard Thompson (eds.), *The Frontier in History: North America and South Africa Compared*, Yale University Press, 1981. Colin Bundy, "An Image of Its Own Past? Towards a Comparison of American and South African Historiography", *Radical History Review*, No.12, 1990.

眼的土地上上演了一幕又一幕的、不断变化的、环境与人相互作用的生动历史剧。

框架

全书共分九章，其中第一章是导论，第九章是结论，其他七章基本上以时间为序进行安排。就历史叙述而言，大体上可以按时间为序分为四个阶段，分别是：殖民接触前（传教士到来之前，第二章），边疆时期（19世纪大部分时间，第三章），殖民时期（19世纪80年代到南非联邦建立，第四章和第五章），种族隔离时期（20世纪大部分时间，第六章至第八章）。显然，这是一个从整个南非史出发做出的历史分期。具体到库鲁曼的历史和研究专题，这个分期就需要做出适当调整，于是，不同章所涉时段就会时有交叠，按政治发展分期和按生产方式转变分期兼而有之。

在第一章中，作者明确指出，本书的目标是通过梳理丰富的资料来展示人与环境互动的历史、通过研究不同人群与环境的关系来展示人与人之间的关系史，进而建构库鲁曼的社会环境史，并发现看似平静的历史表象背后的动力。[①]之所以提出这样的研究课题，主要出于两方面考虑。一是库鲁曼无论在社会史研究中还是在环境史研究中都是没有引起重视的地方。没有得到研究并不意味着库鲁曼的历史不重要，相反，这个先前由于资料和方法限制而没有得到研究的地方很值得进行深入研究，因为它是生态、种族、生产方式、文化和政治社会的混杂区和冲突区。另外，随着口述史学、农村快速评估技术等的成熟和运用，对这个仅凭档案不足以进行历史

---

① Nancy J. Jacobs, *Environment, Power, and Injustice: A South African History*, Cambridge University Press, 2003, p.1.

研究的地方的研究成为可能。二是无论是美国环境史研究还是非洲环境史和南非环境史研究都有需要突破的地方，以库鲁曼为例可以推进这三方面的研究。非洲环境史研究中充斥着"退化叙述"，这在促使环境史研究兴起时确实起到了积极作用，但它本身就是需要解构的"约定俗成的知识"，同时也忽视了非洲人和环境的韧性和适应能力。[①]美国环境史研究强调先前的历史学研究中缺失的环境的作用，从而形成对历史的新理解，但是这似乎从一个极端走向了另一个极端，尽管它极力避免落入环境决定论的窠臼。南希希望通过对库鲁曼的研究来平衡美国环境史研究中出现的这种不平衡现象，强调社会分化形塑了不同人群与环境的关系。[②]南非环境史研究虽然在自然资源利用和自然灾害史、黑白人的环境保护主义、城市环境卫生史等方面取得了进展，但由于它主要是从修正派史学中脱胎而出，其理论基础仍停留在人类中心主义，没有看到环境的内在价值。[③]南希通过对库鲁曼的研究，期待突破仅仅把环境当成是人类历史上演的舞台或背景的做法，进而发现环境在历史发展中的能动性，或把环境变成与人类一起创造历史的动力之源。[④]

从全书的内容和结构安排来看，作者形成了自己的分析框架。大体上由环境、生产、社会和国家组成了相互作用的网络结构，其中处于枢纽地位、把各方面联系在一起的是权力。库鲁曼的环境既是由气候、土壤、水源、动植物和矿产资源等组成的自然生物体，也是由殖民者和种族主义政府扶持的酋长等出于政治目的而形成的社会文化建构，如驴被建构成了导致牧草退化的动物。就气候而

---

① Melissa Leach, Robin Mearns (eds.), *The Lie of the Land: Challenging the Received Wisdom on the African Environment*, Heinemann,1996.

② Nancy J. Jacobs, *Environment, Power, and Injustice: A South African History*, p.17.

③ 包茂红：《南非环境史研究概述》，《西亚非洲》，2002年第4期，第20—23页。

④ Nancy J. Jacobs, *Environment, Power, and Injustice: A South African History*, p.18–20.

言，它既不是静止不变的，也不是呈持续干燥的趋势，而是发生周期性变化。由于社会分化和生产变化，不同人群对气候变化的反应和认识却是大不相同的，换言之，气候的真实变化和人们的感受并不匹配。就水源而言，接近河流上游或泉眼的权力在很大程度上影响着不同人群对生产方式的选择。由此可见，环境为经济和社会发展提供了各种可能性，但到底哪种可能性会成为历史事实，还需要国家、部落等权力主体、不同类型的生产者等参与并共同作用才能实现。无论是殖民之前的非洲人社会还是殖民者入侵后的混合社会，都发生了在资源环境利用基础上的分化。殖民前表现为建立在亲属关系基础上的头人和族人（狩采者和放牧者）的关系，殖民后表现为白人殖民者和非洲人头人以及族人的关系，种族隔离时期表现为白人政府官员、白人农场主、非洲酋长、流动耕种者、游牧者和流动劳工等的关系。显然，把环境与社会分化联系在一起的是生产方式，无论是狩猎采集还是放牧农耕或采矿，都是利用当地环境的产物，但是由哪个族群、哪种性别从事哪种生产方式，还需要考虑权力和人的因素。另外，随着时间的演变，不同族群、性别和阶层从事某种生产方式也不是固定不变的，相反它会随着不同族群、性别、阶层在权力结构中地位的变化以及积累的财富数量的变化而变化。例如非洲男子由殖民前主要从事牧牛这种掌握财富的生产方式转向殖民后的流动劳工和帮助农耕的生产方式等。社会分化形成氏族、部落甚至王国，而殖民者的侵入人为破坏了已经开始的历史进程，把殖民政权强加给当地人，并在实施种族隔离政策时人为制造出白人南非和"博普塔茨瓦纳"两个国家。与这些国家建立相伴的是人为形成的新阶层以及不同的利用环境的生产方式和社会结构。例如，为了实行种族隔离和分别发展，南非白人人为制造出黑人部落及其酋长以及公有土地制度，这些酋长在白人种族主义者帮助下以公有土地制度为基础剥削部落平民的劳动成果，甚至抢占他们的土地和牧场；为了维持自己对牛产的垄断以及建立在此基础上的社会地位，对平民饲养的驴进行疯狂屠杀，从而调整不同阶层的牧场利用权利和方式。从中可以看出，国家和社会在调整人与环境关系中的作用。

通过采用网络关系结构分析库鲁曼200多年的社会环境史，可以得出一些新的结论。第一，库鲁曼人的粗放生产方式是与当地环境相适应的方式，并非只要是集约的生产方式就会适应库鲁曼的环境。换言之，并非集约就是好的。第二，库鲁曼人生产方式的改变不能像殖民者那样理解为环境破坏和衰落，而应该看到危机中的转机，看到其中孕育的创新。换言之，非洲人在面对环境和社会的压力时表现出了应有的适应力和创造力。第三，权力在库鲁曼社会环境史中处于核心位置。权力不仅反映了社会的结构性不平等，也形成不同人群与环境相互作用的差异，更影响到不同人群对具体历史事件的价值和道德判断，甚至适当的权力关系还能改善或恶化环境。第四，权力随着历史发展而在不同类别（阶级、性别和种族）中转移，进而改变其与环境的关系（认识和实践）。第五，权力从白人转移到黑人手里并不能迅速改变库鲁曼的环境不平等，根本在于重新发现非洲人的真正传统、解构种族主义者人为制造的"传统"，进而重新发明传统，形成新的权力结构，并形成新的人与人之间以及人与环境之间的相处之道。

史料

对历史研究和叙述来说，史料是基础。没有充分的史料，就不能建构出历史叙述；没有对史料的合理理解，就不能建构出具有时代特点的历史。作为跨学科的研究领域，环境史研究不但需要搜集和利用文献等传统史料，还需要搜集和利用与环境变迁相关的非文献资料。与文献资料丰富的其他地区的环境史研究不同，南非环境史研究还要通过田野调查等方式搜集和利用口述资料。对不同来源和类型的史料的理解也需要采用不同学科的概念、利用不同学科的基本理论来进行。所有这些都在南希的这本书中得到了充分体现。

自兰克史学以来，档案在历史研究中处于第一重要的位置。南希从南非到英国走访了多个档案馆和图书馆（主要包括伦敦公共档案馆、伦敦大学东方与非洲学院图书馆世界使团收藏、开普敦档案馆、比勒陀利亚国家档案馆、库鲁曼莫法特使团收藏等），查阅了大量档案文献。这些档案主要分为三类，分别是：殖民地文件、传教士信件、种族隔离政府管理和开发黑人家园的文件。殖民地文件主要提供了19世纪后期关于殖民地合并、殖民地农业开发等重要信息。传教士信件虽然重点记录了传教信息，但其中也包含与传教相关的对自然灾害和当地人生产和生活方式的记载。种族隔离政府的文件主要涉及土著事务部、班图管理和开发部、灌溉部、土地部等机构，主要记录了种族隔离和分别发展政策、土壤保护和改良计划及其实施情况。尽管这些档案大都已经进行了初步分类，有些档案的管理已经计算机化，但要从浩如烟海的档案中找出与自己的研究主题相关的部分，不仅非常耗时耗力，还需要对南非历史和库鲁曼历史的广博知识以及对自己研究主题的极度敏感。找到这些史料，并不意味着就能建构出自己心目中的历史。其中最大的问题和挑战是，这些史料并不是专门记录非洲人的生产和生活的，换言之，不是非洲人的记录，因为非洲人不能为自己发声。要想在这些带有偏见的史料中找出非洲人的声音，就需要进行批判性利用。①一是通过仔细分辨外来者的背景和偏见，在与当时当地的社会和自

---

① Nancy J. Jacobs, *Environment, Power, and Injustice: A South African History*, p.235.

然环境一起检视中，还原出非洲人的声音，尤其是生产实践这种反映非洲人历史能动性的历史活动。[①]二是对这些以白人为主的档案内容进行"逆其纹理"的分析，从而找到与白人殖民者相对的非洲人的声音。当然，传教士和殖民官员以及种族隔离主义者有所不同，分析时也要有所区别。尽管通过采用适当技术手段，可以部分还原非洲人的声音，但档案对于非洲人来说毕竟不是直接资料。

在非洲历史研究中，在大部分情况下获取直接资料需要采用实地调查和口述史学的方法以及快速农村评价技术。为了获得第一手资料，南希在大约1000平方公里的范围内、16个工作点上，分别在1991年、1994年、1997年和1998年进行了多次实地调查和采访。[②]实地调查不但能够对当地环境和社会产生身临其境的感觉，还能通过采访、问卷调查、与当地人共同生活生产等方式获得一种观察"他者"的"内部人的眼界"，从而获得最真实和有效的资料。由于是对当代人进行调查采访，因而获得的资料大多是混杂性的，需要通过与考古遗存、文献档案等资料进行对照，从而甄别和确定其历时性。在1991年，南希共进行了29次访谈，包括单独访谈和问卷调查，使用的语言包括英语和茨瓦纳语，有时还借助当地的翻译。为了确保获得内容的客观性和历时性，她有时找记忆力好的老人进行开放式谈话，有时对不同的人问同样的问题，进而甄别出不同人对同一事物表述中的一致性和差异性。口述史学从理论到实践都相对比较成熟，[③]已经成为非洲史研究中常用的方法，但其适用于具有良好记忆传统的族群起源、巫术传说、宫廷世系、国王事迹

---

① Nancy J. Jacobs, *Environment, Power, and Injustice: A South African History*, p.25.

② 具体情况参见 Nancy J. Jacobs, *Environment, Power, and Injustice: A South African History*, pp.228-234。

③ ［比利时］简·范西纳著，杨晓霞等译：《作为历史的口头传说》，上海三联书店，2020年。

等传统史学关注的内容，对资源环境、生产活动等表现出无力感。

20世纪70年代在欧美国家兴起的快速农村评估法就是为了解决发展项目设计和实施过程中出现的资料失实或无效问题而发明的。为了对准备实施发展计划的地区进行快速而有效（相对于先前的长期而无效的）的评估①，需要进行多项准备，分别是：收集浏览已有信息（档案、年报、统计资料、学术论文等），学习当地技术知识（土壤、季节、动植物、农业实践、饮食等），确定和使用关键指标（如土壤颜色、出生重量、居住条件等），组成多学科的研究小组开展工作（如农学家、生态学家、环境科学家与社会科学家、人文学家等搭伴），寻找和利用当地研究者协助工作（农牧业者、教师、商人、基层官员等），确定当地关键信息员（便于获得资料并能组织当地人参与访谈的当地专家）。在做好这些知识和组织准备之后，开始进行工作，主要有四种方式，分别是：小组访谈，指导性访谈（不设正式访谈问题清单，但准备了具有逻辑联系的问题链），直接观察（自己游历走访，以便纠正当地人的固有偏见），空中观察和勘测。②为了能够顺利进行调查，南希还和当地人分享了自己的文献研究成果，为当地人争取在种族隔离制度时期遭受损失的赔偿发挥了积极作用。这种互惠的做法一方面消除了当地人对外来者的戒心，另一方面也得到他们允许进行采访和使用采访资料的承诺。1997年，南希进行了42次小组访谈，1998年，进行了12次半结构式访谈和几次由24人组成的小组访谈。③集体访谈使

① Michael Stocking, "Rapid Rural Appraisal: Quick-and-Dirty v. Long-and-Clean", *Area*, Vol. 12, No. 3, 1980, p. 235.

② Robert Chambers, "Rapid Rural Appraisal: Rationale and Repertoire", *Public Administration and Development*, Vol.1, No.2, 1981. Robert Chambers, *Rural Appraisal: Rapid, Relaxed and Participatory*, Institute of Development Studies, Sussex University, 1992.

③ Nancy J. Jacobs, *Environment, Power, and Injustice: A South African History*, p.27.

用不识字的非洲人能够接受和理解的方式，或者用画图方式展示土地利用规模的变化，或者用豆子的数量表示饲草植物的价值和牛、羊、驴对不同种类饲草的偏好。通过对几组获得的结果进行交叉验证，大体上能够获得比较客观的结论。然后，通过与农业专家和植物学家以及受访人共同现场勘察，确定植物的名称和分布范围以及农牧生产与环境关系的变化程度。在集体访谈中，南希及其团队专注于倾听受访人就社会分化、降雨量变化、饮食结构、畜群构成、牧场上的草木比例、牲畜疾病等进行的讨论，同时及时追问不同现象和观点背后的原因。另外，由于这些访谈并非文字资料，因此必须进行实况录像，然后整理出笔记，经过对所获信息评估后，再进行解释。录像记录了访谈发生的时间地点和场景，我们将之与整理出来的文字相互印证，就能客观地展现非洲人的真实看法。与问卷式调查相比，快速评估是开放式的，受访者较少受到采访者的左右。

研究农村的社会环境史需要对自然环境的基线和变化进行复原，这就需要利用传统历史学研究不常用的科学资料，例如气候和天气变化记录，地面景观变化航拍图，人口和牲畜数量统计等。库鲁曼地区是半干旱地区，降雨量对农业生产和当地人的生活至关重要，而且在访谈中当地人把生活困难归因于气候越来越干燥。南希找到了南非自1932年以来的降水量记录，并请气象学家进行专业分析，发现1932年至1997年的降水量并没有明显减少，但存在以20年为限的周期。这个发现说明，降水量并不是影响当地农业生产的主要或决定性因素，相反泉水和地下水对农牧民的生产和生活影响巨大。当地人之所以有天气越来越干旱的感觉实际上是对生活越来越艰难的一种扩大性投射自然的反应，是值得研究的一种文化建构。进入种族隔离时期后，南非白人政府在库鲁曼地区通过强迫迁移和改良运动的方式建立土著保留地。种族隔离政策和实践对当地环境以及非洲人的生产方式造成何种影响，先前主要通过口述史料进行判断，南希收集了测量局1958年、1965年、1972年和1981年的航拍照片，并请专家帮助辨认和解读。发现在远离金合欢丛生的河谷地带，白人进行集约种植，而在黑人定居点周围植被稀疏，砾石裸露；在改良计划实施后的黑人定居点附近，牧场出现过度放牧和植被稀薄甚至灌木丛增多的现象。从这些不同年份航拍图的对比中，可以直观地看到黑人定居点和保留地并没有转向集约生产，相反牧场发生了植被退化。[①] 与此同时，饲养牛的人就把驴饲养量上升与牧场植被灌木丛化联系在一起，认为驴破坏了牧场，于是要减少驴的数量。这种解释依据的是过时的牧场生态之演替和顶级理论，即牧牛牧场是顶级群落，过度养驴破坏了草场，导致灌木丛生，从而形成生态演替。这种稳定的顶级群落并不符合半干旱地区的植被演化，其实变化是正常的自然现象，而稳定只是暂时的偶然现象。在这个过程中，随着降雨量、土壤类型和水分、空间等的变化，牧场上的草木比会发生自然变化。换言之，这种变化主要不是人为因素造成的，而且是正常的，不能用退化来概括。

总之，研究南非社会环境史，不但需要收集文字资料和图像资料，还要进行实地研究，获取直观感受。更重要的是，所有这些资料都要采用适当技术、最新理论进行解读，从而建构出不同以往的、具有时代特点的新型历史。如前所述，《环境、权力与不公》是立足库鲁曼，关注南非、非洲和美国的社会环境史。这样的研究不仅对已有的理论有所补充和完善，还对库鲁曼和南非未来的发展提供了基线和启示。

---

① Nancy J. Jacobs, *Environment, Power, and Injustice: A South African History*, pp.189–195.

意义

南希在自己的研究中采用了美国环境史研究的重要代表人物唐纳德·沃斯特和凯洛琳·麦茜特关于环境史的定义和理论。沃斯特认为,环境史研究自然在人类生活中的角色和地位的历史,因为在先前的自然研究中几乎没有历史,在历史研究中几乎没有自然。具体而言,环境史研究三方面的内容,分别是自然如何演变,经济如何与自然作用,和人如何感知自然。①麦茜特为环境史增加了性别维度,强调人类再生产与自然的关系。②具体的研究路径就是沃斯特所倡导的农业生态史。③从理论上讲,这三个层面不是从自然到技术再到意识的决定论,而是置于具体时空背景中的开放关系。其中,无论是自然的模式转换还是生产和意识的模式转换都会互相影响,其权重因具体问题而异。从研究实践来看,沃斯特更注重研究作为经济文化的资本主义与大平原生态特别是顶级群落变化的关系,认为不能把尘暴看成纯粹的自然现象,资本主义是造成尘暴的主要原因。④但南希的研究并没有停留在沃斯特的框架中,而是通过库鲁曼的社会环境史研究扩充丰富了这个框架。一是在纵向上追溯到前殖民时代,分析了非洲人农业生产与环境的关系以及建立在生产基

---

① Donald Worster, "Doing Environmental History", in Donald Worster, ed., *The Ends of the Earth: Perspective on Modern Environmental History*, Cambridge University Press, 1988, pp.292–293.

② Carolyn Merchant, "Gender and Environmental History", *The Journal of American History*, Vol.76, No.4, 1990, pp.1117–1121.

③ Donald Worster, "Transformations of the Earth: Toward an Agroecological History Perspective in History", *The Journal of American History*, Vol.76, No.4, 1990, pp.1087–1106.

④ 参看 [美] 唐纳德·沃斯特著,侯文蕙译:《尘暴:20世纪30年代美国南部大平原》,江苏人民出版社,2020年。Mark Harvey, "Interview: Donald Worster", *Environmental History*, Vol.13, No.1, 2008, p.148.

础上的社会性别分工，超越了资本主义的时限；二是从横向上引入了权力和国家概念，突破了仅仅局限于农业生产及其相应的文化逻辑的局限，形成了把环境、政治、经济和社会进行综合分析的路径；三是在分析库鲁曼的人与环境关系以及人与人之间关系变化时，既强调了权力的作用，也没有忽视自然变化的因素。即使分析库鲁曼农业生产方式的变化，也没有单纯归结为市场及其文化的作用。

在研究人口增长与农业发展的关系时，南希以埃斯特·博瑟拉普的发展理论为出发点。博瑟拉普认为，人口增长不是农业发展的结果，而是一个独立于食物供给的变量。促进农业发展的主要方式是部落或村庄的全部土地的集约化生产。人口压力是引起土地利用、农业技术、土地保有制度和居住方式变化的主要原因。随着人口增长，土地利用会经历从粗放到集约生产的转变，其中突出的表现在于流动耕作之休耕期的缩短，直至变成定居农耕甚或是一年两熟或多熟。此时总产量上升，但人均产量却在下降，人们的休闲时间在缩短。随着生产方式的变化，农业生产技术也从用点种棒发展到锄再到犁，土地保有也逐渐从集体共有变成私人所有。虽然随着人口增加，人均产量下降，但整个农业经济的规模和总量都在增长。换言之，在传统农业社会，人口增长带动了农业发展。[1]另外，在经济发展中，妇女通常被边缘化，并未从发展中获利。博瑟拉普认为，发展应该摈弃单纯用收入增加来衡量的狭隘认识，转向关注包括妇女在内的所有人的福利和创造性发挥的新认识。[2]

南希通过研究库鲁曼的社会环境史，在一定程度上修正了博瑟

---

[1] Ester Boserup, *The Conditions of Agricultural Growth: The Economics of Agrarian Change under Population Pressure*, Earthscan, 1965. ［丹麦］埃斯特·博塞拉普著，罗煜译：《农业增长的条件：人口压力下农业演变的经济学》，法律出版社，2015年。

[2] Ester Boserup, *Woman's Role in Economic Development*, St. Martin's Press, 1970. ［丹麦］埃斯特·博塞拉普著，陈慧平译：《妇女在经济发展中的角色》，译林出版社，2010年。

拉普的经典解释。第一，她在观察生产方式的转变时引入了环境因素，而不是单纯用人口增长来解释。环境为不同人群形成自己的生产方式提供了可能性，缺水和缺磷的半干旱地区几乎不可能形成集约种植的生产方式，河谷上游和泉眼附近的地区有可能形成集约种植的生产方式，但种族不平等的现实使之只对白人农场主才有可能，对非洲人依然没有可能。第二，环境制约不是绝对的，更重要的是国家权力和与外部经济的联系在很大程度上限制了农业生产的技术和经营方式改进。即使是在实行改良计划和定居计划之后，大量非洲人被集中安置在保留地和黑人家园，人口与土地之比大幅度上升，但并未出现博瑟拉普所预言的从粗放向集约的转变。虽然灌溉提供了克服干旱的可能性，但种族主义政府的分别发展政策阻碍了非洲人向集约生产的转变。分别发展的本质是把保留地和黑人家园变成白人经济所需要的劳动力基地。虽然使用化肥可以改良土壤肥力，但国家只给白人农场主提供农业财政支持，非洲人不但贫困化，而且根本得不到政府财政支持。非洲男性大多进入矿区从事工资劳动或进入城市从事服务业，非洲女性因为家庭主要经济来源改变、粗放式生产的劳动强度低等而没有强大动力从粗放式农业生产转为集约式农业生产。第三，集约生产并不一定就比粗放生产更先进，这两者之间的关系并不是线性的替代关系，而是并列关系。其实，非洲人选择粗放生产并不是因为他们不会利用先进生产技术，并不是因为他们懒惰，不愿意在生产中投入更多劳动，而是因为他们了解当地的环境，知道如何与当地环境相处，知道何种技术最适合当地环境，知道如何以较低风险和劳动获得所需食物。[1]换言之，从非洲人的角度来看，无论是粗放还是集约，适合当地环境和能够降低风险的就是好的。

---

[1] Nancy J. Jacobs, *Environment, Power, and Injustice: A South African History*, p.23.

在研究种族隔离时期的库鲁曼环境史时，南希借鉴了马赫穆德·马穆达尼的殖民国家与部落的关系的理论。美国环境史的"文化转向"把种族、阶级和性别引入环境史研究，但主要关注城市的环境不平等和生态种族主义。研究非洲历史的马穆达尼认为，工业化国家的权力主要在建基于公民社会基础上的城市，其作用是保护公民权利，但非洲殖民时期的国家权力是殖民者人为建构起来的，是以种族主义面目出现的，强制发明出来的部落执行某种发明出来的传统或习惯的权力。在殖民经济发展进程中，从非洲农村出来的流动劳工虽然部分摆脱了传统或习惯的束缚，但并没有成为城市的公民，相反却在种族主义法律体系中成为无法定居城市的漂泊者。在非洲农村，人为制造出来的部落和酋长成为种族主义统治的帮凶，成为发明的传统或习惯的捍卫者。[1]在非洲史研究中，许多被称为传统的并不是非洲固有的文化，而是殖民者为了建立和巩固殖民国家发明的，就像欧洲人发明传统一样。发明出来的非洲部落是静止的、等级制的、长者权威的。在这个部落里，必须遵守传统，包括土地共有、长幼有序、男女有别、内外有别等。这种传统本质上不是恢复非洲的真正传统，而是把欧洲发明的传统移植到非洲，从而为形成欧洲人的统治制造一个人为的基础。[2]这些研究在一定程度上揭示了殖民统治非洲的本质和技巧。

南希把马穆达尼的理论应用到库鲁曼社会环境史的研究中，丰富和扩展了它的解释力。种族隔离制度是殖民主义最为极端的形式。南非的种族隔离制度经历了种族歧视、种族隔离和分别发展三

---

[1] Mahmood Mamdani, *Citizen and Subject: Contemporary Africa and the Legacy of Late Colonialism*, Princeton University Press, 1996.

[2] ［英］特伦斯·兰杰：《殖民统治时期非洲传统的发明》，载［英］埃里克·霍布斯鲍姆、特伦斯·兰杰主编，顾航、庞冠群译：《传统的发明》，译林出版社，2020年，第277—332页。

个阶段，其目标就是把占人口绝大多数的非洲人变成南非土地上的不完全的外国人，即名义上的独立国家，但实际上在经济、政治、军事和外交等方面都受白人南非政府的控制。为了达成这个目标，就要制造出一个又一个的非洲人部落，形成有利于种族隔离的传统。这个部落逐渐演变成分别发展时期的"非洲人国家"。这种发明出来的机构和习惯在环境史中处于什么位置？发挥了什么作用？

库鲁曼地区的酋长制早在19世纪后期被开普殖民地消灭，非洲人在经济上向私有制转化，在政治上向自由选举转化。但在英布战争以及随后建立南非联邦后，开普殖民地的政策被种族隔离政策取代。随着《土著土地法》和《土著事务管理法》等的先后颁布，南非联邦政府在库鲁曼地区设立了酋长制。虽然现任酋长与先前的酋长存在血缘关系，但其统治思想和制度框架完全由南非联邦政府设计和实施。换言之，这个酋长制已经不是土著的酋长制，而是为种族隔离服务的工具。在酋长管辖范围内，按习惯法统治，但习惯法也是按照殖民者的意志发明出来的。这些酋长制和习惯法披着传统的外衣，实际上形成了新的非洲人与环境的关系，先前已经形成的黑人可以购买和保有土地的做法被完全取缔，代之以酋长控制下的保留地共有土地，占有河谷地带和保有作为财富的牛成为酋长及其统治阶层的特权，而广大的民众只能在贫瘠和有限的土地上耕作并饲养驴。这种间接统治模式的建立把白人与非洲人酋长在一定程度上变成了同一个阶层，非洲人酋长成为南非联邦在黑人保留地的代理人，成为先进生产力的代表，相反非洲民众成为完全脱离了原来的互惠关系的被统治者，成为落后生产力的实践者，突出表现就是对环境的破坏性利用，如驴过度啃食草地造成地表荒漠化，粗放生产不利于提高土地利用效率，非洲人抵制改良和定居计划是反对环境保护等。在实施分别发展计划后，尤其是在博普塔茨瓦纳获得"独立"之后，非洲的民众与酋长阶层的矛盾越来越激化，最终演变成没有事实依据的大杀驴事件。虽然牛的数量远远超过驴，牛对草地的要求比驴更高，但养牛的酋长阶层与白人种族主义者一起虚构了过度养驴导致草场退化的神话，并采取了极其残暴的杀戮方式来解决他们虚构的问题。显然，采取这种方式实际上并不完全针对驴，而是借助环境问题形成对非洲人的威慑和权力展示，从而平息非洲人对种族隔离制度的反抗。

库鲁曼的实例表明，种族隔离制度是通过发明传统而建立的。无论是酋长制还是习惯法都是徒具传统之名，行种族隔离之实的结果。在分析这个对非洲历史影响深远的事件时，采用环境史的视角能够揭示出这个虚构背后的人与环境关系的人为建构性质。保留地和黑人家园的人地关系并不是自然发展的结果，而是种族隔离政府与部落酋长共同构建的，这种人为建构的关系的维持在很大程度上又是通过使用国家权力完成的。在这个过程中，非洲人及其生产和生活方式被虚构为环境破坏型的"约定俗成的常识"，进而为强制迁移和集中居住等改良计划提供理论基础，而这种经过改造的人地关系不但没能保护环境，相反在环境恶化中把种族隔离制度推向极端。换言之，非洲人（酋长和平民）、种族隔离主义者、环境之间的关系被权力极度扭曲，在强化种族隔离制度的同时，为它的垮台准备了环境和社会基础。显然，南希通过研究库鲁曼的案例把马穆达尼一般性理论中的极端性揭示了出来，通过研究种族隔离制度下的人地关系，展现了权力、环境和种族之间的复杂性和矛盾性。

总之，南希这本《环境、权力与不公》是一本视角独特、内容丰富、富有启发性的著作，是研究环境史和社会史时绕不过去的一本著作，对中国的南非史、非洲史、环境史、社会史研究者都是值得关注和仔细阅读体会的。

（本文发表于2022年4月23日的《澎湃新闻·私家历史》）

人与马的社会环境史

评桑德拉·斯沃特的《驾驭：南非的马、人和历史》

在人类历史上，与人最为亲近的动物，有人说是狗，有人说是马。在《马的世界史》中，木村凌二认为，"如果说狗是人类最好的朋友，那么或许可以说马是人类最善良的奴隶。而且，马充满跃动感，完全不失其优美的气质。所以应该说，马是受人类敬爱的、高贵的奴隶，也可以说马是最像好朋友的仆人。"[①]显然，木村在这段话中强调了两点：相对于狗，马既是最听人话的役畜，又是气质优雅的伙伴。前者指马作为狩猎、游牧、交通和作战中的骑乘马和农耕、运输的动力来源，为人类经济社会发展做出了重要贡献，后者指马作为竞赛马、马术表演者以及马主的身份象征，在文化和权力关系中的重要地位。然而，尽管马对人很重要，但现代人几乎完全遗忘了马在历史上所扮演的重要角色。

在20世纪80年代兴起的动物史研究中，马是引人注目的物种。动物史研究是历史学关注弱者的取向和动物伦理与环境主义运动相结合的产物。顺着历史学中社会史和新文化史的思路前进，自然会

---

① ［日］木村凌二著，杨明珠译：《马的世界史》，玉山社，2004年，第268页。

关注到先前被忽略的动物。现实中对濒危动物和环境破坏的关怀需要对动物在历史上的演进有清楚认识，从而为在生态学基础上对濒危动物的拯救和保护提出可行路径和目标。由于动物史展现出把历史引向后人类中心主义的潜能和趋势，有学者称它代表着历史学的"动物转向"。①暂且不论动物史能否带动历史学的革命性变革，但它的出现至少形成了历史学和环境史学的一个新领域。与环境史相应，动物史研究环境整体中人与动物的关系史。人还是一般环境史中的那个人，既具有自然性又有社会性，既是单个的人又是群体的人，但动物却与一般自然环境不同，动物与人一样都是有生命的有机体，在与人作用的同时也与周围环境进行着能量交换和新陈代谢。因此，与一般环境史相比，动物史更是环境整体中有机体之间的相互作用史，是生态史。在动物史中，马既不同于濒危动物，也不同于宠物，而是既具生产性又具文化性的，在人类经济、社会、政治、军事和文化发展中发挥了重要作用的伙伴。因此，马的环境史值得深入研究。

斯沃特的博士导师是著名的社会史学家斯坦利·特拉皮多。他在南非殖民史、种族关系史等领域成果突出，在20世纪七八十年代与其他学者一起引领着南非史研究的潮流。他吸收了马克思主义的阶级分析方法，并应用于物质生产和生产关系研究中，进而探讨不同种族之间的权力关系，开创了南非史研究的新领域，对后辈学

---

① Dan Vandersommers, "The 'Animal Turn' in History", *Perspectives on History: The Newsmagazine of American History Association*, Nov., 2016. https://www.historians.org/research-and-publications/perspectives-on-history/november-2016/the-animal-turn-in-history. 陈怀宇：《历史学的"动物转向"与"后人类史学"》，《史学集刊》，2019年第1期。沈宇斌：《全球史研究的动物转向》，《史学月刊》，2019年第3期。张博：《近20年来西方环境史视域下动物研究的发展动向》，《世界历史》，2020年第6期，第129页。

者影响巨大。①斯沃特就是他晚年在牛津大学三一学院指导的博士生，论文选题一如他老师的研究惯例，研究尤金·马雷斯（1871—1936）这位精明的阿非利卡人在阿非利卡认同形成中的作用。不过，在博士期间形成的开放性思维和对非洲史研究中环境史流派的关注结合，让她在毕业后不久就与自己喜欢动物的私人爱好结合，迅速建立"南部非洲动物史研究小组"，开展对马、狗等动物史的研究。受特拉皮多的影响，她的动物史研究不可避免地与社会史研究结合，关注南非的种族、阶级和性别与马的关系史。

《驾驭：南非的马、人和历史》分析了人马关系演进对人和马的影响以及对社会和环境的意义，建构了马被人利用的社会环境史和马创造的世界的历史（这一部分比较弱）。②全书共分八章。第一章通过对史学史的批评性回顾提出了在社会史和环境史研究的基础上撰写人与马的社会环境史的目标，说明全书的分析将围绕马和权力这两个主题展开。第二章借用克罗斯比的生态帝国主义概念分析作为外来入侵物种的荷兰殖民者和马在从开普角向内陆进发过程中的本地化以及在殖民国家建立中的作用。第三章分析了随英国殖民者而来的育种业对于血统和纯洁性的追求及其与种族主义的合流。第四章分析了索托人对马的接纳和利用，尤其是莫舒舒利用马统一部落社会、建立王国和抵御殖民者的历程。第五章分析了马科战士在南非战争（1899—1902）中的作用以及战后对马的纪念，展示了在战争环境中马的变化和人对马的新认识。第六章分析了20世纪上半期马的角色由运输、生产、战争的工具向表演者的转变及其对

---

① Wayne Dooling, "Obituaries: Stanley Trapido, 1933-2008", *South African Historical Journal*, Vol. 60, No.4, 2008, pp.683-686.

② Sandra Swart, *Riding High: Horses, Humans and History in South Africa*, Wits University Press, 2010.

既有种族和性别结构的冲击，解析了关于马的文明论和身份认同论的叙事。第七章分析了骑乘马引进南非后阿非利卡人的身份认同从种族向阶级转变的趋势，展示了国际现代消费主义和本土怀旧的身份认同的冲突。第八章总结了马对17世纪以来南非历史的影响和马在人类历史上的作用，指出构建以马为中心的环境史的可能性。

《驾驭》采用了社会史的分析思路，并在其延长线上关注了马。换言之，马是被当成受压迫的种族、被统治阶级和女性的同类被纳入南非史书写。在南非史研究中，激进的社会史挑战了以精英为主的历史研究，转而关注作为绝大多数的、被统治的种族、阶级和性别的历史作用，尤其是在抵抗种族主义、资本主义和父权制中的主导作用。如果把这三个群体视之为弱者或底层，那么顺着这个思路自然会想到被宰制的环境和动物。不过，与被压迫的人群一样，环境既不能为自己发声，更是无声的弱者。在非洲史研究中，已有学者研究了马的历史，不过，马在他们笔下完全是被动的，虽然以马的名义，但写出来的是使用马的人的历史。[1]非洲环境史研究兴起后，对野生动物的保护成为一个研究重点，但关注的是濒危的斑马而非广泛用于生产和表演的家马。[2]斯沃特采用激进社会史的思路，开拓南非马的历史研究，构建人与马的社会环境史。正因为这是一项没有既定规范和研究框架的创新研究，因而她谦虚地说，这项成

---

[1] Robin Law, *The Horse in West Africa*, Oxford University Press, 1980. Humphrey J. Fisher, "'He Swalloweth the Ground with Fierceness and Rage': The Horse in the Central Sudan, II: Its Use", *Journal of African History*, Vol.14, No.3, 1973. James Webb, "The Horse and Slave Trade between the Western Sahara and Senegambia", *Journal of African History*, Vol. 34, No. 2, 1993. Martin Legassick, "Firearms, Horses and Samorian Army Organization, 1870-1898", *Journal of African History*, Vol.7, No.1, 1966.

[2] John MacKenzie, *The Empire of Nature: Hunting, Conservation and British Imperialism*, Manchester University Press, 1988. Jane Carruthers, *The Kruger National Park: A Social and Political History*, University of Natal Press, 1995.

果没有定论，只是一个与档案、口述史料等的对话。

在斯沃特的心目中，社会环境史不是一个范式，因为范式是公认的理论体系或模型，有独特的方法、框架和基本理论；而是一种方法，是把社会史和环境史这两种新左派史学方法融合在一起的、从被压迫的人走向无声的环境研究的学术上的红绿联盟。作为方法的社会环境史就是把人与马通过权力在不同层面的形成和流动联系在一起。具体而言，入侵物种荷兰东印度公司职员和来自欧洲和荷属巴达维亚的马登陆开普之后，逐渐以他们代表文明而当地人代表野蛮落后、是需要改造的对象来建立起权力和统治地位，同时以白人男子骑马和非洲妇女骑驴来标识性别差异。这种差异又与英国殖民者在育马业中坚持的血统论以及雄马的决定性作用结合，强化了现实中为了保持白人纯洁性而实行的种族主义。与此同时，来自世界不同地方的马在南非迅速本土化，形成了独具特点的开普马、布尔马等，成为南非白人建立民族认同和国家认同的基础之一。然而，与种族主义和性别结合在一起的马并不是固定不变的，相反它不受地缘和政治的约束，通过工资劳动、贸易和战争流向非洲人和女性，并随着经济的升级而逐渐冲破种族主义藩篱，形成以阶级为基础的新社会分层。索托人逐渐拥有大量马匹，并利用马促成军事王国的建立，在一定程度上有效抵御了布尔人和英国殖民者的兼并。战争结束后，随着机械化的发展，大量马匹流入布尔人的农场，但与此同时部分布尔人进城，于是马的功能和角色从生产转向表演，白人女性成为广受欢迎的骑手，阿非利卡育马者由于受到美国消费主义影响而逐渐分化，部分成为具有国际视野的、追求金钱、成功和快乐的中产和资产阶级，另一部分仍怀恋过去、坚守马在民族起源和男子汉气概形成中发挥重要作用的种族叙事。马的流动因此而超越经济、社会从而具有文化的意义。显然，用社会环境史的方法构建的南非人和马的历史既是复杂的、立体的，也是典型的、独特的。

阅读《驾驭》，还有两点突出的感受。一是把南非社会环境史置于全球史中来认识；二是在丰富扎实的档案研究基础上加入了富有感情的实地考察获得的认知。1652年之后的南非史在很大程度上是荷兰殖民帝国和英帝国历史的有机组成部分，1948年南非实行种族隔离和"分别发展"制度后，因为受到大部分国家的制裁而在经济政治方面比较孤立但娱乐文化的交流反而变得异常活跃。马在20世纪中期以前因为生产性功能而需要不断改良品种，需要从世界各地进口具有高贵血统的种马，杂交成功后也向世界出口优质马。南非是世界马市场网络中的一个有机组成部分和重要节点。此后，南非以其独特的马文化而成为国际赛马和马术表演市场中的重要一环，美丽、精致、彬彬有礼的南非马成为国际赛场上的一道亮丽风景。因此，南非马的历史必须从帝国史和全球史的角度来认识，《驾驭》不但全方位展现了马这个入侵物种在南非历史上的重要作用，还通过在更大时空范围内的关照体现了南非马的世界历史意义，突破了克罗斯比关于生态帝国主义的经典论述。克罗斯比那个遥远而温和的新欧洲并不包含南非，另外，欧洲殖民者带着自己的生态旅行箱进行单向输出，造成生态替代，其动物在殖民地大都野化，殖民之恶几乎被简化为生态传播。南希·雅各布斯首先挑战了新欧洲不包括南非的片面之论。[1]《驾驭》以马为例继续充实和修正克罗斯比的观点，把马的输入与输出变成了双向互动的过程，同时凸显出马和马文化的本地化以及非洲人对马的利用，但并未把南非种族、阶级和性别的极端不平等简单地归咎于马。可以说，作为新欧洲的南非呈现出比克罗斯比笔下的新欧洲更为复杂的历史样貌。

---

[1] Nancy Jacobs, "Latitudes and longitudes: Comparative Perspectives on Cape Environmental History", *Kronos: Journal of Cape History*, Vol.29, No.1, 2003.

原创性的历史研究一定建立在扎实的史料基础上，档案资料毫无疑问是第一选择，但这对研究马的历史是不够的，因为马不会说话，没有直接的史料传世。然而，马是活生生的有机体，有自己的喜怒哀乐和社会。这要求研究马的历史学家必须与马亲密接触，在追寻马的足迹中理解马。从《驾驭》中可见，斯沃特在自己养马和在南部非洲、美国、蒙古、东南亚等地进行田野调查中加深了对马的理解和感情。这使她能在一定程度上产生"像马一样思考"的通感，在身临其境中对不同马种生存的自然和社会环境形成具有现场感的恰当认识，进而对相关档案做出切实而非字面的、望文生义的理解。当然，这样的田野调查因为要骑马深入崇山峻岭、穿越不同海拔而惊险刺激，充满危险并随时可能发生意外。应该说，没有对马和环境史的热爱，就无法完成这样的田野考察，也就不会产生这本开创性著作。她也因此自称自己是一只自由放养的灵长类动物，而最令她兴奋的是骑马驰骋田野进行考察。①换言之，她是用脚步丈量人和马生活的环境、用自己的真情和生命体验去构建南非人与马的社会环境史。

作为一部探索性著作，还有一些内容需要进行深入讨论。第一，社会史讲求"自下而上"观察历史，然而，斯沃特的著作并没有把重心放在处于被统治地位的非洲人、奴隶和无产者以及非洲女性上，这当然与非洲人男女被禁止用马有很大关系。但是，社会是一个完整结构，统治者和被统治者相互作用，共同维持和推动这个结构前行。所以，尽管只有少量被统治者被雇佣为白人主人照顾马，但他们与马的关系、驾驭马的实践以及在马的扩散中的媒介作用等都是值得深入挖掘和分析的。另外，由于统治者和被统治者之

---

① 张瑾：《专访非洲环境史学家桑德拉·斯沃特：把动物放在叙事的核心位置》，《信睿周报》第59期，2021年10月1日。

间存在张力，对统治者文献中的盗马贼等记述进行"逆其纹理"的解析在一定程度上有助于建构没有文字资料留存的被统治者的历史。

第二，与第一点相关，如何写出真正的马的环境史？斯沃特在第八章总结全书时对自己企图写出但在很大程度上没有写出马的环境史直言不讳，不过，她提出了建构马的环境史的思路，那就是重新认识能动性，使马成为历史的主角。在人类历史中，能动性指人的有意识的自觉行为，这是在旧的权力结构中认识能动性。但马生活在自己的世界，人只是以外力的形式介入马的生活。因此，对马的能动性的认识不能沿用人的思路，而是从马的生理和社会性出发，在马与人的互动中来理解。马用自己的感官感知世界，按自己的伦理安排饮食和行动，以自己的方式抵御人的驾驭。正是在这个过程中展示出马的独特能动性，以此为基础写出来的是马作为主体、与人相互作用的马的环境史。显然，这个思路纠正了以人为中心的能动性认识，但并没有完全倒向生态中心主义，而是在这两者之间维持着微妙的平衡。换言之，这是一个理论上可行但不易实践的新思路，值得在探索可行性的基础上付诸实践。

第三，马与种族主义的关系是《驾驭》着力建构的，但种族主义是一个完整的过程，包括它的崩溃与和平过渡，马在南非和平过渡中的作用、和平过渡后马的角色发生了什么新变化，这都是需要进一步探讨的课题。在种族隔离制度崩溃中，阿非利卡人的国民党在其中发挥了重要作用，这在很大程度上是以阿非利卡人民族主义的更新为基础的，这种更新不能说与马所代表的消费文化的盛行无关。另外，在转型和新南非建立后，非洲人在赛马和马术表演中扮演了什么角色、在展演者和广大观众中是否出现格尔茨在印尼斗鸡中观察到的、具有深描意义的现象呢？对这一部分的补充不仅能让南非人与马的社会环境史成为一个整体，更能凸显非洲人在人马关系史中地位的变化，进而彰显南非和平过渡的环境史意义。这在一定程度上能通过马的环境史来重新认识南非历史上这场革命性变化，进而有利于南非环境史研究的主流化。

总之，《驾驭》是一部探索性的原创著作，也是在理论和实践上都可以继续推进的著作。

（本文发表于2023年4月11日的《澎湃新闻·私家历史》）

欧亚非内陆干旱地域文明论

评岛田义仁的《沙漠与文明：欧亚非内陆干旱地域文明论》

世界的文明论研究大体经历了三个阶段。第一阶段始于19世纪末，以尼采、斯宾格勒和汤因比为代表。尼采对欧洲文明的过度自信和不切实际的普遍性从哲学视角提出了质疑，斯宾格勒从历史学视角对西欧文明进行了末日审判，汤因比把多元文明变成历史分析的基本单位，从而在某种程度上突破了欧洲中心论。第二阶段始于第二次世界大战之后，不同学科相继介入文明论研究，并从各自学科的理论出发采用不同方法对文明进行了深入研究，同时成立比较文明学会，在比较研究基础上发现不同文明的共性。其中比较引人注目的是日本的文明论研究，代表作是梅棹忠夫1957年在《中央公论》2月号上发表的《文明的生态史观序说》，后被评为战后再造日本的论文之一。第三阶段始于20世纪90年代冷战结束之后，特别是亨廷顿1993年在《外交事务》上发表《文明的冲突？》，引起了当今世界是文明冲突还是共生的热烈讨论，在很大程度上促使文明论的研究重点从历史探讨转向现实关照，换言之，在某种程度上激发从文明史中汲取历史智慧、为世界未来发展寻找方向的新取向。或许，在这一转向的延长线上，文明论研究正在进入第四阶段，其突出表现就是把关注焦点从文明的发源地温带地区转向热带地区，从而为人类文明和地球环境的未来寻找新的支撑和安身之地。

日本的文明论研究发轫于明治维新时期，福泽谕吉等不但出版了《文明论概略》等著作，还为日本贡献了"脱亚入欧"的战略思想，指明了摆脱中华文明影响、全面转向欧洲文明的路径。确实，明治日本雄飞，不但成为世界强国，还通过殖民主义建立了大日本帝国。然而，这样的日本文明不但不能持续，还给亚洲和世界带来了灾难。战败后的日本一方面不得不反思战前的发展战略，另一方面也要为在冷战环境中即将重新起飞的日本发展做出合理解释。于是，战后日本的文明论研究不但具有反思性，同时具有前瞻性。梅棹忠夫的《文明的生态史观序说》就是在这样的时代背景下出炉的。与福泽谕吉相比，他不是从实用出发设计日本的未来战略，而是从京都学派的生态学理论出发解释日本的文明之路；不是要延续日本全面学习欧美文明的思路，而是要突破欧美中心论，寻找日本的自立之道；不是要把日本放在学习者的仰视西方的立场上，而是变成平视西方的自立自强者。正是梅棹忠夫的文明论的生态史观在很大程度上开辟了日本文明论研究的新局，并在此基础上生发出文明的海洋史观、文明的环境史观、文明的比较史观、文明的干旱地域史观等。显然，这些史观在某种程度上都是建立在今西锦司等人创立的京都学派的生态学基础上。今西生态学与达尔文的进化论正相反，达尔文强调纵向进化，今西锦司强调分栖共生；达尔文的进化论在很大程度上是生态系统内不同因素之间的生存竞争，今西锦司的生态学在很大程度上是生态系统内不同因素和谐共处。以今西生态学为理论基础来分析世界历史，不但能在时间维度上观察到历史的逐级进化，还能在空间维度上看到不同国家和文明的平行并进。正是在具有一定分布规律的生态基础上，梅棹发现了欧亚大陆内地和边缘发展历史的不同之处，发现了西欧和日本历史发展的关系不再是日本学习西欧，而是平行并进。川胜平太更进一步，在欧亚大陆两侧发现了海洋，同时发现同属海洋世界的日本和西欧因为处在北纬45°线的南北两侧却在农业革命和畜牧革命方面存在差异，进而影响到在进入近代时做出的不同选择和走过的不同路径。具体而言，西欧通过脱离印度洋的伊斯兰世界完成自己的工业革命，日本通过脱离西太平洋的中华世界（进口替代）完成自己的勤勉革命（同时转为出口导向）。工业革命以资本和技术投入把劳动生产率提升到世界第一的水平，勤勉革命以大量投入高素质劳动力把土地生产率提升到世界第一的水平。换言之，日本是以自己独特的方式进入现代文明的，而且近世闭关锁国的智慧对解决当今地球环境问题（承载力有限、人类可以生存的唯一星球）具有重要启示意义。伊东俊太郎等人的文明的比较史观既要发现不同类型文明的特点，也要找出其共性，进而打破西欧文明的自我优越性，反击文明冲突的理论，为文明的平等和共生张目；同时在比较中发现日本文明是具有自己传统的混杂文明，是具有自主性的包容文明。安田喜宪的文明的环境史观从环境考古学出发，通过对在日本沿海地区发掘的年缟的分析，冲破了以格陵兰岛和阿尔卑斯山的冰芯资料为主建立的世界气候变化图，构建了以东亚为主的世界环境变化图，确切地说就是以日本为中心的世界环境史。显然，从文明的生态史观发展出来的这些形形色色的史观都具有一个共同的目标，那就是冲破文明研究中的欧美中心论以及日本文明或模仿中华文明或模仿西欧文明的论说，构建日本文明的独特发展之道，或与西欧文明平行并进，或具有自主性甚至是世界文明的中心的论说。

岛田义仁的《沙漠与文明：欧亚非内陆干旱地域文明论》继承了今西生态学以及在此基础上形成的文明论成果，但既不是以给日本文明重新定位为旨归，也不是要重构文明的转型之路，而是回归对文明起源及其发展动力这个本质问题的探讨。[1]在这个方面，欧洲人已经确立了自己的典范，并把它普世化为所有民族和文明都遵循的原理。在古代，历史编撰或以天象附会人事，或以宗教统御人类发展。在文艺复兴、科学革命和启蒙运动中，历史编撰逐渐客观化、理性化和科学化，欧洲思想家们相继提出了自己的历史进化模式。黑格尔认为，历史发展经历三个阶段，分别是仅仅皇帝具有自由意识的东方时代，自由意识扩展到半数以上市民的希腊、罗马时代，和自由意识扩展到全体民众的基督教化的日耳曼世界时代。在黑格尔眼里，历史的本质就是理性的运动，而他的祖国德国就处在历史演进的顶点。马克思把关注点从理性转向了生产方式，指出历史发展经历原始社会、亚细亚生产方式、奴隶社会、封建社会、资本主义社会和共产主义社会等五种生产方式和阶段。奥古斯特·孔德重点分析人类思想的发展进程，指出人类经历了神学的思考、形而上学的思考和实证主义的科学思考三个阶段。所有这一切都在科学历史学形成后，体现为古代、中世纪、近代或现代的历史分期法。显然，这样的历史分期和历史发展模式都是线性的、目的论的、人类中心论的历史发展理论，并没有反映出历史发展的多样性和复杂性。岛田从哲学出发，补足了历史发展的空间性，进而重构了历史发展的时间性。在日本学术界，和辻哲郎的风土论具有重要影响。和辻从他的老师海德格尔的《存在与时间》中读出了重新理解精神与风土的关系的思路，认为人不仅仅是笛卡尔主张的作为精神存在的人，还是一种超越个体的集体存在的人，而这种共性体现在身体和具体的空间中，即安置身体的风土中。岛田批判地吸收了

---

[1] 嶋田義仁，『砂漠と文明 アフロ・ユーラシア内陸乾燥地文明論』，岩波書店，2012 年。中译本见〔日〕岛田义仁著，包海岩、闫泽、萨其拉译：《沙漠与文明：欧亚非内陆干旱地域文明论》，商务印书馆，2024 年。

和辻的观点，同时还扬弃了梅棹的生态史观。梅棹把欧亚大陆分为干旱地域和湿润地域，并在此生态基础上形成了不同文明。这种观点与和辻的具有异曲同工之妙，但梅棹认为欧亚大陆干旱地域充满"暴力"，这不但具有某种程度上的东方主义色彩，也没有找到干旱地域文明发展的动力。另外，由于人具有身体性和风土性，因此，对人和文明的认识就应该置于地球环境和生命历史的背景中。在这一方面，法国思想家柏格森的创造生命进化论提供了从宇宙生命的连续进化中理解人类发展的基本思路和理论基础。然而，把人类文明置于生命历史中并不是要像传统人类学那样集中研究未开化民族和社会，而是要像法国人类学家巴郎迪埃那样研究现实社会的动态变化，与此同时阐发生活在地球上的人类及其文明的意义。岛田广泛地、批判性地吸收了上述思想，并以自己持续30多年的田野调查为基础，形成了自己的地球人类学体系。

岛田的地球人类学体系由两个维度、四种类型和一个动力组成。两个维度分别是从地球生命到人类文明的时间维度和从海洋到陆地再到海洋的空间维度。四种类型分别是欧亚非内陆干旱地域的四种生态学类型以及相应的四种文明类型。一种动力就是畜牧民饲养的家畜，尤其是在干旱地域文明发展中发挥了关键作用的、作为驮畜和军事工具的马和骆驼。地球生命诞生于40亿年前的海洋，然后上到陆地。在700万年前人类从猿类中分离出来，此后随着地球变冷，人类逐渐形成了直立行走的能力，脑容量也逐渐扩大。大约240万年前，人类逐渐学会制造和使用工具，演化成能人，与此相伴的是森林面积减少，草原上的禾本和豆类植物、食草哺乳动物协同进化，干旱地域成为人类生存的环境。在20万年前，现代人的直系祖先智人诞生并扩散到世界其他地区。通过这两次冒险（从海洋到陆地、从陆地温暖环境进入寒冷干旱环境），生命和人类得以继续进化，进而在1万年前经历了第三次冒险，即人类在干旱地域发明了畜牧业和农业，创造了文化，并在5000年前形成以城市、国家、文字和宗教等为标志的文明。干旱地域包括降水量低于500毫米的干旱地区和降水量在500—1000毫米之间的半干旱地区。在欧亚非大陆干旱区域分布着四种生态类型，分别是从东北亚到中亚的北部寒带草原，从撒哈拉到中东的西南部热带沙漠，从非洲到印度的南部热带萨凡纳，位于阿尔卑斯—喜马拉雅造山带的中东绿洲型干旱区。与此大体上相对应，产生了四种文明：在寒带草原，形成了养马的畜牧文化，但城市并不发达，蒙古帝国和土耳其帝国是这种以畜牧业为中心的文明的代表。在热带沙漠，形成了饲养骆驼的畜牧文化，但与前者不同，骆驼主要是驮畜而不是战争工具，因而在这个区域商业文明和城市文明比较发达，也曾在河流流域形成帝国，但不得不与商业文明联通，最终形成综合型文明。在热带萨凡纳，既不养马，也不养骆驼，而是养牛，形成牧牛畜牧文化。牛既是财富又是可以交换的商品，在此基础上建立了具有繁荣的商业城市的国家，不同国家之间通过贸易和伊斯兰教建立了区域性政治秩序。在干旱绿洲，通过饲养绵羊、山羊和种植农作物形成定居型畜牧文化和工艺商业文化，虽然不适于建立帝国，但也形成了不少绿洲小王国。从这四种生态和四种文明的对应关系中可以看出，推动文明在时间和空间维度上发展的动力既不是生产不足需要交换，也不是产生剩余导致阶级分化，而是利用能源以及进行交易的载体——牲畜，尤其是马和骆驼的利用在很大程度上决定着文明的兴衰。然而，进入16世纪，人类文明发展再次经历巨大变化，即从干旱地域向湿润地域、从大陆向海洋的转变。其关键是欧洲的森林大都处于半干旱地区，而且是适宜放牧的落叶阔叶林，随着造船业和农业的发展，发生森林和木材危机，促使欧洲不得不寻找新的土地和资源。在这个过程中，能源动力发生转型，不再是使役动物而是利用化石能源，进而把旱地贸易圈转化成海洋贸易圈，从而建立殖民帝国和世界霸权。文明进入到全球文明时代，在非西方世界形成了不同的应对方式，干旱区域文明的中心地带产生对欧洲文明的抵抗，其边缘地带因为惯于吸收中心文明而形成三重结构的新文明，没有受到干旱地域文明影响的地域迅速欧洲文明化。显然，这种格局的形成是文明在以不同方式进行交流的同时努力维持自主性的结果。

毫无疑问，岛田的研究在世界史的一系列重大问题上都提出了自己的观点。例如，他认为，文明诞生和发展于干旱地域，家畜是干旱地域文明发展的动力，西欧的崛起并不是希腊传统的复兴而是能源转换的结果，文明的格局是坚持自主性基础上的共生等。这些观点对前辈学者的思想形成颠覆，但这种观点的形成并不是凭空而来，而是建立在对西方不同流派的思想家的观点的辨析、对日本已有研究成果的批判性继承，以及作者自己的理论思考和田野调查基础上，因此不但从更深层次上超越了欧洲中心论和日本中心论，也为重新认识沙漠地区、萨凡纳和萨赫勒地区的文明发展开辟了新路。之所以能够取得这样的成果，还有一个重要原因，那就是作者比较完善的知识结构和在行走中思考的研究方法。作者主修人类学，但还涉猎并研究哲学思想、宗教学、生态学等，并能融会贯通。更为重要的是，作者虽然在法国接受研究生教育，但却在行走非洲和蒙古的过程中养成了从当地出发反思已有观点、重构世界文明的时间地图的思路，这种研究框架既不是回到传统人类学对未开化社会的猎奇式研究，也不是陷入作为欧美中心论的反论的另一种中心论，而是尊重不同文明的自主性，进而形成美美与共的共生史观。

然而，对空间性的重视不能以削弱时间性为代价，对体系构建的重视不能成为忽略细节的理由。撒哈拉商道和伊斯兰教的传播无疑对萨凡纳和萨赫勒地区文明的发展发挥了重要作用，但是把本地区文明的起源和发展归结于降水量和贸易以及外来文化的影响，表面上看似乎很全面，但实际上却存在着"以面代点"的问题。具体来说，就是从田野调查中看到的情况追溯历史原因，而不是从起源点上发掘历史发展的各种可能性和最终把一种可能性变成现实的历史原因。这两种思路，前者是历史学研究常用的思路，也易于被人类学家接受，但后者似乎更合乎历史的逻辑。建构体系通常有两种思路，一是从基本概念出发，采用逻辑推理建构全面宏观的体系；另一种是采用归纳法，在对历史与现实、环境与文化等等进行充分研究的基础上抽象出理论框架。作者采用了一种综合的方法，那就是既有理论探讨和建构，又有实地调查和文献研究，但是，实地调查和文献研究并不充分，也不够深入。从书中并不能看出对蒙古地区的调查会对作者形成自己的观点产生什么重要影响，更何况还没有对已经研究很多、很深入的河流流域文明的准确把握。反过来，这就让萨凡纳和撒哈拉沙漠的实地研究在书中的出现变得突兀，其分量在全书中的占比有点失衡。进而言之，从寒冷干旱地域和沙漠地域文明得出的结论能否扩而广之适用于解释河流流域文明？这是读完本书后存在的最大疑问。

（本文发表于2024年9月2日的《澎湃新闻·私家历史》）

气候不只是背景

评狄·约翰和王笑然编《气候改变历史》

历史是过去发生的事情以及人们对这些事情的认识。以此来衡量，任何事物都有自己的历史，历史是包罗万象的，这是广义的历史。但是，专业的历史学所研究的通常是限定了边界的、狭义的历史，专指人的历史，环境最多只能被看成是历史发生的舞台或背景。这是自科学革命和启蒙运动以来形成的主导范式。

人类再特殊，也不能完全离开自己赖以生存的环境。于是，在不同的时代，总有一些人在探讨人与环境的关系问题。孟德斯鸠和黑格尔等认为，不同的气候和环境决定了生活其间的人们的政治制度，甚至心理和精神气质；而伏尔泰、斯大林等却认为，环境变化极其缓慢，人类社会变化迅速，环境对人类社会没有作用。这是两个极端，不但在理论上难以自洽，而且在实践中或者被法西斯利用，为其种族灭绝政策张目，或者造成肆意破坏甚至毁灭自然的恶果。

随着科技进步和人类环境意识的觉醒，重新探讨气候与人类文明的关系成为既具有理论价值又具有现实意义的课题。专门研究过去发生的人与环境相互作用关系的环境史学应运而生，气候史是其中一个研究领域，但是属于环境史的气候史与属于自然科学的气候史是有区别的，最大不同在于环境史的气候史主要关注气候变化与人类社会的相互影响，而不是气候本身的变化及其自然动力机制。

狄·约翰与王笑然主编的《气候改变历史》就是一本内容丰富、基本能够反映国外气候史研究全貌的论文集。[①]其内容大致有三部分：第一部分实际上要告诉读者气候脉动变化确实对世界历史有影响，气候不是无用的。第二部分分析了气候与民族迁徙的关系，包括气候对"新欧洲"形成、中国北方少数民族南下的客观作用，殖民者的热带建构和想象对殖民制度及其自然提供的合法性等。第三部分探讨气候变化对王朝更替甚至灭亡的作用。

能够特别引起中国读者关注的是，它辑录了四篇研究气候与中国历史关系的文章，而且作者基本上都是在西方学术界大名鼎鼎的学者。北方游牧民族南下是中国古代历史上一个反复出现的重大事件，但是，对于成吉思汗为什么能够在13世纪崛起，历来有不同解释。有学者从心理学视角分析，认为是蒙古人在神的启示下才能持续不断地征服新的地盘。有学者认为善于骑射和采用金属武器使蒙古人展示出强大的军事优势，因此所向披靡。有学者认为蒙古部落间持续不断的争斗使之不得不处于迁徙的过程中。所有这些解释在詹金斯看来，都只触及了问题的皮毛。詹金斯认为，如此大范围的人口徙置就是中业气候变化引起的政治后果。当然，气候变化不是造成成吉思汗崛起的唯一因素，是气候变化与其他诸多因素的有机结合，导致了蒙古人在欧亚大陆的纵横驰骋。

从这个结论中，可以引申出三个观点：第一，气候史为解开人类历史之谜提供了跳出传统窠臼的新思路。第二，气候变化是一个导致人类历史变化的能动因素，而不只是一个背景。换句话说，气

① ［美］狄·约翰、王笑然主编，王笑然译：《气候改变历史》，金城出版社，2014年。

候变化是出演历史这幕大戏的一个重要角色，而不再仅仅是历史大戏上演的舞台。这就有效超越了"环境无用论"。第三，气候变化和其他人为因素一起作用才最终促成了人类历史事件的发生。这就有效超越了"气候决定论"或"环境决定论"。

《气候改变历史》为我们认识全球气候变化、人类和国际社会的应对等都提供了可以借鉴的经验教训。在气候变化的周期中，人类可以通过调整自己的制度和文化体系进行有效适应，减弱其负面效应，增强其正面效应。全球气候变暖或变冷并不是人类的末日。与此同时，人类也应该充分认识到气候变化的历史能动作用，进而在人与气候的互动中重新反思人类中心主义的盲目自大和傲慢，从而协调人类与环境的关系。

（本文发表于2014年7月25日的《解放日报》）

生态乌托邦的可能

评欧内斯特·卡伦巴赫《生态乌托邦》

《生态乌托邦》是美国作家欧内斯特·卡伦巴赫在1975年出版的关于未来社会和环境关系的日记体小说。[1]此书出版后，发行了近100万册，先后被翻译成九种外文行销非英语世界，在国际思想界掀起了多次评论高潮。作者被《洛杉矶时报》誉为"在威尔斯、维尔纳、赫胥黎和奥威尔之后最伟大的空想家，是生态乌托邦的创造者"。

卡伦巴赫虚构的乌托邦位于美国西海岸北部，包括华盛顿州、俄勒冈州和加利福尼亚州的北部。它是从美国分离出来后、由一群具有新思维的人建立的独特国家。其最突出的特点是：在经济上追求稳态和循环再利用；在政治上崇尚生物学导向和充分公开透明的议事；在文化上表现出回归自然的简约风格；在社会生活中坚持性别平等和适当的种族隔离或自治。显然，这样一个国家与高度发达的资本主义美国截然不同。来自纽约的记者韦斯顿在进入这样一个独立20年来一直罕为人知的国度时，他最初的不适应和看不顺眼

---

① ［美］欧内斯特·卡伦巴赫著，杜涵译：《生态乌托邦》，北京大学出版社，2010年。

是可想而知的。但是，经过50多天的观察、生活和思考，韦斯顿不但爱上了生态乌托邦的女子和这个国家，甚至感觉到自己也变成了一个生态乌托邦人。这预示着，在作者的心目中，人类在享受现代文明带来的物质成果并忍受随之而来的诸如神经紧张等疾病的时候，对现代文明不可持续的担忧和思考必然把人类引向对新文明的探索和想象，一种环境友好的、反主流文化的新文明就会应运而生。卡伦巴赫为我们展现了他在20世纪70年代初能够想象的新社会、新国家和新文明的样貌。

在第二次世界大战后的经济恢复和发展时期，发达资本主义国家相继发生了震惊世界的"公害"事件。严重的环境污染不但伤害了人体健康，还演变成社会问题，导致西方国家兴起了轰轰烈烈的环境主义运动。当时的绝大部分思想家和社会活动家都只关心如何治理污染，如何规避环境风险，逐渐形成以"回归自然"和"建设宇宙岛"为代表的两种截然相反的思路。身处那样一个时代，卡伦巴赫不可避免地受到了环境主义运动的影响，但是，他独辟蹊径，转而关注可持续性问题，倡导既尊重自然又发展不排斥高技术的稳态经济。这在当时不仅是他自己心目中的乌托邦，在绝大部分环境主义者看来也是不可实现的乌托邦。然而，当人类在1987年首次正式提出"可持续发展"概念并在此后各国相继推出自己的《二十一世纪议程》的时候，回首过去，我们不能不感叹卡伦巴赫的先见之明。毫无疑问，他是那个时代的先知先觉者。

乌托邦是人类对美好社会的憧憬。从托马斯·莫尔的《乌托邦》（1516年）到威尔斯的《现代乌托邦》（1905年），从赫胥黎的《美丽新世界》（1932年）到奥威尔的《1984》（1949年），人类从空间到时间、从构想到蓝图，持续推动着自己向理想境界攀升。《生态乌托邦》只是这场接力赛中的一棒，但与先前的乌托邦强烈颠覆当时的社会因而只具有启发性不同，生态乌托邦并不想替代私有制，因而具有比较强的实践性和可操作性，在一定范围内引导了环境主义运动的新发展。当德国上千个环境主义者和和平主义者的行动组织企图形成一个统一的政党并进入议会斗争体制时，是《生态乌托邦》中的许多基本原则把他们有机地联系在一起，为他们成立"绿党"（其四根支柱是：生态智慧、社会正义、草根民主和非暴力）在一定程度上奠定了理论基础。在美国，经过纳尔夫·纳德尔的推荐，《生态乌托邦》不仅销量大增，其思想也迅速融入大众文化，生态乌托邦成为家喻户晓的名词。当一些美国环境主义团体处在转型的关键时期，生态乌托邦对形成其核心价值起到了关键作用。另外，在具体的城市规划和建筑设计中，生态乌托邦的理念成为建设可持续社会和景观的指南。例如，在波特南城建中，重视公共交通、发展低速增长的经济、鼓励开设就地取材的餐馆等都在一定程度上是对生态乌托邦中的迷你城的模仿。

在中国的传统文化中，不乏"大同世界"的构想和"桃花源"的意象，但在建设和谐社会和生态文明的今天，我们无疑需要一种新的、替代性的构想。这一构想既要有前瞻性，又要有一定的实践性，同时还要给人以无限想象的空间。《生态乌托邦》基本可以满足这些要求，这一西方世界的"地下经典"将在中国文明转型过程中发挥独特作用，关注中国文明向何处去的人也都能从中得到自己需要的启示。

（本文发表于2010年11月27日的《新京报》）

融汇自然与人文的历史叙事

评劳伦斯·C.史密斯的《河流是部文明史：自然如何决定文明兴衰与人类未来》

　　一提起河流，马上就会想起这样一些耳熟能详的说法：黄河是中华民族的母亲河，埃及是尼罗河的赠礼，恒河是印度教的圣河，等等。这些说法的重点虽然各有差异，但都强调了河流对文明发展的重要性。自古以来，河流在人类的生产和生活中发挥着重要作用，先贤们从环境与历史、环境与经济、环境与政治、环境与文化等不同视角进行了深入探讨和论述。劳伦斯·C.斯密斯的《河流是部文明史：自然如何决定文明兴衰与人类未来》是一部由自然地理学家撰写的、融科学性与故事性于一炉的、人与河流的关系史。①

---

① Laurence C. Smith, *Rivers of Power: How a Natural Force Raised Kingdoms, Destoryed Civilizations, and Shapes Our World*, Penguin, 2021. 中译本见 ［美］劳伦斯·C.史密斯著，周炜乐译：《河流是部文明史：自然如何决定文明兴衰与人类未来》，中信出版社，2022年。

人与河流关系的论述

河流是环境的有机组成部分，人与河流的关系也是引人注目的问题。首先，河水从何而来？先哲亚里士多德认为，河流源于地下，水是由空气转化而来。达·芬奇认为，陆上河流的水是通过地下静脉从大海中输送过来的。直到1674年，法国科学家皮埃尔·佩罗明确指出河水来自降雨，河水的来源问题才得到解决。其次，治水与专制主义的关系。无论是孟德斯鸠还是黑格尔，都谈到了大河平原地区与其他地形对文化和政治体制的决定作用。最明确论述治水与政治关系的是魏特夫。他在《东方专制主义》中把农业分为两种，分别是西欧、北美、日本的雨水灌溉农业和从北非经中亚到中国的治水灌溉农业，前者不需要组织大量人力修建治水工程，没有形成专制主义的基础，后者为了克服供水不足而需要建设治水工程，进而形成严密控制人民和社会的专制政治和社会体制。这种决定论的思路过于简单，也被他所在的美国的治水实践所粉碎。田纳西河流域大坝建设和加州调水工程的实施都是浩大的工程，但并未在西部干旱地区形成专制主义，也未改变美国的民主制。①再次，河流开发与环境修复的关系。在工业化时代，河流不仅是灌溉之源和运输通道，还是工业用水和能源供给之地，对河流的开发强度越来越大，建坝的规模和密度与日俱增。其中体现的是人征服河流使之完全为人服务的强烈意愿和技术能力。但是，随着环境问题的彰显和环境意识的提高，在发达工业化国家掀起了拆除水坝、恢复自

---

① ［美］大卫·利连索尔著，徐仲航译：《民主与大坝：美国田纳西河流域管理局实录》，上海社会科学院出版社，2016年；［美］唐纳德·沃斯特著，青山译：《在西部的天空下：美国西部的自然与历史》，商务印书馆，2014年。

然河道的浪潮。其中体现的是后工业化时代人与河流生态和谐共处的理念。

《河流是部文明史》几乎涉及了前面提及的方方面面，并做出了自己的解释。它从人类视角出发，从运输通道、自然资本、领土疆域、生态健康、权力展示方式五个方面揭示了河流对人类文明的深刻影响。尽管随着地理和时间的变化，河流五大优势的表现形式发生了改变，但其重要性从古到今并未减弱。46亿年前，地球形成，40亿年前，大气中生成的雨水降落地球表面，形成河流。人从树上下到地上，就与河湖发生关系。但直到人类可以系统利用技术，河流才孕育出文明，形成古代的王国。然而，大河流域并不能供给文明的无限膨胀，气候变化会造成河流流量的周期性变化，如果文明不能及时适应枯水期，文明的崩溃就不可避免。随着文明的进化，河流的功能多样化，或者作为边界，或者参与战争，或者成为工业城市的基础，都参与到新文明的塑造和扩展进程中。超越了人为政治疆界和人为价值观的河流以自己的方式迫使人类走出自己制造的藩篱，从流域甚至水循环的规模重新审视和调整国家与国家、不同群体和种族之间的关系。换言之，河流以自己的力量间接改变了文明的内部结构和外部互动模式。更富有戏剧性的是，曾经作为文明进步象征的治河工程——大坝——逐渐变成了影响河流和文明演进的障碍，在先发工业化国家兴起了拆坝和河流自然化的运动，但吊诡的是在广大发展中国家建坝依然如火如荼，仿佛不建坝就不能实现追赶型现代化。

显然，与先贤的认识相比，《河流是部文明史》的观点更具时代性。虽然它也是从人类视角出发，但并未表现出无视环境和河流的自主性倾向，相反河流不但先于人类而存在，而且按照自己的流向和规律运行，即使人类能够在某个阶段改变其流向，但它最终都会奔流到海，进而开始新的循环。虽然它赞美人类文明，但并未走向人定胜天的极端，也并未忽略环境的基础性，相反，人类通过使用技术不断修正利用河流的方式，进而提升文明的水准。在这个过程中，体现出从征服河流向与河流和谐共处的转变，以及世界发展不平衡在利用河流上的差异性，在某种程度上昭示了人与河流关系的未来走向。

跨学科的研究方法

采用跨学科或交叉学科的研究方法是当代学术研究的一个共识，但在学科分野的大环境中，这说起来容易做起来难。现代科学研究区别于古代知识生产的一个显著特征就是形成了不同的专业学科。毫无疑问，学科分野促进了科学发展，为形成现代世界和现代文明发挥了不可替代的作用。但是，随着专业化程度的不断加深，学科的界限更加明确，出现了只见树木不见森林的问题，出现了某些单个学科不能解决的问题无人问津的现象，等等。显然，这些既不利于从整体上认识复杂问题，也不利于对具体问题的进一步深入研究。换言之，过度的学科分野在某种程度上已经成为科学发展的障碍，采用跨学科或交叉学科方法已经成为突破科学发展瓶颈的重要进路。但是，现有的学科分野已经行政化，不同学科的从业者也以捍卫自己学科的边界为己任，学科的规训和被赋予的外在权力使学科交叉困难重重，步履维艰。

即使如此，探究未知世界的现实需要和学术冲动推动着学者和学术机构做出不懈努力。学术规划和资助机构一方面大力提倡跨学科研究，另一方面在资助方面进行倾斜，激励学者进行相关研究。在研究者云集的大学和研究机构，或者成立从事跨学科研究的研究中心，或者鼓励教授在不同系科双聘或多聘。最为关键的是改革对学术研究成果和研究者的评价标准和评价程序，最终形成鼓励进行跨学科研究的氛围。作为科学研究的主体，学者本身的跨学科取向和能力也不是天生就有的。通常情况下，在特定学科浸淫已久，就会形成"路径依赖"。进入到比较成熟的阶段，即使学者本人具有跨学科研究的需要和意愿，但在很大程度上会力不从心。因此，跨学科的意识和能力需要在年轻时进行有意识地培养，形成跨学科研究方法的自觉。这样的老师也会带出新一代具有跨学科意识和能力的研究者，进而形成人才和研究的良性循环，推动科学的发展。在我的印象中，日本综合地球环境学研究所是一个从事跨学科研究和人才培养的科研机构。它是由日本文部省支持的国家研究机构，实行项目制。申请者必须是多学科、跨国的研究者组成的团队，来自不同学科的研究者在同一屋檐下随时进行交流和讨论，进而形成彼此都能接受的研究思路，最终做出既具有不同学科特点又具有内在同一性的研究成果。项目完成后，所有研究者都去大学应聘，培养新一代具有跨学科意识和能力的学生。显然，这是日本用国家力量推动跨学科研究的、行之有效的范例。

劳伦斯·C.史密斯无疑是一位具有跨学科研究意识和能力的学者。他本科和硕士接受的是地质学训练，博士接受的是地球和大气科学训练。这两个学科看似都属于自然科学范畴，但地质学研究离不开地质史，而且地质史涉及的时间尺度远远大于传统历史学涵盖的时间范围。换言之，史密斯的历史视野已经跃出人类文明史的范围，进入自然时间的领域。地球和大气科学的训练使之思考河流和文明都不受传统历史学空间范围的局限，而是突破民族国家和文明的地域界限，从地球着眼，把河流和文明置于环境系统来认识。显然，这样的历史叙事是一种自然科学化的叙事，是一种采用跨学科方法研究和写作的新型历史。

具体而言，《河流是部文明史》中呈现的跨学科方法是一种将建立在文献研究基础上的叙述、采用高科技获取数据并通过模型进行分析、野外实地考察（获取数据和感性认识）相结合的综合研究。虽然没有典型历史学著作中那种严密的考证，但对基本事实的叙述建立在各种史料的基础上。英文版全书正文317页，参考文献和拓展阅读达20页，这对一个地理学家的著作而言，是不多见的，也是难能可贵的。关于数据的获得，作者在第八章进行了集中论述。其中最令人惊诧的是美国宇航局利用陆地卫星和机器人技术持续观测地球，然后利用云计算对三维图像和大数据进行处理，从而精确分析全球河流和地表水的连续变化。更为有用的是，科学家可以通过水文模型来分析并预测洪水风险，通过全网发布实现跨界河流的共享利用。然而，尽管卫星图像的分辨率和清晰度越来越高，但是对于小流域、特殊地形等复杂环境，以及涉及地域文化等技术难以捕捉的内容，就需要科学家通过实地考察的方式来把握。作者对冰岛、密西西比河等的实地考察使其研究更具人文性，从而把从书本上得到的认识和采用技术获得的数据图像融会贯通，构建出浑然一体的人与河流的关系图景。

科学性与故事性的结合

不同学科已经形成了各具特色的分析和叙事模式，采用跨学科方法要求形成把不同叙事模式熔于一炉的新叙事模式。历史研究科学化后，逐渐形成了人本主义的、两种主要的叙事模式，分别是以时间为序进行历时性的过程描述和因果分析——在内在逻辑框架下进行以专题研究为主的阐释。前者从传统历史编撰中的纪传体发展而来，后者承袭了纪事本末等传统，但都进一步发展，尤其是后者吸收了社会科学的方法，使历史编撰从需要读者感悟的叙述变成了重在探讨因果关系和历史发展规律的叙述。虽然在探讨规律上一致，但历史学和自然科学的研究对象、研究方法、表述模式都不尽相同。自然科学面对已经祛魅的自然客体，用限定了条件的、简化的实验等分析方法，得出符合逻辑的具体结论，再以论文或简报的形式表述出来。显然，历史学研究和自然科学研究的结论的普适性和表述方式并不一致，但这并不意味着两者之间存在不可跨越的鸿沟。

环境史研究兴起后，由于环境被纳入历史考察及环境与人的关系成为历史发展的主体，传统的历史学与自然科学之间的分野就变得不合时宜。然而，要把这两种不同的叙事融为一体并不容易，经常会出现历史学家认为过度科学化、不够人文，或自然科学家认为过于模糊、不够客观精准的问题。另外，自然科学对演进或进步的评判标准与人文科学的也有所不同，人文学科在时间顺序中寻找历史演进的必然性，自然科学在设定标准中衡量演进成功或失败的原因。一个典型例子，就是贾雷德·戴蒙德在其著作《枪炮、病菌与钢铁》和《剧变》中采用的做法。这样的叙述虽然逻辑清晰，便于读者理解，但有把历史简单化的嫌疑。自然科学要求所有数据能够构成符合逻辑的系列，然后判断出总的趋势，而人文学科并不会因为某个数据意外而影响对大趋势的判断。这方面成功的例子是约翰·麦克尼尔在《阳光下的新事物》中的尝试。

劳伦斯·C.史密斯在《河流是部文明史》中做出了有益的探索。他把时间顺序与专题讨论结合起来，用一个又一个引人入胜的故事展示了人与河流之间的悲欢离合。他把人的故事与河流的数据结合起来，让人不仅是理性的人，还是感性的人，使数据不但成为科学分析的基础，还是佐证人的行为的依据。更为引人入胜的是河流的故事，它不以人的意志为转移，挣脱了人的羁绊和改造，使人发现自己的错误并最终顺应河流的自然流向和淤积，进而从生态的视角解构人与河流的关系，构建新的故事。然而，并非所有国家、所有民族都共有一个同质的故事，相反处在不同发展阶段的国家表现出不同的阶段性和差异性，发展中国家发挥后发优势或汲取历史的经验教训从理论转化为现实并非易事。显然，把河流与人结合、把科学叙事与历史叙事结合的新叙事在某种程度上不但突破了传统历史叙事中的单线进步倾向，也超越了经典科学叙事中的简约化做法。新叙事构建的是复杂的、多样的历史，预示的是不确定的未来。

因此，这是一本值得具有跨学科意识的自然科学家和历史学家阅读的著作，也是一本把科学性与故事性相结合、适合大众阅读的书，还是一部有益于在方法、叙事等方面进一步探索的书。

（本文发表于2022年7月9日的《澎湃新闻·上海书评》）

能量在历史发展中的作用

评瓦茨拉夫·斯米尔的《能量与文明》

在思考历史发展的动力时，通常采用还原论的思维方式。有人认为，物质运动推动历史前进；另有人认为，精神力量促进历史进化。毫无疑问，这两派观点都体现出二元论的对立思考方式，但如果要继续深入一步进行综合探究的话，就会发现物质和精神背后都隐含着共同的因素，那就是能量。没有能量就不会有现实世界的物质和精神，没有进行能量转换的原动力就不会有作为物质和精神统一体的人的进化，自然也不会有文明的发生和发展。然而，这么说并不意味着能量决定论，而是要把能量视为历史发展的必要条件，同时在与其他多种因素相互作用的进程中推动历史发展。在这个进程中，历史和文明能够达到的高度和扩张的范围，在很大程度上取决于对能源的利用和利用效率。

能量或能源史在20世纪90年代以前主要是科技史研究关注的领域。科技史研究在发展进程中逐渐形成了两条路径，分别是内史和外史。所谓内史，就是从学科内部的演进建构科技史的脉络和框架；所谓外史，就是从促进科技发展的外部因素着手建构大科技史，即把科技和社会经济政治融为一体的历史。显然，前者似乎更专业化，主要是由对学科史感兴趣的科技人员编撰的，读者主要是专业人员；后者似乎更通识化，主要是由对科技史感兴趣的历史学者编撰，主要面向大众读者。应该说，这两种取向各有利弊。进入20世纪90年代后，环境史学者开始关注能源史研究，最直接的动因来自对环境污染的深层次探究。现代环境污染和生态破坏都与科技存在密不可分的关系，化石能源的利用在其中发挥着明显的重要作用。温室气体排放主要是由燃烧化石能源造成的，毁林和生物多样性损失通过借助于化石能源驱动的锯木和运输工具得以愈演愈烈。然而，能源史并不是只有化石燃料的发掘和使用，向前追溯是肌力、畜力、风力和水力的使用，向后延展是核能和可再生能源的使用。与此相应，历史和文明也在不断升级和进化。于是，能量或能源与历史和文明发展的关系史就成为环境史关注的重点。2006年，第一代环境史学家中最具世界眼光的杰出代表阿尔弗雷德·克罗斯比出版了《人类能源史：危机与希望》，简明扼要地回顾了能源史发展的三个阶段，即太阳的赏赐、化石能源时代和第三个千年之交的能源，指出我们现在的生活方式是不正常的和不可持续的，面对能源的有限性或即将失去太阳能量的载体，我们或许能够从历史中得到走出困境的启示。①从英文版书名看，作者显然想表达两个意思，一是人类是太阳之子，深受太阳的恩惠，因为一切能源都来自太阳；二是人类对能源的贪婪，正是这种过度利用打造了文明，也种下了文明发生危机的种子。从中外文书名的差异可以看出对能源史的不同理解和立场。2017年，专研能源史的瓦茨拉夫·斯米尔出版了集大成的著作《能量与文明》，从纵向和横向两个方面

---

① Alfred W.Crosby, *Children of the Sun: A History of Humanity's Unappeasable Appetite for Energy*, W. W. Norton & Company, 2006. [美] 阿尔弗雷德.克劳士比著，王正林、王权译：《人类能源史：危机与希望》，中国青年出版社，2009年。

立体分析了能量与文明的复杂关系，解构了一些约定俗成的常识。然而，与克罗斯比的书一样，斯米尔的书名的中英文也呈现出不同。斯米尔书的英文版有个副标题：一部历史，但中文版并没有翻译出来。①这反映了斯米尔实际上想从历史的角度探讨能量与文明的关系，或者说，他把能量与文明的关系历史化了，即通过对不同历史阶段的特点的比较，从纵向上把握能量与文明的关系；同时在第七章通过横向比较展示这种关系的复杂性。

历史编撰最主要的方法是叙述。在叙述中建构历史发展过程，传递对历史的认识和解释，进而启发读者汲取历史的经验教训。但是，能源史编撰除了采用叙述方法之外，还需要定量分析，从而把历史认识建立在坚实的、客观基础上，甚至能够校正先前流传的一些似是而非的或者错误的结论。进行定性分析之前，需要确定可以一以贯之的标准或指标。标准的设定需要兼顾科学和历史两个方面，前者在科技研究中已经相对比较成熟，后者需要从历史进程中进行提炼，需要兼顾先发工业化国家和发展中国家。另外，这些标准不能单独使用，因为它只代表某个单项或方面，需要与其他标准合作进行综合分析。这样才能克服对历史进行片面分析的弊端，进而形成既忠实于历史又超越具体历史的深刻认识。在《能量与文明》中，作者相继使用了能量密度、功率密度、能量强度、能量成本、能量回报率等标准，对人类使用能量的效率进行了量化测算和比较，进而改变了一些传统认识。例如，在传统的能源史研究中，形成了几次能源转换的基本认识和框架，但经过多标准的综合衡量，发现并没有在先前认定的明确时间点上发生能量替换，相反这些转变都经历了长期的过程。在肌力为主的时代，畜力所占份额逐

---

① 英文版书名: *Energy and Civilization: A History*。［加］瓦茨拉夫·斯米尔著，吴玲玲、李竹译，《能量与文明》，九州出版社，2021年。

渐增多；在化石能源逐渐成为主导的时代，肌力和畜力并没有立即退出历史舞台，相反，却与化石能源一起共同推动了新文明的诞生和发展；在向可再生能源过渡的时代，化石能源也不可能像人们想象的那样，轻而易举地退出历史舞台，相反，这不但是一个长期的过程，而且各种能源还会相互交织并存，因为能源成本与功率密度并非能与能量密度、能量强度保持一致，其实，能源成本还会受到技术闭锁和路径依赖的影响。只有把量化衡量标准和历史因素结合才能体现能源与文明之间的复杂关系。

能量的流动、存储与控制受制于热力学定律，文明的发展同样也遵循热力学定律，但是，文明的演进还有自己的独特规律。在寻找能量与文明演进关系的共性时，不能走到另一个极端，即忽略文明的特性。热力学第一定律表明能量守恒，第二定律表明能量在转换过程中会损失，即熵值增加。文明史的演进当然是利用能量的结果，也无法冲破宇宙能量所限定的范围，但是，在能量转换推动文明进化过程中，并非时时刻刻都能提升能源效率，相反，能源效率往往很低。换言之，文明史在某种程度上，实际上是效率很低的历史，例如，美国的人均能源使用量很高，但能源成本和能源效率并不高，这反映出文明内部还存在着单纯用能量不能解释的发展不平衡和不平等问题。造成不平衡和不平等的原因在某种程度上与能源的分布和占有有关，但占有背后的支撑因素是经济和军事实力。进而言之，占有能源的多寡并不能带来政治发展的民主化，事实正好相反，最富有化石能源的沙特实行的是君主制，而化石能源匮乏的韩国和日本等实行的是民主制。从这个意义上看，能源是文明发展的基础，但在把能源转换成历史发展的动力过程中，人类经济、社会、政治和思想文化都施加了不可磨灭的影响，从而促使文明走上了多样化发展道路，体现出能源与文明的关系是一致性和多样性统一的特点。

从历史的延长线上观察，人类面临的能源问题不是化石能源的枯竭，而是如何提高能源利用效率。传统的观点都认为，能源储量有限，而不同国家和人群的需求几乎都在增加（发达国家增速较缓，而发展中国家增速剧烈），这就产生有限供给和无限需求之间的矛盾。解决办法要么是开发核能或可再生能源，要么是抑制需求，但是，可再生能源因为开发成本太高或核能的危险性无法降低到让人放心的程度而不能成为可行的替代方案，人为降低发达国家的能源需求或阻挠发展中国家满足其利用更多能源的愿望既不可行也不人道。因此，这个方案没有可行性。不过，通过深入研究就会发现，这两种思路都没有触及问题的根本。能源史和文明史昭示，能源的有限性不是影响文明发展的最关键因素，真正关键的是如何提高各种能源的转换率。在这个过程中，既要依赖技术进步，又要改善不平等状况，使能源利用率的提升普惠众生。换言之，文明与能源的关系中出现的问题，需要主要从文明内部来解决，调整文明发展不平衡和不平等才是解决能源问题的可行之道。

斯米尔还在综合先行研究的丰富成果基础上，从能量史和文明史的视角对世界历史上的一些重要事件提出了新观点。工业革命是世界历史的一个重要分水岭，主张地球历史已经进入人类世的保罗·克鲁岑甚至还以瓦特发明蒸汽机作为划分人类世和全新世的金钉子。实际上，无论从蒸汽机的发明和应用过程来看，还是从工业中肌力和畜力的占比以及化石能源的利用来看，都不能以1769年瓦特通过重新设计将蒸汽机变得更为实用作为工业革命的起点。实际上，蒸汽机的改进和使用是与采煤业相互促进、共同发展的。直到19世纪80年代早期，蒸汽机才代替生物原动力（肌力、畜力、水车和风车）成为工业化的主要原动力，化石能源代替生物质能源成为工业化的主要能源基础。从这个意义上看，工业革命最先就是一个局部的、局限性很强的历史现象，其影响只触及棉纺织业、采煤和炼铁等少数产业，其他领域基本上还停留在前现代状态，因此，把那时称之为工业革命名不副实，把英国19世纪的经济增长归因于蒸汽机的使用更是错误的认识。另外，中国在能源史、科技史和文明史上留下了若干难解之谜。例如，在汉代，中国发明了许多利用畜力、风力和水力的新技术，领先了千年之久；在宋代，中国发生了"早期的工业革命"，用煤冶铁的技术和产量都高居世界首位；在明代初期，中国的航海技术和实践独步天下。然而，这些技术进步都没有产生全局性的变革，原因在于能源利用的新技术发明需要在合适的经济和社会环境中才能发挥应有的作用。没有强烈的经济需要和宽松的社会氛围，新生事物的成长和扩散都难以想象。进而言之，并不是能源富集的地区就能迅速转向能源高收益利用，也不是能源短缺的地区就一定能创立能源成本节约型经济和文明。作为经济和文明发展基础的能源，发挥作用的过程非常复杂，许多非能源因素都参与其中，并发挥了重要作用。从这个意义上说，"研究能源史，功夫在能源之外"，能源与文明的历史关系仍是一个需要进一步探索的重要领域。

撰写历史，尤其是从古至今的历史，没有分期是不可想象的。传统的历史分期、能源史分期以及文明史分期，都既有合理性又存在这样或那样的问题，而且也不大适合于研究能量与文明关系史。但是，《能量与文明》的分期并不明朗。如果说第一章"能量与社会"是引子、第七章"世界历史中的能量"是综论，那么第二章至第六章就是该书的主体。其标题分别是：史前时代的能量；传统农业；前工业社会的原动力和燃料；化石燃料、初级电力和可再生能源；化石燃料文明。显然，无法从这些标题中观察到一个统一的分期标准和时间连续性，而这正是阅读此书时给人以内容丰富但线索不清的印象的问题所在。

文明是相对于野蛮而言的，是历史发展到一定阶段的产物。文明包括物质文明和精神文明等，能源与物质文明的关系相对比较直接，也容易理解，但能源与精神文明的关系并不那么直接，也不易理解。斯米尔并没有对后者做出与它的重要性相符的论述，只是提到脑力劳动和思考的新陈代谢成本与剧烈的肌肉运动相比是非常小的，但要支撑心理发育和技能习得需要大量的间接能量投入。毫无疑问，能源与精神文明的关系史不但更为复杂和隐蔽，也是具有重要意义的、需要进一步探讨的问题。

在能源转型中，环境发挥了重要作用。在肌力、畜力、风力和水力时代，环境位置限制着文明发生和扩展的方位；在化石能源和电力时代，位置不再重要，但环境问题愈演愈烈，对地球环境系统造成的危害迫使人类不得不寻找环境友好型能源（可再生能源）及其高效利用方式。显而易见，化石能源燃烧带来的环境问题是促使能源转型的重要力量，但该书仅仅只用了三页来讨论环境影响，这无论怎样看都显得有点轻描淡写。其实，环境问题不仅仅造成了对人体的损害，还对经济和社会发展产生了严重负面影响，也引发了遍及全球的环境主义运动，从更广泛意义上推动着文明转型。从这个意义上说，能源与环境的关系问题应该成为深入探讨能源与文明关系史中的一个重点。

总之，能源是文明发展史中的一个牵一发而动全身的因素，能源与文明的关系史相当复杂，值得深入探索。斯米尔的《能量与文明》对其进行了历史化处理，呈现了能源与多种非能源因素之间错综复杂的关系，勾勒了能源与文明协同演化的全貌。虽然还有一些重要问题需要进一步深化认识，但该书是研究能源史、能源与文明关系史、文明史时绕不过去的重要著作。

（本文发表于 2024 年 10 月 18 日的《澎湃新闻·私家历史》）

作为"世界—生态"的资本主义

评詹森·*W*.摩尔的《生命之网：生态与资本积累》

  在中文的政治社会语境中，资本主义是一个定义明确的概念，既指代一种生产方式，也指代一个特定的历史阶段。但在西文语境中，资本主义是个语义含混、内涵和外延都不确定的概念，不同学科和学者从不同视角出发，对它做出不同解释。就历史学而言，前有布罗代尔，后有沃勒斯坦，都构建了自己的资本主义理论。[①]他们都认为，资本主义既是市场经济，又不是纯粹的市场经济，政治和社会因素在其中发挥了重要作用；资本主义的本质是最大限度获

① ［法］费尔南·布罗代尔著，杨起译：《资本主义的动力》，生活·读书·新知三联书店，1997年。［法］费尔南·布罗代尔著，顾良、施康强译：《15至18世纪的物质文明、经济与资本主义》，生活·读书·新知三联书店，2002年。［美］伊曼努尔·沃勒斯坦著，路爱国、丁浩金译：《历史资本主义》，社会科学文献出版社，1999年。［美］伊曼努尔·沃勒斯坦著，郭方等译：《现代世界体系》（第1—4卷：16世纪的资本主义农业与欧洲世界经济体的起源；重商主义与欧洲世界经济体的巩固：1600—1750；资本主义世界经济大扩张的第二时期：1730—1840年代；中庸的自由主义的胜利：1789—1914），社会科学文献出版社，2013年。

取利润，并在从一个领域和形态转向另一个领域和形态的过程中实现发展；资本主义是一个历史过程，既从历史中产生，也会在历史中因为内部无法克服的矛盾（垄断与市场的冲突）而走向解体。与布罗代尔不同，沃勒斯坦吸收了马克思主义，形成了历史资本主义和现代资本主义世界体系理论。认为资本主义不仅是历史的，还是世界的，是建立在劳动分工基础上的，由中心、半边缘和边缘组成的流动的体系；资本主义世界的霸权是建立在世界体系上的经济权力与政治和军事权力的统一。随着国际局势的变化，世界体系理论发生变化和分化。一派以贡德·弗兰克和周新钟为首，主张世界体系不是五百年，而是五千年，并且需要对这个五千年的世界体系进行绿化，从而回应对全球性环境问题进行历史追溯的需求。①另一派以詹森·W.摩尔为代表，依然坚持五百年的世界体系，但把资本主义变成了世界—生态。

摩尔的思想主要有三个来源，分别是沃勒斯坦的从封建主义向资本主义的过渡和世界体系理论，阿瑞基的全球性资本积累和辩证合作的自然—社会关系理论，以及福斯特等绿色左翼的思想。在沃勒斯坦的理论中，封建主义和资本主义的区别在于前者只能形成局部的体系和霸权，后者可以形成世界体系和世界性霸权。换言之，资本主义是利用世界资源环境不断应对自身的危机，并保持其生命力和活力。阿瑞基把环境转型与资本积累危机的世界史联系起来，进而阐明了商业公司竞争、阶级斗争、帝国冲突等资本主义诸因素与环境相互成全的复杂关系，尤其解释了地缘政

---

① ［德］安德烈·冈德·弗兰克、［英］巴里·K.吉尔斯主编，郝名玮译：《世界体系：500年还是5000年？》，社会科学文献出版社，2004年。Sing C. Chew, *World Ecological Degradation: Accumulation, Urbanization, and Deforestation 3000 B. C.-A. D.2000*, Altamira Press, 2001. *The Recurring Dark Ages: Ecological Stress, Climate Changes, and System Transformation*, Altamira Press, 2007. *Ecological Futures: What History Can Teach Us?*, Altamira Press, 2008.

治和西方霸权的经济基础以及资本主义的内在适应力和发展的周期性。①福斯特等绿色左翼思想家把资本主义的历史与自然统一，尤其是突出了资本主义的生产和消费与生态系统之间的矛盾，进而形成资本主义的经济危机与生态危机的合流。对这些思想的批判性吸收，使摩尔形成了气魄宏大、内容丰富、锋芒锐利的新思想。另外，摩尔从大学起就接受了多学科训练。他本科在俄勒冈大学接受政治学和社会学训练，硕士在加州大学（桑塔科鲁兹）接受历史学训练，博士在加州大学（伯克利）接受地理学训练。工作后，先后在瑞典隆德大学人文地理学系，于麦阿大学宗教、哲学和历史系，美国宾汉姆顿大学社会学系从事教学和科研工作，也是宾汉姆顿大学布罗代尔经济、历史体系和文明研究中心（沃勒斯坦创立）的核心成员。这种多学科训练和跨学科探索使之能够驾驭复杂的主题，并做出综合分析。在摩尔的眼里，传统的学科分野并不是束缚研究者的枷锁，从宏大问题出发进行跨学科的综合研究才是顺理成章的学术路径。

在此基础上并超越之，摩尔形成了自己的本体论、方法论和世界—历史研究路径。②先行的研究主要集中在各种社会关系的环境后果（如新陈代谢断裂、生态不平等交换、生态足迹等），背后的逻辑是人与环境的二分和人对环境进行研究、征服和改造利用的现代理性。这种对环境或生态基质的理解显然在很大程度上是形成现代环境危机的根源，摩尔从古希腊哲学家泰奥弗拉斯托借用了"奥伊寇斯（Oikeios）"概念，指代作为整体的、内部各种因素有机联

---

① ［意］乔瓦尼·阿瑞吉、［美］贝弗里·J.西尔弗等著，王宇洁译：《现代世界体系的混沌与治理》，生活·读书·新知三联书店，2003年。［意］杰奥瓦尼·阿瑞基著，姚乃强、严维明等译：《漫长的20世纪》，江苏人民出版社，2011年。

② ［美］杰森·摩尔著，赵秀荣译：《地球的转型：在现代世界形成和解体中自然的作用》，商务印书馆，2015年，第12—48页。

系的环境，进而发展出生命之网等概念，说明封建主义和资本主义等都是从奥伊寇斯中浮现，而不是人作用于环境的结果，从而把资本主义从经济体系或社会体系变成了社会—生态体系。本体论上的变化必然引起方法论的改变。先行研究大都从社会、环境等基本单位出发，探寻不同基本单位之间的线性关系或辩证相互作用。摩尔反其道而行之，从研究关系入手，把封建主义、资本主义、资源边疆、商品边疆等历史进程变成既是关系的生产者也是关系的结果。在这个关系中，是价值规律把时间和空间压缩，把资本积累与自然生产交织在一起，使作为世界—生态的资本主义以商品为核心对生态进行重组，从而促进资本主义的周期性扩张。采用这样的研究方法需要一个合理的切入点和路径，摩尔提出了世界—历史的思路。在这里，历史不是过去与现在二分意义上的历史，而是研究关系的一种方式，资本主义也从某种确定的模式变成了散乱和不断演进的关系网络。在这个网络中，时空上的数量变化与结构变化通过商品化同步进行，推动作为社会—生态的资本主义体系的建立、危机、再生、再危机的周期性发展。具体来说，就是中世纪晚期的欧洲生态危机促使从封建主义向资本主义的过渡，资本主义的世界—生态革命促使霸权不断转移，进而促使资本主义不断升级和商品边疆的全球化。

《生命之网》的问题意识是：如何理解我们正在经历的危机？这个危机的性质是什么？与传统的、就当下看危机的方法不同，摩尔采用了从历史看危机的方法。换言之，就是把当前的危机情景化和历史化，从资本主义的起源和演变进程中发现危机的特征以及克服危机的方法，并通过比较发现当下危机的特殊性和可能的走出危机之道。①从奥伊寇斯②的本体论出发，人在自然之中，自然也在人中，奥伊寇斯表现出双重内在性。与此同时，原来的人与环境相互作用也就变成了环境制造。在环境整体中，人与环境的其他部分相互制造，人类社会和文明由环境制造，环境的其他部分也由人类制造。因此，资本主义就是从奥伊寇斯中浮现出来的人与环境的其他部分之间的合作生产过程，亦即资本主义在环境中，环境在资本主义中。

在中世纪的生态危机中，封建领主、城市手工业主和商人在某种程度上受制于讨价还价能力增强的农民，突破这一瓶颈的办法来自扩大资源边疆，从而让不同主体各得其所。然而，与先前的资源边疆拓展不同，这一次边疆扩张是以资源环境的商品化为前提的，与此同时，钟表和测绘法的出现把时间由自然的线性时间变成了抽象劳动时间，把空间从平面变成立体的、在时间作用下压缩的空间。在"漫长的16世纪"，随着商品边疆③从欧洲东部转向大西洋岛屿，社会抽象劳动时间与远距离的环境馈赠结合共同孕育了历史资本主义。随着木材边疆、蔗糖边疆、钢铁边疆的扩展，主导资本主义的价值规律愈发显现出劳动力商品化是以环境的无偿占有为前提的特征。资源的稀缺性并没有转化为价值，相反却在权力作用下被廉价化，被无偿占用（食物，能源，原材料和劳动力）。这种占用保障了资本家获得剩余价值和资本的增值，但也会导致对商品边疆的竭泽而渔式利用和迅速枯竭，进而造成资本主义的周期性危机。一般情况下，商品边疆的利用周期是50—75年，因此而带来

---

① ［美］詹森·W.摩尔著，王毅译：《生命之网：生态与资本积累》，江苏人民出版社，2024年。

　Jason W. Moore, *Capitalism in the Web of Life: Ecology and the Accumulation of Capital*, Verso, 2015.

② 在《生命之网》中，它（Oikeios）被译为"有利之地"。

③ 在《生命之网》中，它（commodity frontiers）被译成"商品前沿"。

的是对食物、劳动力和资源投入的价值大约40—60年的下降，这种下降促成了资本主义的繁荣。然而，繁荣受制于商品边疆的生态局限，之后必然会陷入衰退。如果能寻找到新边疆，那就意味着暂时克服世界—生态危机，重新走向繁荣。然而，同样的利用逻辑一再重演，于是商品边疆和经济发展就会持续经历周期性危机和重生。

然而，资本主义发展并不是简单的重复和循环，而是在克服重大生态危机中发生飞跃，从而改变环境整体中的权力、资本和自然之间的关系。17世纪的英国农业革命在英国国内造成草地向耕地的转变，在加勒比海催生了甘蔗种植园，前者制造出大量剩余劳动力，后者积累了大量资本。这二者共同推动了工业革命，但是，好景不长，到1760年英国的粮食产量停滞，价格飞涨，实际工资下降，出现发展危机。走出这次危机不再是单纯寻找新的粮食边疆，而是形成新的环境，那就是在美国中西部形成工业化农业，通过投入资本和技术提高了劳动生产率和效益。另一个条件是美国政府利用国家力量赶走了土地的主人，把土地变成了廉价资源，任由农场主和自耕农剥削千百年来形成的肥沃土壤。资本主义由早期资本主义进入工业资本主义阶段。

工业化农业不但耗竭土壤，还会关闭粮食边疆，进而造成工业资本主义的危机，两次世界大战在很大程度上是争夺资源和重组世界——生态的战争。克服危机的办法孕育于20世纪30年代的美国，20世纪50年代后在全世界展开，那就是绿色革命。绿色革命通过技术创新和资本投入大幅度提高了单位面积产量，全球粮食贸易飞速增长，粮价持续下降，资本主义重塑了世界权力格局、资本积累和环境，资本主义呈现出繁荣景象。然而，随着石油价格上涨和初级产品价格下跌，这种"石化—杂交复合体"农业并不能持续，相反却造成增产不增收，贫富差距加大，土壤板结化和农产品毒化等生态问题，新自由主义资本主义自2003年开始陷入危机。廉价资源和廉价食物的缺乏导致劳动力价格上涨，在技术进步没有革命性突破的条件下，新自由主义资本主义的危机显然不能用先前行之有效的寻找新商品边疆的办法来解决。换言之，这次危机不同以往，随着作为商品边疆的廉价自然的结束以及全球变暖等环境威胁袭来，资本积累出现了无法突破的限制，而作为世界—生态的资本主义的限制就是资本本身。与沃勒斯坦类似，摩尔找到的可能出路是通过阶级斗争调整生命之网中的生产与再生产关系，调整奥伊寇斯中的权力与财富关系，最终通向社会主义的世界—生态之路。

梳理了摩尔的作为世界—生态的资本主义的环境史后，大体上可以通过与先行研究的比较概括出他的学术贡献和意义。第一，从本体论上突破了现代性的环境观，提出并贯彻了自己的、蕴含整体论和有机论的奥伊寇斯环境观。第二，把价值规律扩展为劳动力资本化和占用自然馈赠相结合的法则，从而构建了资本主义周期性发展和极具适应性的动力机制。第三，重构了作为世界—生态的资本主义的历史，体现了资本主义在自然中、自然在资本主义中的双重内在性。第四，从历史深处观察现在并走向未来，阐明了我们时代面临危机的独特性质和可能的出路。第五，构建了资本主义从奥伊寇斯中浮现出来的历史，是真正从整体论和有机论出发的新型环境史。

无疑，《生命之网》是一部气势恢宏、主题宏大的学术著作。该著所涉及的重要而又富有争议的问题很多，加之它是在作者发表的多篇论文基础上合成的，其中还有一些作者自创的概念，因而理解不易，但这正是一个富有学术雄心的学者应该进行的探索，尽管这样的著作容易引起更多的争议，但这也是原创性学术成果的积极贡献之所在。综合作者的其他著作，①可以发现，尽管作者继承了沃勒斯坦的世界体系理论，并发展出自己的世界—生态体系，但实证的研究主要集中在欧美和布罗代尔所谓的两个16世纪的商品边疆即东欧、美洲和西非，对此后的世界—生态主要进行的是理论分析。换言之，如果能对18世纪后的非欧美世界进行充分的实证研究，就能深化对资本主义研究中不断变化的其他主题的认识，如自由资本主义之后的殖民主义、亚非拉民族主义、战后发展中国家的发展主义等。这些认识毫无疑问会强化对世界—生态的世界性和整体性的理解。

无论被认为是自由市场经济还是生产方式或社会制度，对资本主义的研究首先都要从经济开始，《生命之网》正是这么做的，但是资本主义经济和现代世界经济体系的主要内容是工业经济，无论是原工业化还是工业化，无论是欧美的内源性工业化还是亚非拉的赶超型工业化，都应该成为研究的重点。对工业化中体现的劳资关系、剩余价值剥削率、商品生产的环境资源输入与输出等仅仅从价值规律和城乡新陈代谢断裂等角度来理解显然是不够的。对这些问题从时代和区域两个维度分别进行比较研究不但能够深化对资本主义的认识，更能体现世界—生态的深刻变化及其复杂性。

最后，作者指出作为世界—生态的资本主义的限制在于资本本身，这个观点无疑是深刻的，但是资本的特性也催生了声势浩大的环境主义运动，因为资本要增殖就不能彻底摧毁商品生产和枯竭劳

---

① 包括：［美］杰森·W.摩尔著，赵秀荣译：《地球的转型：在现代世界形成和解体中自然的作用》，商务印书馆，2015年。Jason W. Moore (ed.), *Anthropocene or Capitalocene? Nature, History, and the Crisis of Capitalism*, PM Press, 2006. Raj Patel, Jason W. Moore, *A History of the World in Seven Cheap Things: A Guide to Capitalism, Nature, and the Future of the Planet*, Verso, 2018。

动力再生产，否则就无法实现增殖。这种内在的需求就是在资本主义国家发生广泛的、一波接一波的环境主义运动的内在动力。正是环境主义运动，在很大程度上改善了人、资本、权力和环境的关系，甚至可以说造就了资本主义的适应力。把环境主义运动纳入分析，并与商品边疆的扩展进行综合考虑，可能是对作为世界—生态的资本主义做出全面分析的有效思路。

（本文发表于2024年5月25日的《澎湃新闻·私家历史》）

人类世与环境史研究

约翰·R.麦克尼尔和彼得·恩格尔《大加速：1945年以来人类世的环境史》导读

《大加速》是由麦克尼尔教授和恩格尔克博士合作完成的。[1]恩格尔克博士曾是麦克尼尔教授在乔治城大学外事学院指导的博士生，现在担任著名智库"大西洋委员会"驻会高级研究员和欧洲多个智库或基金会（如日内瓦安全政策研究中心、博世基金会等）的研究员，也是乔治城大学继续教育学院的兼职教师。他的博士论文主要研究20世纪50—80年代西德的城市规划史，现在重点研究技术创新和断裂、气候变化和自然资源、地缘政治、城市化等全球和区域问题在未来30年的发展趋势。对于麦克尼尔教授，相信国内对世界史和环境史有兴趣的读者并不陌生。他是美国著名世界史学家和环境史学家，现任乔治城大学校聘教授，美国艺术与科学院院士（2017），美国历史学会主席（2019— ）。他1954年出身于美国一个历史学世家（其祖父是研究教会史的专家，其父是享誉

---

① ［美］约翰·R.麦克尼尔、［美］彼得·恩格尔克著，施雯译：《大加速：1945年以来人类世的环境史》，中信出版社，2021年。

世界的世界史学家威廉·麦克尼尔教授），1981年在杜克大学获得博士学位。1985年后，在乔治城大学历史系和外事学院任教。麦克尼尔教授迄今已出版著作6部，编著14部，发表学术论文200多篇。其著作一经出版，大多都获得了多项学术奖励，并被迅速译成多种文字出版，产生世界性学术影响。综合来看，他的学术研究具有如下特点：一是博大。从研究范围来看，从跨大西洋殖民帝国开始，遍及除北欧以外的全世界，兼顾微观（国家的）、中观（区域的）和宏观（全球的）研究；从研究方法来看，在坚守历史学注重档案研究的同时，还能借鉴人类学的田野调查、环境科学的建模分析等方法，并能熔于一炉。二是创新。在环境史研究中开拓了太平洋环境史、人类世和大加速等新研究领域，提出了结构世界环境史的五圈层（岩石圈、土壤圈、大气圈、水文圈和生物圈）新框架；[1]在世界史研究中提出了人类之网新理论（经历了第一个世界性网络向城市网络和世界网络发展的过程）。三是精深。在建构历史的同时，深入探索了历史形成的推动力和形塑力，并从能量流动和复杂性增强两方面试图整合自然规律和人类社会发展规律。[2]他的两本重要著作已经翻译成中文出版。他们父子合著的世界史著作由北京大学出版社引进，已发行了两个版本，分别是《人类之网：鸟瞰世界历史》（北京大学出版社，2011年版）和《麦克尼尔全球史：从史前到21世纪的人类网络》（北京大学出版社，2017年版）。他独著的20世纪环境史在中文世界发行了三个版本，分别是繁体字本《太阳底下的新鲜事：二十世纪的环境史》（台北：书

---

[1] 有意思的是，日本学者在探讨热带世界人与环境的关系时，采用了类似但更笼统的圈层分析框架，包括地球圈、生物圈和人类圈。参看杉原薫等：『地球圏・生命圏・人間圏—持続のな生存基盤を求めて』，京都大学学術出版会，2010年。

[2] 参看包茂红著《环境史学的起源和发展》（北京大学出版社，2012年）之下编第三章《约翰·麦克尼尔与世界环境史研究》。

林出版公司，2012年版），简体字本《阳光下的新事物：20世纪世界环境史》（商务印书馆，2013年版）和《太阳底下的新鲜事：20世纪人与环境的全球互动》（中信出版社，2017年版）。前者已被多家高校《世界通史》课程指定为教材或主要参考书，后者成为高校《世界环境史》和《世界近现代史》课程的必读参考书。从这个角度来看，这两本书已经并将继续对中国学术界、对中国知识人的世界历史认识产生重要影响。

从《大加速：1945年以来人类世的环境史》的书名，我们能够发现两个相互联系但又各自不同定义的关键概念，那就是"人类世"和"大加速"。大加速出现在主标题中，人类世出现在副标题中，副标题用"1945年以来的人类世之环境史"来限定和说明主标题。尽管早在100多年前，科学家就提出了诸如"人类圈"（Anthroposphere）、"智慧圈"（Noösphere）等术语来概括地球环境发生的变化，但一般认为，人类世的概念是1995年诺贝尔化学奖得主保罗·克鲁岑和尤金·斯托尔默在2000年发表于《全球变化简报》第41期上的一篇论文中明确提出来的。[1]后来，经过保罗·克鲁岑和其他科学家在不同场合、以不同方式的大力提倡而逐渐成为一个被科学界和大众传媒接受的术语。尽管如此，在有关人类世概念提出的合理性和可行性等方面依然存在着不可忽视的争论。第一，在促使地球环境变化的因素中，人类是否已经超越了自然营力成为主导力量？在研究地球演化时，国际地质科学联合会（International Union of Geological Sciences）认定的标准是自然营力造成大规模的地质变迁，如旧物种灭绝和新物种爆发进而形成新生物地层。显然，自工业革命以来的人类活动确实导致了物种以越来越快的速度

---

[1] Paul J. Crutzen, Eugene F. Stoermer, "The 'Anthropocene'", *IGBP Newsletter*, No.41, 2000, pp.16–18.

灭绝，但尚未形成新生物地层。如果就此认为地球演化进入了一个人为的时代，那么就会出现两套标准不统一的问题，这会在地球历史研究（具体指地质学的框架——地质年代表时间单位宙、代、纪、世、期）中引发混乱。第二，如果人类世概念成立，那么它从什么时候开始？或者说，这个具有普遍意义的"金钉子（作为地质时代分界线的标志层）"在哪里？因为涉及人类活动，因此形成多种说法，不一而足。综观而言，主要有两类。一类认为人类世从我们现在所处的全新世中的某个时间点开始。有人认为始于1780年瓦特发明工业使用的蒸汽机，此后大量使用化石燃料导致大气中二氧化碳含量持续上升；有人认为始于1945年第一颗原子弹爆炸，此后在地球圈层中可以测量出数量虽少但先前没有的人造放射性核元素。[1]另一类也承认提出人类世概念的合理性，但认为以200年或60年为界划分地质时代不合理，主张人类世的起始与全新世相同，但人类世在内容上比全新世更加强调人类活动对自然界的适应和改变。[2]

尽管存在这些争议，但是如果换个思路，第一个问题将不成其为问题，第二个问题将会成为具体问题。从大历史的视角来看，如果按同比缩小，假定宇宙形成于13年前，地球大概只存在了5年，多细胞的大型有机物只存在了7个月，灭绝恐龙的小行星撞击地球发生在3周前，人型猿仅存在3天，人类仅存在53分钟，农业社会存在5分钟，有文字记载的文明史只有3分钟，现代工业社会只存在6秒钟。[3]这个时间序列说明，一方面人类及其文明在整个宇宙

---

① Richard Monastersky, "First Atomic Blast Proposed as Start of Anthropocene", *Nature News*, 16 January 2015.

② 刘东生：《开展"人类世"环境研究，做新时代地学的开拓者》，《第四纪研究》，2004年第4期，第369—378页。

③ David Christian, "World History in Context", *Journal of World History*, Vol.14, No.4, 2003, pp.438–439.

和地球历史演化中非常短暂，另一方面随着地球的演化，人类及其文明对能量的消耗以及在此基础上形成的复杂性都达到史无前例的程度，但这与地球环境演化的基本规律是一致的，人类之网中的信息传递契合了能量流动的热力学第二定律。换句话说，尽管人类在整个宇宙和地球历史上作为单个物种第一次在塑造生物圈中扮演了关键角色，而且改变生物圈的速度越来越快，甚至表现出某种盲目性和危险性，但是，从整体论和有机论①的视角来看，这并没有脱出地球环境演化的基本轨道和方向。进而言之，人类活动必须在地球环境的整体内来理解，但人又不同于一般生物体的演化，因为他具有无与伦比的社会性。从这个意义上说，改变原有的地质分层标准、引入人类力量不但具有了某种合理性，甚至可以使之具有包容性和复杂性，从而把历史与未来、人类与自然力量熔于一炉。不过，需要指出的是，这里强调人类成为全球地质变化的重要力量，并不是要否认自然营力的基础作用，因为在导致地球环境的基本变化中，自然营力仍是不可代替的。

人类活动导致大气圈的变化及其对生物圈的影响是提出人类世概念的主要依据。作为大气化学家的保罗·克鲁岑特别强调地球大气环境中二氧化碳含量的增加。他认为，人类世始于18世纪后期，因为对极地冰芯中所含空气成分的分析表明那时全球二氧化碳和甲

---

① 整体论和有机论是现代生态学的基本理论，也是环境史的基础理论。整体论有别于把人与自然二分，人自外于自然的"科学"、"理性"思维，转而把人与环境的其他部分都看成是环境这个整体的组成部分，这两者的相互作用发生在环境这个整体之中。有机论有别于把环境中不同因素的相互关系看成是机械联系的机械论，转而认为是有机的、相互作用的关系。大历史通过把人类史置于宇宙史的演化进程中或通过向后追溯人类史起源的宇宙环境基础，不但契合了生态学的基本理论，而且在一定程度上破除了人类中心主义的自大和傲慢。参看 Bao Maohong，"Environmental history and world history"，*The Journal of Regional History*，Vol.2，No.2，2018。

烷含量开始增加，这正好与瓦特在1784年发明蒸汽机的时间吻合。[1]五年后，他与威尔·斯蒂芬和约翰·麦克尼尔合作，进一步厘清了人类世与全新世的关系，辨析了工业化以前人类对地球环境的作用，指出了人类世的三个发展阶段，阐明了12项人类社会经济指标与大加速的对应关系。[2]具体而言，以大气中二氧化碳的浓度增加为唯一的和简单的指标来衡量，人类世开始于工业革命发生的1800年左右，其核心特征是化石燃料使用的迅速扩张。1800年之前是前人类世时期，尽管人类学会了用火、发生了更新世大型动物灭绝、早期农业在全新世中期的发展或许延迟了下一次冰期的开始时间、中国宋朝炼铁用煤和13世纪以后英国伦敦的家内用煤增加了大气中二氧化碳的含量，但人类对地球环境的影响在很大程度上是地方性的和暂时的，人类及其社会在影响地球环境方面仍然无法与自然营力相提并论。

1800年后开始的人类世可以分为三个阶段。其中，第一阶段从大约1800年到1945年，是工业时期的人类世（industrial era）。在农业时代，人类最大程度上利用了肌力、在当时最好技术条件下利用了水力和风力等，但这种能量利用是有限度的，是瓦特发明的蒸汽机突破了这个瓶颈，从而把世界经济和人类与地球系统的关系推向新阶段。工业化之前大气中的二氧化碳含量270—275ppmv，到1950年上升到300多ppmv。显然，在短短150年内、增长25ppmv已经突破了自然营力造成增长的上限，说明人类活动对环境已经造成了全球性影响。自1945年到2015年，人类世进入第二阶段，即大加速（The Great Acceleration）。大气中的二氧化碳含量自1950年

---

① Paul J. Crutzen, "Geology of mankind", *Nature*, Vol. 415, 2002, p.23.

② Will Steffen, Paul J. Crutzen and John R. McNeill, "The Anthropocene: Are Humans Now Overwhelming the Great Forces of Nature?", *Ambio*, Vol.36, No.8, 2007, pp.614—620.

起飞速增长，从310ppmv上升到380ppmv，自工业革命以来大气中增长的二氧化碳含量一半多发生在过去三十年。大气中二氧化碳含量的高速增长恰好与社会经济因素的高速增长相对应，包括人口、实际国内生产总值、外国直接投资、河流建坝、水利用、化肥消费、城市人口、纸张消费、麦当劳餐厅、机动车、电话、国际旅游等12项。这从另一方面证明了人类社会经济的发展成为影响地球系统的首要因素。大约在2015年之后，人类世进入第三阶段，或许可以称之为管理地球系统。应该说，这个分界点是建立在一个猜想基础上的，他们认为，随着全球环境主义的发展，经济社会发展中的某些关键因素的增长出现放缓或逆转趋势，与此同时，人类通过科技和制度创新干预和减缓全球气候变暖也已取得进展，这必然会遏制大加速，从而使全球系统处于人类的精心管理之中。尽管这个进程仍在路上，其结果也具有很大不确定性，但大体上可以总结出三条思路。分别是相信市场可以调节的一切如常论、通过改进技术和管理来减轻人类对地球系统压力的减压论和采用地质工程方法控制和减少温室气体的工程干预论。

在参与第四纪地层学分会（Subcommission on Quaternary Stratigraphy）成立的人类世工作组（Anthropocene Working Group）之前，约翰·麦克尼尔已经在2000年出版了《太阳底下的新鲜事：20世纪世界环境史》。从书名就可以看出，作者要告诉读者20世纪的世界发生了和以前完全不同的事情，即人与环境的关系发生了巨变。这种变化从广度到深度都是前所未有的。[①]这种基于扎实的环境史研究的判断似乎与科学家提出的人类世构想有异曲同工之妙。在2014年出版的《大加速》中，他改变了2007年在与威尔·斯蒂芬

---

① 关于这本书的学术贡献，可参阅《贺克斌、包茂红谈〈太阳底下的新鲜事〉：20世纪的人与环境》，澎湃新闻网，2018年5月21日。

和保罗·克鲁岑共同发表的文章中对人类世分期的看法。他认为，尽管关于人类世始于何时存在着不同认识，[①]但他和恩格尔克认为，人类世始于20世纪中期，其中两个重要原因分别是：第一，人类的无意识活动自20世纪中期以来成为改变生物地质化学循环和地球系统的最重要因素；第二，人类对地球和生物圈的影响自20世纪中期以来升级了。[②]显然，这个改变不仅仅是把人类世开始的时间从1800年改到了1945年，更重要或更深刻的是它改变了衡量人类世的标准，从单纯关注大气中的二氧化碳含量变化和相应的经济变化扩展到了更全面和彻底的变化。具体而言，就是此后出现了大规模的新变化激增的现象，包括化石燃料使用，人口增长，城市化，热带森林滥伐，二氧化碳和二氧化硫排放，平流层臭氧损耗，再生水使用，灌溉和河道治理，湿地排水，含水层枯竭，化肥使用，有毒化学物质排放，物种灭绝，海洋酸化等。从这个意义上说，人类世就是人为活动与环境相互作用的新地质时代。标志人类世开始的"金钉子"（Golden Spike）所在的地质沉积物，出生于20世纪40年代到50年代的哺乳动物的骨骼和牙齿中含有明显的核试

---

① 除了克鲁岑的主张之外，还有多种不同看法。例如：有人主张从180万年前人类开始用火算起（Andrew Glikson, "Fire and Human Evolution: The Deep-Time Blueprints of the Anthropocene", *Anthropocene*, No.3, 2013, pp.89–93.）。有人认为人类世始于7000多年前（W. F. Ruddiman, "The Anthropocene", *Annual Reviews of Earth and Planetary Science*, No.4, 2013, pp.4–24.）。有人认为人类世始于更新世晚期，大约1.2万年前（A. J. Stuart, "Late Quatenary Megafauna Extinctions on the Continents: A Short View", *Geological Journal*, Vol.50, No.3, 2015, pp.338–365.）。有人主张人类世始于1492年（Erlie Ellis et al., "Dating the Anthropocene: Towards an Empirical Global History of Human Transformation of the Terrestrial Biosphere", *Elementa: Science of Anthropocene*, 2013, pp.1–4.）。有人认为人类世始于1610年（Simon Lewis and Mark Maslin, "Defining the Anthropocene", *Nature*, Vol.519, 2 March 2015, pp.71–80.）。

② J. R. McNeill and Peter Engelke, *The Great Acceleration: An Environmental History of the Anthropocene since 1945*, Harvard University Press, 2014, p.4.

验和核武器使用造成的化学印记。①换句话说，大加速启动了人类世，虽然大加速已经呈现出不可持续的迹象，但人类世还将继续或进入新阶段。②换句话说，大加速只是人类世的初始阶段，人类世的新阶段正在酝酿。 显然，从 2007 年开始参与人类世研究到 2009年加入人类世工作组后经过与不同学科的科学家合作进而深化对人类世的认识，约翰·麦克尼尔实现了从追随、遵从保罗·克鲁岑的概念到提出自己见解的转变，实现了从用单一指标界定人类世到用系统、复杂因素衡量人类世的转变，在一定程度上也实现了把人类世从一个自然科学概念变成综合科学概念的转变。③

2016 年 8 月，在南非开普敦召开的国际地质学大会（2016 International Geological Congress in Cape Town）上举行了一次非正式投票，科学家同意提出人类世概念，并提议向第四纪地层学分会提出正式命名建议。④第四纪地层学分会的人类世工作组也在 2019 年 5月投票通过确立人类世作为一个时间、过程和地层的地质单位，并以 20 世纪中期作为人类世的起点。⑤现在，科学家正在努力从十个候选地址中确定一个标志这个时代开始的"金钉子"。人类世工作组计划于 2021 年前向负责监管官方的地质年代划分的国际地层学委员会（International Commission on stratigraphy）提交正式确立人类世的提议。如果获得通过，最终将由国际地质科学联合会的执行

① John R. McNeill, "The Anthropocene and the Eighteenth Century", *Eighteenth-Century Studies*, Vol.49, No.2, 2016. 中文译文见：《人类世与 18 世纪》，载刘新成主编，《全球史评论》第十四辑，中国社会科学出版社，2018 年，第 11—12 页。

② J. R. McNeill and Peter Engelke, *The Great Acceleration: An Environmental History of the Anthropocene since* 1945, pp. 208—209.

③ 这个判断在作者 2020 年 1 月 13 日在华盛顿访问约翰·麦克尼尔时得到了证实和肯定。

④ "Chairman's Column", *Newsletter of the Anthropocene Working Group*, Vol. 7, 2017, p.3.

⑤ Meera Subramanian, "Anthropocene Now: Influential Panel Votes to Recognize Earth's New Epoch", *Nature News*, 21 May, 2019.

委员会审批确立。如果终审通过，这就意味着1885年国际地质学大会通过的全新世概念将正式成为一个历史概念，其时限可以明确划定为大约1.2万年前到1945年。

这本书虽然篇幅不大，但内容丰富，四大专题（能源和人口、气候与生物多样性、城市和经济、冷战和环境文化）几乎涵盖了当代世界环境史的所有重点领域。其中，能源消耗和人口的指数性增长在1945年后的人与环境其他部分相互作用中发挥着基础性作用。自从人类经济从有机经济转向矿物能源经济之后，能源利用不但带动世界经济大发展，而且在一定程度上促成了世界霸权的转移。[①]第二次世界大战后，与人口的高速增长相结合，能源消耗大加速。与此同时，城市化和工业化从规模上看在广大发展中国家迅速扩展，从强度上看在工业化国家迅速升级。这在某种程度上可以视为争夺能源和资源的冷战愈演愈烈，于是环境危机率先在发达工业化国家爆发，然后在后发国家形成环境污染和生态破坏叠加的复合型环境问题，环境危机全球化。最令人担忧的全球性环境问题是气候变暖和生物多样性减少，最引人注目的新变化是全球性、多层次的环境主义运动的兴起和发展。随着化石能源有限性的凸显、利用技术的提高和替代能源的出现，随着发达工业化国家人口增长趋势的逆转和环境主义运动的压力，大加速似乎即将接近峰值，人类世的历史或人与环境其他部分相互作用的历史正在进入一个新的阶段。

不同于一般研究人类世或大加速的、带有强烈悲观色彩的著作，这本书在辩证思维的基础上达致悲观与乐观的统一。早期的环境史著作大都是一种"倡议史学"，为了唤起人们对环境破坏的关

---

① ［美］约翰·R.麦克尼尔著，格非译，《能源帝国：化石能源与1580年以来的地缘政治》，《学术研究》，2008年第6期，第108—114页。

注而强调环境污染对人体造成损害的一面，客观上造成忽略环境和社会的弹性和恢复力的片面性。深度生态学渗透进历史学研究后，人类被等同于一般生物体，其社会性和能动性没有得到应有的重视，进而简单地把人变成生态系统的破坏者和罪人。这两种思路在人类世和大加速研究的论著中都有突出反映。虽然这种叙事能够起到警醒世人的作用，但也容易堕入对人类文明进步失去信心甚至产生失望情绪的深渊。麦克尼尔是在环境主义运动中成长起来的学者，受到其父和汤因比、克罗斯比等学者的影响，[①]既能看到人类活动对环境的负面影响，也不忽略人类通过改进文明应对环境问题的能力。作为智库学者，恩格尔克不但要发现问题，更重要的是要提出解决问题的思路和办法。在研究人口增长对环境的影响时，他们像许多环境主义者一样，注意到了人口增长对环境造成的压力，但他们并未停留于此，而是进一步发现在某些文化中人口增长对环境保护的正面影响，从而给读者描绘了一幅人口增长与环境互动关系的复杂图景。在分析冷战与环境文化时，既看到了冷战导致的独特环境问题，也看到了在一定程度上由冷战带来的无意识的客观环境主义运动，既包括发生在发达资本主义国家和社会主义国家的环境主义运动，也包括中产阶级和穷人的环境主义运动，还包括建制内或官方的环境主义运动和建制外或非政府的环境主义运动。这种辩证思维让读者在正视人类处理与环境的其他部分的关系时无意识或有意识产生的后果的同时，也看到了人类在环境问题反作用力推动下做出的调整和改进，从而让人看到希望和未来。

---

① 参看 John McNeill, "Presidential Address: Toynbee as Environmental Historian", *Environmental History*, Vol.49, No.3, 2014, pp.1–20. ［美］约翰·麦克尼尔：《以生态观点重新解读历史》，见［美］艾尔弗雷德·W.克罗斯比著，郑明萱译：《哥伦布大交换——1492年以后的生物影响和文化冲击（30周年版）》，中国环境科学出版社，2010年，第Ⅲ—Ⅵ页。

　　与传统的历史学著作具有很强的人文特点和历史性叙事的写作
方式不同，这本书主要采用专题性分析和用统计数字说话的方式来
展示全球性的人类与环境的其他部分的互动史。在20世纪的历史
编撰中，曾经发生了两次转向：一次是由年鉴学派引发的、历史学
的"社会科学化"；另一次是由建构主义和解构主义引发的历史学
的"语言学转向"。前者让社会、经济等成为历史叙述的主要内容，
打破了历史学以政治史和外交史为主的局面；后者让历史学脱离对
历史史实的分析，变成依赖话语和权力分析方法的文本分析史。在
这本书中，作者大量采用了第一次转向的写法，同时在分析全球气
候变化及其相关认识时采用了第二次转向的写法，但需要特别指出
的是，作者提出了历史学的第三次转向，即"环境转向"的概
念，[①]并在本书的写作中进行了实践。虽然作者没有对历史学的
"环境转向"做出明确解释，但是，从本书的内容和麦克尼尔在其
他论文中的论述中大致上可以感知，他们所讲的历史学的"环境转
向"就是广义的环境史，最终将形成"超级史"（Superhistory）。这
种历史的研究和写作不仅仅要关注人与人、人与自身心灵的历史，
更要把这些置于人与环境的其他部分的关系史中来认识。形成这种
历史认识需要借鉴自然科学的概念、方法和研究成果，这在一定意
义上就是历史学的"自然科学化"。[②]麦克尼尔在2018年获得荷兰皇
家人文与科学院颁发的喜力历史学奖（The 2018 Dr. A. H. Heineken
Prize for History）。在获奖词中，主办方总结了他在融合不同学科方

---

① J. R. McNeill and Peter Engelke, *The Great Acceleration: An Environmental History of the Anthropocene since 1945*, p. 210.

② John McNeill, "Historians, Superhistory, and Climate Change", in Arne Jarrick, Janken Myrdal and Maria W. Bondesson (eds.), *Methods in World History: A Critical Approach*, Nordic Academic Press, 2016, pp.19–43.

面的成就。①具体而言，就是他在研究与写作中整合了自然科学、地球科学、技术科学、考古学和农业科学，并从中获得启发，进而把环境史和全球史这两个新潮流整合在一起。

作为一本探索性著作，这本书也提出了一系列需要进一步研究的问题。从这个意义上说，它可能会成为建立在人类世概念基础上的新史学的起点。第一，传统的地质分期和历史分期的匹配问题。从传统思维来看，无论是全新世还是人类世，主要是建立在地质时间分期基础上的，而人类史的分期是建立在历史时间基础上的。尽管从整体论和有机论视角出发可以从理论上整合地球史和人类史，但这两种既有分期显然是不协调、不匹配的。1945年后的历史在人类史的分期中对应的是当代史范畴，那么，在此之前的全新世如何与古代史、中世纪史和现代史对应呢？或许克服这一难题的思路在于形成新的历史分期标准和规范。第二，全球系统与人类社会的协调问题。全球系统是科学家用来分析地球环境变化的概念，其中虽然也包括人及其社会，但只是把他当作与其他环境因素类似的因素来对待。在传统历史学中，人被从人文科学和社会科学的角度来看待，人的自然属性被忽略。进而言之，从这两个不同的视野出发，前者塑造的是地球之史，后者塑造的是人的全球史。这两者显然是有区别的。人类世的环境史试图融合这两个视野和建立在此基础上的两种历史，但如何在地球系统的大框架下求得人的自然性、人文性和社会性与地球系统中其他环境因素的交融互动和平衡仍是一个需要进一步探讨的问题。第三，环境可持续性与社会可持续性的平衡问题。1972年罗马俱乐部发布《增长的极限》的研究报告，通过建模分析得出人口增长和工业发展在未来某个时刻会出现崩溃或增

---

① 颁奖词：Storyteller and investigator of unparalleled vision。https://www.knaw.nl/en/awards/heineken-prizes-john-r-mcneill.

长中断的结论。这个报告对人类重新认识进步主义的历史观产生了重要影响，促使人们反思整个社会中洋溢的发展主义意识形态。直到1987年联合国发布的《布伦特兰夫人报告》提出了"可持续发展"的理念，发展理论进入到一个新阶段。建立和维护环境可持续性似乎已成共识，但如何在严重分化的世界和社会建立社会可持续性仍是一个未解之谜，如何在这两个现在仍然是理想的或虚拟的可持续性之间建立平衡更是需要探讨的问题。对未来的预测一定是在历史的延长线上进行的，从这个意义上说，对人类世环境史的研究是正确预测未来的前提。

总之，这是一部建立在新概念基础上的、视野宏大、采用跨学科研究方法的、富有启发性的探索性著作。对学者来说，它不但提供了新的思路，也激发出进一步探索的兴趣。换句话说，人类世与环境史研究的关系是一个开放的、发展中的研究领域。对实际工作者而言，它不但奉献出新知识，还对思考未来走向提供了深沉的历史路径。大体而言，未来统合的地球系统和人类系统将建立在生物和文化多样性的基础上。

（本文发表于《学术研究》2020年第2期）

人类世与现代性

评克莱夫·汉密尔顿等编《人类世与全球环境危机》

　　人类世是个尚未得到专业科学界正式认可但已广为流传并似乎约定俗成的热词。在学术界，人类世概念自 2000 年由大气化学家保罗·克鲁岑提出以来，不但得到国际地层学委员会、第四纪地层学分会的严肃重视，而且其影响几乎触及所有分支学科，各种探索性论文和观点层出不穷。由于人类活动已经超过地球营力成为推动地球环境变化的主要动力，因此，科学家认为地球环境已经进入到与先前的全新世不同的新时代。这个时代被称为人类世，以彰显其特点。2019 年 5 月 21 日，人类世工作组以 88% 的支持率通过地球环境在 20 世纪中期进入人类世的提议，只是到 2023 年 2 月还未能在 12 个候选的全球界线层型剖面和点位（Global Boundary Stratotype Section and Point，GSSP）中确定一个作为划分全新世和人类世的金钉子。[1]即使如此，仍然有学者认为人类世不能反映社会的复杂性，建议以更能反映时代特点的资本世（Capitalocene）取代；也

---

[1] Anthropocene Working Group, *Newsletter of the Anthropocene Working Group (Vol.12: Report of Activities* 2022), Feb. 2023, p.3.

有学者认为人类世过于强调了人的独特作用而小看了其他环境因素的作用，建议取而代之以更具包容性的克苏鲁世（Chthulhucene）。不管名称怎么变化，人类世的内涵不断深化，外延迅速扩大。从内涵上讲，由单方面强调人类活动的作用转向客观认识地质营力和人类活动的作用；从外延上讲，由主要关注大气中温室气体含量的变化转向全面重视地球环境系统的变化。换言之，人类世概念由于地球环境系统科学和人类系统科学的介入而变得更加包容和整体化。总括起来，这些争论背后隐含的是：人类世的本质是什么？人类世的过去和未来是什么？对这些问题的回答实际上需要重新认识现代性，进而对未来地球环境和人类系统的关系做出全新判断。

由于人类世所涉及的大体上是工业革命之后的地球环境变化，因而对人文和社会科学研究的工业或现代社会的核心——现代性形成颠覆性冲击。现代性总括人类历史自启蒙运动以来，进入工业或现代社会以后的本质状态。一般情况下，现代性在思想上指建立在理性基础上的线性进步的观念，在政治上指以自由、平等和民主为基础的法治国家构建的实践，在经济上指建立在经济人假设基础上的自由市场和效率至上的价值实现，在社会生活中指世俗化的、公私阈分明的新生活模式。毫无疑问，现代化是从西北欧地区率先启动的，现代性自然也带有这一区域的底色和特点。但是，把这一区域的现代性普世化就犯了以偏概全或过度普遍化的错误。其实，现代性从来都不是一成不变的静态概念。在20世纪70年代后，现代性概念从横向和纵向两个方面受到挑战。在横向方面，随着新兴工业化国家和经济体的崛起，以社会学家艾森斯塔特和哲学家杜维明等为代表在总结世界现代化进程的实践经验基础上，强调现代化的文化基础，挑战一元现代性观点，提出多元现代性理论。[1]在纵向方面，随着先发工业化国家进入福利社会，以社会科学家贝克和吉登斯等为代表在总结欧美先发工业化国家现代化的阶段性特点基础上，强调社会的风险特征，指出现代化已从经典工业社会升级为风险社会，现代性也从简单现代性转化为自反性现代性。[2]当然，也还有各种强调断裂性的后现代理论。由此可见，现代化和现代性都是在不断变化的概念，反映了现代社会的多样性和变异性。人类世对现代性的冲击，无论就其范围还是内涵而言，都远超其先前的自我更新。

《人类世与全球环境危机》是由克莱夫·汉密尔顿和弗朗索瓦·格默尼以及克里斯托弗·博纳伊共同编辑的论文集。[3]它由三部分组成，分别是人类世的概念和意涵、人类世中的灾变论、反思政治学。第一部分从历史、政治和未来等视角探讨了人类世的内容及其启示，第二部分从环境角度分析了人类世中蕴含的灾变论和末世论，第三部分从政治视角探讨了人类世可能的走向和浮现的问题。

该书在三个方面给人留下深刻印象。一是人类世概念挑战了传统的简单现代性；二是人类世概念挑战了传统的学科分野和研究方法；三是人类世概念对认识未来提供了多种变数。简单现代性内容

---

① S. N. Eisenstadt, "Multiple Modernities", *Daedalus*, Vol.129, No.1, 2000, pp.1–29. S. N. Eisenstadt, *Comparative Civilizations and Multiple Modernities*, Brill, 2003. 杜维明：《东亚价值与多元现代性》，中国社会科学出版社，2001年。

② ［德］乌尔里希·贝克著，张文杰、何博闻译：《风险社会：新的现代性之路》，译林出版社，2018年。［德］乌尔里希·贝克、［英］安东尼·吉登斯、［英］斯科特·拉什著，赵文书译：《自反性现代化：现代社会秩序中的政治、传统与美学》，商务印书馆，2001年。

③ Clive Hamilton, François Gemenne, Christophe Bonneuil (eds.), *The Anthropocene and the Global Environmental Crisis: Rethinking Modernity in a New Epoch*, Routledge, 2015.

丰富，但万变不离其宗，其中最基本的是把人与自然或环境二分，把环境变成外在于人的、祛魅的客体，人通过科学研究理解、征服、改造和利用环境，在此基础上形成现代经济、政治、社会和文化。然而，人类世概念提出后，一方面，在地质分期序列中，人类活动变成了一种地质营力，是与自然营力一样的推动地球环境变化的动力；另一方面，人类世虽然有别于全新世，但自然或环境不能再被看成是历史发生的背景或舞台。因此，现代性概念无论如何变化，都不足以应对人类世概念对其赖以建立的基础的冲击。对已经"约定俗成"的简单现代性需要反思和重构，对仍在发展中的反思性现代性需要在人与自然一体基础上"否思"其欧美经验基础，进而建构出整合了地球系统与人类系统的、兼顾地质纵深和社会当下的、新型现代性。

由于人类世把地球系统和人类系统有机整合，研究人类世也不能再沿用先前的不同学科各行其是的方法，需要能够涵括这两个系统、整合三大文化的综合方法。自现代科学诞生以来，科学研究逐渐分化成关注对象不同、证据来源和基本概念不同的三种学科和文化，分别是自然科学、社会科学和人文学科。毫无疑问，这三种学科的发展极大推进了人类对未知世界的认识，其成果转化成改造客观世界和主观世界的动力和工具，提升了人的物质和精神生活水平。然而，这三者毕竟是不同的，彼此甚至形成很难弭平的鸿沟，影响了对未知世界的整体认识，据此培养出来的人才也多是专家而非通才。进入人类世后，这样的学科分野显然不利于准确认识地球系统与人类系统合一的现实。只关注自然过程、尽量减少关注历史文化和道德价值影响的自然科学无法正确解释人类世相对于全新世的特点，只关注社会性的人及其社会的概念联系及道德理想、反对过于夸大人的生物学基础及其影响的社会科学和人文学科很难说清楚地质营力的重要作用。①换言之，现有学科分野阻碍了对与先前的地质时代既有一致性又有独特性的人类世的认识，认识人类世需要新的学科体系。

自科学革命尤其是达尔文创立进化论以来，无论是自然界还是人及其社会都被看成是按照单线进步的模式运行的，但是进入人类世后，大气中温室气体的增加可能会造成人类社会的崩溃，从而把地球环境系统重新纳入人类不能产生根本性影响的轨道。在线性进步论中，无论是自然还是人类都经历从低级向高级、从简单到复杂、从混乱到有序的持续演化。显然，其中包含着明显的单一动因和目的论，用这样的理论分析复杂的自然和人及其社会无疑具有削足适履之嫌。进入人类世后，过量温室气体排放有可能导致地球环境进入某个临界点，使其进化发生中断甚至逆转，从人类世发展到一个类似于全新世的时代。在这个进程中，虽然末世论不可取，但灾变论或可大概率发生，未来无论从理论推理还是历史演化的角度来看都将呈现出新的、非常态的样貌，建立在先前的单线进步基础上的政治经济体系都将发生难以预料的变化。这种变化取决于对地质营力和长时段变化的判断和应对，人们习以为常的、简单现代性时代的民主政治、全球治理等这些仍然局限于人类经验的实践都不能应对人类世的新变化，无法趋同但又相互缠结的地球系统时间和人类系统时间要求新的治理结构和模式。

确实，人类世概念和时代的到来不以人的意志为转移，然而，人类并未做好准备。《人类世与全球环境危机》通过对现代性的反思为认识人类世及其可能带来的变化开辟了通道，发出了警示。当然，在此基础上，还可以对相关论题继续进行深入思考。人类活动

---

① ［美］杰罗姆·凯根著，王加丰、宋严萍译：《三种文化：21世纪的自然科学、社会科学和人文学科》，格致出版社，2016年，第3页。

不仅受制于理性，还受制于道德和伦理。对应然状态的赞赏和追求在很大程度上是人及其社会成长的目标。尽管不同宗教和文化具有不同的道德和伦理，但都有对真善美的追求和规范。不过，这种道德伦理建立在人与自然两分的基础上，是对作为社会性的人的规范，很少涉及人与环境的关系，即使是儒家伦理涉及环境，那也是为了成为圣人或圣王而做出的安排。显然，在进入人类世后，这样的道德和伦理落伍了，不能适应人类活动作为地质营力和环境作为历史创造者的新形势。换言之，如何从道德伦理角度规范作为地质营力的人类活动以及作为历史创造者的环境，无疑是需要进一步探索的重大课题。

另一个需要探讨的问题是，在把地球系统和人类系统整合起来的人类世，从理论上可以说清楚未来可能发生的许多新变化，但是如何在现实中应对这些变化或推动现实发生相应变化却是个难点。人类社会已经形成了根深蒂固的现代政治、经济和文化体系，产生了强烈的路径依赖，对僵化的自身进行改变并不容易，更何况要做出符合新时代要求的巨大变化。如果不能把地球环境作为自为力量融入人类系统，或者创造一个统摄地球系统与人类系统的新的、综合的政治、经济和文化系统，那么，面对人类世的严峻挑战，人类只会贻误战机或被动受困。从全球思考易，从现在和脚下做起难。我们必须走出一条稳妥的、通向人类世的路。

（本文以《人类世、现代性与全球环境危机》为题
发表于2023年7月16日的《澎湃新闻·私家历史》）

面对不确定的未来，我们该如何思考？

评杰里米·里夫金的《韧性时代：重新思考人类的发展和进化》

2023年年底，美国Open AI研制的ChatGPT正式上线，在不到两个月时间内注册用户破亿，随即引发关于未来的热烈讨论。联想当年AlphaGo打败世界冠军和基因编辑技术实验引发的对人类未来的担忧，可以说人类及其社会已经处在大变革中，而这个大变革具有很大的不确定性，甚至带有某种危险性。对未来的憧憬（夹杂着些许恐惧）使未来学成为人们渴望了解的知识领域。

未来学（Futurology）亦称预测学，是采用综合研究方法对未来的各个方面的发展前景进行性质上的或总体或专项的判断、途径上的或选择控制或创造适应的预测的科学。虽然它首创于1943年，但它因为对人类永远关注和无法确认的未来的战略性探讨而迅速发展，甚至成为左右时代潮流和影响未来发展的显学。未来学随着改革开放进入中国，对中国人认识世界和中国的走向发挥了重要作用，帮助中国人或有效确立自己的追赶方向，或有效避免赶超中可能会出现的问题。1983年开始编辑出版的《走向未来》丛书既启蒙了一代中国学人和青年官员，使其能够睁眼看世界和未来，而且对中国走向世界和未来的政策设计和规划产生了积极的、不可忽视的作用。

20世纪80年代是个激情澎湃、积极向上的时代，几乎所有人的奋进和赶超热情都被点燃，人们的求知欲空前旺盛。丛书的出版恰逢其时，正如编者所言，它不但记录了一代人对祖国命运和人类未来的思考，还是一项为了人类福祉和尊严的事业。当时对笔者冲击最大的是罗马俱乐部的《增长的极限》和西蒙的《没有极限的增长》。前者用四个维度形成一个模型，分析人类发展，认为工业化会在未来某一天突然崩溃。后者针对前者的观点和方法，采用历史外推而非技术分析的方法，指出资源没有尽头，而人口自然会走向平衡。如果说前者是未来学中的悲观派，那么后者无疑就是乐观派。可以想象，这种截然相反的观点给热血青年造成了何种的冲击和震荡。1986年春天，相继读到托夫勒的《第三次浪潮》、《未来的冲击》和奈斯比特的《大趋势》，既对他们预言的信息和电子世界充满期待，又对没有任何感性认识的未来充满恐惧。这种矛盾心理既来自对已经在先发工业化国家形成势不可挡的潮流的新科技革命的无知，也来自对未来学的误解（把它等同于建立在想象力基础上的科幻）。可以说，虽然对20世纪80年代的"未来学热"印象深刻，但基本上处于一种猎奇和囫囵吞枣的境界。

经过30多年的知识积累和在世界各地的行走参观，未来学已经成为自己思考的一部分。简单来说，无论是就历史教学还是人生意义而言，"我从哪里来？现在在哪里？将走向哪里？"都是必须严肃思考和回答的问题。尤其是对于环境史学者而言，这样的思考并不局限于人本身，而是扩展到人赖以生存的地球环境。换言之，我们认同的是民族国家和地球村这两个家园，关注的是人类和地球这两者的命运，对这两种命运的探索建立在历史逻辑的延长线上。正所谓历史之光照亮前行之路。然而，与历史学的让历史告诉未来的启示性不同，未来学需要自然科学式的精确性和具体性以及可操作性。这正是在环境史教学中，许多选课的理工科学生所需要的，也是他们在课程论文中热衷讨论的内容。从这个意义上说，杰里米·里夫金的《韧性时代：重新思考人类的发展和进化》的出版既能满足这样一个大变革时代人类对未来想象和构建的需要，也在一定程度上有助于解决交叉学科的课堂教学需求。①

《韧性时代》由四个部分组成，分别是第一部分，效率 vs 熵：现代性的辩证法；第二部分，地球财产化和劳动力贫困化；第三部分，我们如何到达这里：重新思考地球上的进化；第四部分，韧性时代：工业时代的没落。从各部分的标题就可以看出，第一部分主要讨论现代工业经济和社会的二重性，第二部分主要探讨现代性的自然和劳动基础；第三部分从进化的路径重新定义了人，把工业时代的理性人变成了生态人；第四部分在复杂适应性社会生态系统基础上展现了韧性时代的大致样貌。显然，《韧性时代》是从反思人类的进化视角探讨了韧性时代来临的必然性和可能性，并在与工业时代对比的基础上展示了韧性时代在意识、经济、政治等方面的初步实践及其特点。

从以理性、进步和效率为核心的工业时代向以亲生命意识、生态繁荣和适应性为主的韧性时代的转变是全方位、根本性的变革。文艺复兴把人从原罪人变成了自然人，科学革命把自然人变成理性人。人存在的意义在于用理性来征服和利用自然，进而促使人及其社会高效进步。在这个过程中，形成了以自然和人力的商品化为基础、以泰勒主义和福特主义为经营原则的经济体系，形成了建立在

---

① Jeremy Rifkin, *The Age of Resilience: Reimagining Existence on a Rewilding Earth*, St. Martins Press, 2022. 中译本见〔美〕杰里米·里夫金著，郑挺颖、阮南捷译：《韧性时代：重新思考人类的发展和进化》，中信出版社，2022年。

私有制基础上的代议制民主制度。这个工业时代无疑创造了巨大的财富，带来前所未有的进步，使人在驱使自然适应我们这个物种的道路上恶性膨胀的同时也突然惊醒：已经发生紊乱、更加不可预测的自然界正在反噬人类。这就迫使人不得不反思，生存的意义到底是什么？生存的意义不在于因为追求进步而掉入环境恶化的深渊或不得不面对第六次物种大灭绝，而在于能够克服环境危机，更好地生存。正是对生存意义的追寻驱使人类转变生存方式，进入韧性时代。

这种转向发生在一个三维立体框架中。从时间上看，用时越来越短而效益越来越大的线性的、进步效率观不得不让位于非线性的、非人类主导的、追求人与自然和谐共处的适应性。从空间上看，人与空间的关系由二分的、人对自然资源的控制变成人与由不同圈层组成的地球环境的融合统一。从治理来看，原来被认为行之有效的代议制民主逐渐被对区域生态系统的分布式同行管理取代。具体而言，向适应性的改变就是从生产性向再生性、从产生负外部性到形成循环性、从所有权向使用权、从买卖市场向供应方和用户网络、从消费主义到生态管理、从追求国内生产总值的增长到追求生活质量改善等的转变。与地球圈层的统一就是在共享过程、模式和流动的形式中把身体和周围环境融为一体，人的身体由自主的、与自然分离的存在变成开放的、与地球环境相互作用的存在，经济由金融资本驱动的、纵向整合的规模经济向以生态资本为基础的、横向整合的规模经济转变。在此基础上，治理将遵循复杂适应性社会生态系统理念从对自然资源的占有转向对区域生态系统的管理，从所有制基础上的、公民让渡权利给候选人的代议制民主向共享生态的、每个人都积极参与的分布式同行管理转变，进而从地缘政治向生物圈政治转变。

毫无疑问，这个转变不会一蹴而就，需要一个过程。在美国，大约从20世纪50年代开始萌芽，经过21世纪初的快速过渡，大约在2040年后完成转型。换言之，从20世纪50年代到2040年是从工业时代向韧性时代过渡的时段。在这期间，既反映出工业时代的特点，也展示出某些韧性时代的特征。如果说对生存意义的追寻是推动转变的根本动力，那么不断升级的第三次工业革命就是推动转变的必要动力，以计算机为载体的数字技术已经并将继续改变世界的面貌，最终形成韧性时代。韧性并不是重新恢复遭到破坏的、先前稳定的生态和社会状态，而是一种作用于世界的新方式。因为生态系统和社会系统中各因素的相互作用本身就是一种变化，它永远回不到初始状态，人只有以开放的、融入相互作用的过程和模式的能动性才能适应这种不断升级的新变化。另外，韧性也不是克服脆弱性的方式，而是能够与变化共存并应对变化的能力。从这个意义上讲，这个新时代已经萌动，当风险和不稳定已成为相互作用的有机组成部分时，大部分人要做的不是预测，而是培养和形成适应的能力，通过跨学科教学和实践逐渐转向复杂而又灵活的自适应系统思维，并付诸实践。

《韧性时代》尽管看到了工业时代的局限性和被替代的趋势，但它对人的理解、对经济社会和政治发展趋势的判断仍然建立在自然科学创新的基础上。自科学革命以来，社会科学和人文科学之所以被称为科学，关键在于它们被认为能像自然科学那样做到客观、能够发现人类及其社会像自然一样的规律。里夫金沿用了这个思路，用自然科学的新进展来重新认识人，用科技的方法来建构未来的经济社会和政治。这样的思路与历史和社会发展的阶段论结合，自然产生正在形成的韧性时代必然取代已经存在了将近300年的工业时代的认识。这样的思路和建构把未来学建立在科学基础上，其结论也是容易让人接受的。

然而，这样的科学思维也在某种程度上忽视了人及其社会与众不同的特点，在未来学和《韧性时代》中主要表现在两个方面。第一，人及其社会的发展除了遵循规律之外，还受制于道德伦理，这是它区别于一般生命体和非有机体组织的重要方面。尽管道德伦理会随着科技进步而在相互作用中有所变化，但是其中对人的价值及基本人权的尊重大体上会持续下去，否则人将不人。换言之，在韧性时代，人如何维持变化着的基本价值和基本人权需要得到明确说明，如何处理技术进步可能带来的伦理问题也需要得到合理解释。第二，社会因其依赖的环境、文明和制度而呈现出多样性，仅仅以美国为例来建构未来恐怕是不够的。尽管美国是当今世界唯一超级大国，也是科技最为发达的国度，但毕竟它不能代表全人类，更何况掌握最新科技成果的国家和尚未掌握的国家之间的差距可能还会进一步扩大。因此，未来的世界将绝不会是整齐划一的美国式的韧性时代和韧性世界，进而言之，韧性时代是多层次、多样化的时代。

与托夫勒的《第三次浪潮》相比，《韧性时代》更具时代特点和实证性。首先，两位作者的经历和写作风格不同。他们虽然都是著名的未来学家，但托夫勒是记者式的自由撰稿人，里夫金是华盛顿特区经济趋势基金会总裁。他们的思想虽然都对政府官员和大型跨国公司产生了深远影响，但托夫勒更多的是预测，而里夫金和他的团队更多的是提供规划方案。其次，托夫勒的分析框架是三次浪潮，分别是农业文明、工业文明和信息社会，第三次浪潮将在超越工业文明的基础上，形成使人大吃一惊的新文明。但这仅仅是从纵向上看的，而从横向上看，这个新文明仍然局限在工业文明的范围内。里夫金的分析框架是从文明的传统主体——人的进化出发，以超越了理性人的生态人为基础，建构了超越工业时代的韧性时代。这个新时代从纵向上看发生了根本性变化，从横向上看超出了传统人的范围，从人与环境的关系角度重构了人和时代。再次，托夫勒在推理基础上预言了未来应该或将会发生的变化，但并未区分变化是在近期就要发生的还是长期才会出现的。里夫金从逻辑和实证两方面分析了进入韧性时代的必然性，同时通过撷取现实中已经出现的、反映韧性时代特点的具体案例来证实韧性时代形成的可能性。前者是以振聋发聩式的启示影响大众的未来观塑造，后者是以可操作式的案例影响大众对未来的向往和建构。之所以比较这两者的不同，并不是要分出优劣，而是要展示时代发展对未来学的影响，以及未来学在很大程度上向实证方向发展的趋势。换言之，现在的未来学已经不是信息革命肇始时的未来学了。

历史学的功能之一就是使人明智，能够预言未来，但这需要读者去感悟，很少有历史学家直接撰写关于未来的书籍。以色列历史学家尤瓦尔·赫拉利是个例外。他不但出版了《人类简史：从动物到上帝》和《今日简史：人类命运大议题》，还写出了《未来简史：从智人到智神》。从书名就可以看出，他关注的核心问题是人如何由地球上的动物之一变成主宰的智人，再变成具有神性的人与非有机物共生的故事。显然，这是一个人文叙事的主线。与它相比，《韧性时代》也关注人类，但是一个完全祛魅的、从工业人向生态人转变的科技叙事。在这两个不同框架下，产生了对未来的不同认知和预测。《未来简史》还是从人类世和智人控制世界的思维出发，认为未来是智人失去控制权，而非有机生命体将会冲破人类世界的界限进入太空，改变人类社会的结构并使之更加不平等，部分掌握数据和技术的人将长生不老，绝大部分人将沦为无用阶级。然而，非有机生命体尽管有意识，但并没有智能，拥有智能的人为了幸福，就得不断提高学习能力。《韧性时代》超越了进步时代的主导思维，认为韧性时代人类将更加亲近生命、在复杂社会生态系统中创建一个建基于新型基础设施上的治理模式。如果说《未来简史》中的未来是一种不确定的大模样，那么《韧性时代》中的未来就是可触摸的具象。因此，《未来简史》就像它的副标题所言，为人类打开了认知未来之窗。这种对未来的预言正如作者反复强调的，不是科幻，而是让历史告诉未来。《韧性时代》是在重新思考人类进化基础上，以科技进步为动力，根据现实中出现的新发展绘就的未来蓝图。换言之，前者是启示式的，后者是实证的。

在这个科技发展速度已经远远超过社会变革的时代，未来不仅仅是领导者要设计和构建的领域，还是普通人也关心的领域。杰里米·里夫金的《韧性时代》给我们绘就了一幅未来的画面，并指出了应对未来需要做出的适应性努力。当然，《韧性时代》也不是一副万应灵药，但它提供的思路可以成为思考未来的基础和新起点。面对不确定的未来，我们需要从历史出发，超越历史，用跨学科的系统思维思考和构建人与地球的未来。

（本文发表于2023年3月10日的《澎湃新闻·上海书评》）

后　记

编辑这本书时，我正在大阪大学担任特任教授。与我先前出版的书籍的成书过程相似，都是在海外完成的，或在普罗维登斯、东京，或在慕尼黑。这似乎再次证实了世界环境史研究是行走在路上的学问。

编辑这些文章时，行走和写作的情景历历在目，仿佛就发生在昨天。其中涉及比较多的区域和国家是非洲、日本和菲律宾，涉及比较多的主题是环境的能动性、极限运动、广义环境史编撰和人类世。非洲是我研究环境史的起步之地，但踏上非洲这片土地却是30年以后的事情。2018年4月，付志明老师在埃及组织第二届中埃战略合作论坛，我作为参会代表来到了尼罗河边，可以想象当时的兴奋之情实在难以用语言表述。同年10月，张瑾老师在津巴布韦组织了第三届中非水文明国际研讨会，我第一次来到撒哈拉以南非洲，驻足赞比西河和维多利亚大瀑布，实地感受当地的风土人情。2023年夏天，我用两个月时间先后访问了南非的斯泰伦博斯、开普敦、比勒陀利亚和约翰内斯堡，进行了相对比较深入的田野调查。由于先前有研究南非历史的积累，也一直关注南非环境史研究的最新动态，因此才能写出系列行纪。与心心念念但迟迟难以实现的非洲之行相比，日本之行要顺利方便很多。在中日友好环保中心查找资料时认识了援中环保专家藤原福一先生，他得知我对亚非环境史感兴趣但没有做过实地研究，于是联系了他的朋友，曾经作为环保专家在埃及工作过一段时间、当时在冈山理科大学任教的井上坚太郎教授邀请我在2005年秋天访问日本。这是我第一次踏上日本的土地，之后先后在樱美林大学、综合地球环境学研究所、京都大学东南亚研究所、东京大学东洋文化研究所、大阪大学全球史研究中心担任客座教授或特任教授，多次赴日本参加历史学和环境经济学的学术研讨会，并参访足尾铜山、熊本县水俣村、富山县神通川、四日市、北九州八幡市等公害发生之地，感受到受害者的痛苦和悲情，并探索从交叉学科的视角分析日本的公害史和环境史，尤其注重总结其从"公害岛国"到"公害治理先进国"的经验教训。说起访问菲律宾，必须要提到当时担任雅典耀大学中文系主任、现在美国三一学院任教的 Clark Alejandrino。是他克服对中国学者的成见，邀请我访问菲律宾，并做出了极富学术性的安排。从此开始了与菲律宾学术界的富有成效的合作，其中 Ellen Palanca 教授多次向我发出邀请，吴文焕先生带我向南到了莱加斯皮，考察了经济作物种植园，Salvador Chan 先生带我向北越过吕宋平原到达碧瑶山区，考察了水土保持区和有机农业基地。通过与下至种植园工人、上至总统中国特使的接触，对菲律宾社会经济、历史文化有了直观的了解，似乎触摸到了菲律宾文化的独特性。

环境史区别于传统历史学的根本在于突破了人类作为历史唯一主体的局限，赋予了环境以历史能动性。环境在历史上发挥的巨大作用显而易见，历史研究中曾经出现了片面的环境决定论、环境背景论或舞台论等，然而，环境不会说话，环境也不会书写自己的历史，因此，环境的历史能动性尽管是客观存在，但需要历史学家去建构，去展现。这种建构在很大程度上是在与人类中心主义、生态中心主义等的折冲樽俎中完成的，是不断冲破传统历史学的边疆、开拓新领域（诸如山、马的环境史）的结果。接受传统历史学训练的研究者潜意识中都有一个前提，那就是历史是人有意识创造的结果，编撰的历史是历史学家对历史进行还原的产物。显而易见，这样的历史和历史学都是把历史按照人的意志进行简单化处理的结果，凡事都有历史被约化为人的有意识创造的历史，凡事的客观历史再次在历史学家的编撰中被简化。这不但导致人的有意识创造的历史成为跛脚的历史（割裂了人的历史与他生存环境的联系），而且使原本客观的历史在很大程度上成为人们心目中的历史。环境史研究为走出历史学的困境提供了一条新思路。如何实践这条新思路呢？通常的做法是换位思考和以天参天，然而，已经根深蒂固的人类中心主义，从群体来看已经形成集体意识，从个体来看已经成为不言自明的常识，前两种思考方式很难撼动其地位，即使一时撼动了也很容易出现反复。对这种现象，俗语说得好，"不见棺材不落泪"，"不撞南墙不回头"。极限运动是考验人的意志力和自然伟力的试金石，尊重和敬畏自然，人不但能保持生命力还能创造新记录，无视甚至蔑视自然，不但不能创造记录还会丢失性命。就是在命悬一线的生死之间，环境的能动性不但得以突显，还会成为人的生命中基因式的存在。只有当历史学家具有了这样的生理和文化基因，编撰能够体现环境和人的历史能动性的新型历史才能成为现实。2017 年加入北大 100871 跑团以来，参加了大大小小多种马拉松和山地越野赛以及攀登雪山的活动，体验和明确了人与环境的能量交换、科学训练和比赛的效果以及环境的不可预测性及其致命影响，养成了尊重自然、书写自然的意识。这种刻骨铭心的意识是在不断探索人的意志力与自然伟力的适配度，一次又一次看到有人倒在赛道上、雪山上再也起不来的悲剧中养成的，是经历了生死考验的坚定信念，是行之有效的学术理路。

历史研究的社会功能既包括建构满足时代需要的新型历史，也包括为走好未来之路提供镜鉴。在这个环境革命的时代，不涉及环境或仅仅以环境为舞台的历史肯定是不合时宜的，在传统历史中加入缺失的环境部分只能是狭义的环境史，是停留在二元论和机械论基础上的查漏补缺。时代需要的是建立在整体论和有机论基础上的广义环境史，或新型历史。但是，这样的历史建构不可能一蹴而就，因为它既需要冲破学科专业化的分野，具有平衡的知识结构和交叉学科的视角，还需要敢为天下先的勇气和创造力，更需要理论探索与史学实践结合的行动。需要特别强调的是，无论是与自然科学结合，还是探讨全球的历史发展，相对来说追寻物质流动的新陈代谢过程比较容易（物质或经济环境史），但把能量与精神、自然规律与形而上融会贯通就比较难。这是就国外的研究状况而言的，就国内的环境史和历史研究而言，经济史的研究不但偏少，而且偏弱。这对构建全面客观的环境史和历史都是很不利的。本书中几篇关于经济史的内容就是为了弥补这个缺陷做出的初步尝试。应该说，国外学者已经做出了某种程度的有益探索，这无疑值得学习和借鉴，但更需要付诸心血的是瞄准难点，迎难而上，合奏一曲凯歌。历史学不像社会科学会提出政策建议，让历史告诉未来通常要靠读者去领悟，但这并不是一件简单的事，因为不同读者会对历史文本产生不同的认识。另外，历史和未来之间并未直接联通，这就需要提出一个把历史和未来连接的概念或时代。人类世就是一个具有这种功能的时代，它既可以概括1950年（有人主张是1800年）以来的地球历史发展，还可以为未来发展提供一个分析框架。然而，作为一个尚未完全证实的时代和概念，人类世不但仍在发展中，而且遇到激烈质疑和挑战。全球环境史研究不能缺席这场争论，至少应该思考面临不确定的未来，我们应该如何思考等问题。或许这样的设计不符合传统历史学的做法，但在人类和地球的未来都愈发不确定的时代，这样的思考应该是必不可少的。

这些文章大多是在国外担任客座教授或学术访问过程中写就的。在国外大学或研究机构工作期间，除了能够和同行就自己的主要研究课题（战后东亚经济发展与环境治理研究）进行密切交流以及档案研究之外，其自由的学术氛围也让我能不时满足自己对新知识和新写法的好奇心。这些单位包括德国慕尼黑大学蕾切尔·卡逊环境与社会研究中心，南非斯泰伦博斯大学、开普敦大学、南非大学和金山大学，日本综合地球环境学研究所、京都大学、东京大学、大阪大学，菲律宾马尼拉雅典耀大学等。在写书评导读时，我与历史学家John McNeill、Nancy Jacobs、Sandra Swart、Jason Moore、秋田茂等进行了深度交流。他们的信任和鼓励给我以信心，让我抛却忌惮，写出自己的真实感受。另外，澎湃新闻的于淑娟、社会科学报的博芬等编辑都对我的文章进行了及时和细致的处理。在此一并向这些机构、学者和编辑表示衷心感谢。需要特别感谢的是浙江人民出版社的莫莹萍编辑，是她的提议、精心编辑和不懈推进才让这本书得以面世。

2024年仲秋于大阪大学